# Archives incandescentes

*Écrire, entre la psychanalyse, l'Histoire et le politique*

*Collection Che vuoi ?*
*Psychanalyse et faits sociaux*

Directeur de collection : Alain Deniau, alaindeniau@orange.fr
Comité éditorial : Marie Cousein, Alain Deniau, Henriette Michaud

Editeur : L'Harmattan, 5-7 rue de l'École Polytechnique, 75005 Paris

Couverture : Nicolas Taffin
Mise en forme : Marie Michaud

*Collection Che vuoi ?*
*Psychanalyse et faits sociaux*

Simone Molina

# Archives incandescentes
*Écrire, entre la psychanalyse, l'Histoire et le politique*

*Préface de Benjamin Stora*

© L'Harmattan, 2011
5-7, rue de l'Ecole-Polytechnique, 75005 Paris

http://www.librairieharmattan.com
diffusion.harmattan@wanadoo.fr
harmattan1@wanadoo.fr

ISBN : 978-2-296-55601-0
EAN : 9782296556010

*À Zaghedouda et Simon*
*À Didier, Pascal, Melissa et Gabin*

# Sommaire

**Préface de Benjamin Stora** — 9

**Préambule** — 17
Entre Psychanalyse et Écriture, le *Point de Capiton* — 19
« De la main à la page, torsion infime… » — 28
Corps et écriture, une rencontre — 34
*On ne jette pas la matière humaine* — 38

**L'impensable de l'Histoire, traumatisme et transmission** — 39
Une histoire impensée — 41
Primo Levi ou le choix du témoignage — 53
L'oubli en abîme Aharon Appelfeld, Histoire d'une vie — 66
*Déflagration* — 81

**Clinique de l'effroi** — 83

« Le cri fait gouffre où le silence se rue » — 85
Le cri, un trou dans une voix — 87
*L'Autre*, ou ma rencontre avec l'oeuvre d'Andrée Chedid — 97
*L'ennui* — 101

**Histoires d'exils, entre deux rives… …et deux oublis** — 105
Les archives incandescentes — 107
« Ça suit son cours » — 135
*La Chose* — 138

**L'au-delà du silence** — 139
Le Réel, énigme ou limite ? — 141
Ô vous, frères humains Albert Cohen et le retour du refoulé — 149
*L'au-delà du silence* — 164

| | |
|---|---|
| **L'écriture, promesse d'une inscription ?** | 165 |
| Suffit-il d'écrire pour inscrire ? | 167 |
| Désir d'écrire | 181 |
| Au-delà du secret, la confidentialité | 200 |
| | |
| **Il n'y a de clinique que poétique** | 213 |
| La psychanalyse dans le lien social | 215 |
| Le vide du texte | 222 |
| Le Pèlerin d'Amour et l'Amour de transfert | 231 |
| | |
| **Alors que tout commence…** | 243 |
| *Un jour…* | 245 |
| *L'Indien au-delà des miroirs* | 246 |
| *Des trous dans la tête…* | 247 |
| *Alors que tout commence…* | 251 |
| | |
| **Remerciements** | 253 |
| | |
| **Notes** | 254 |

# Préface

## Benjamin Stora

« À l'époque où j'ai lu vos premiers livres sur la guerre d'Algérie, ni l'Histoire, ni *le* politique d'ailleurs, n'entraient dans les réflexions de la plupart de mes collègues analystes, extrêmement dogmatiques, ou frileux peut-être dans ma région. Quant à la question algérienne, largement refoulée, il n'était pas même envisageable de l'aborder. Vos ouvrages m'ont aidée, personnellement et en tant qu'analyste, à entendre ce qui se jouait pour moi et pour mes patients dans les questions d'exil et de traumatismes liés aux guerres. C'est avec la littérature que j'ai commencé à faire entendre publiquement ce que j'avais à dire dans mon domaine, la psychanalyse ; là encore, de façon assez décalée puisque les mots de la psychanalyse ne me semblaient pas suffire à faire percevoir aux néophytes les souffrances intimes, surtout celles liées à la grande Histoire.» C'est par une lettre ainsi rédigée que m'est parvenue la demande de Simone Molina pour lire cet ouvrage, tentative d'articuler l'intime et le collectif dans l'écoute analytique en prenant appui sur l'Histoire et la littérature afin d'interroger *le* politique. Je me demandais ce que pourrait retenir d'un ouvrage écrit par une psychanalyste un historien, puisqu'il s'agit d'un livre qui revisite des concepts autour d'expériences tels que le transfert, le rêve, la voix dans la question du traumatisme. Or s'y déployait d'emblée la dimension historique et politique d'un parcours de vie et d'une écoute.

C'est la tâche de l'historien que de venir inscrire dans le discours public les questions lancinantes qui travaillent les groupes et les peuples. Pourtant la parution de mon livre, *Juifs d'Algérie, les trois exils*, en 2004, en est un exemple décalé, qui allie Histoire, devoir de mémoire et essai personnel. Pour certains critiques il s'agissait d'un livre inclassable. Mais n'est-ce pas qu'à rester dans les cadres, imposés

**Archives incandescentes**

par le discours social et ses codes, tant de choses essentielles ne pourraient s'énoncer ? C'est ce pari d'un essai alliant théorisation de la pratique psychanalytique, devoir de mémoire et écriture personnelle que tente ici Simone Molina. En effet elle a effectué, plusieurs fois par an depuis l'année 2000, des voyages à Alger pour des colloques, des enseignements et des supervisions de psychologues et psychiatres dans le cadre de l'hôpital Maillot, ainsi qu'au Maroc où elle a également animé des ateliers d'écriture et donné des lectures poétiques. Elle participe des deux côtés de la Méditerranée à des événements culturels associant psychanalyse, psychiatrie, ethnologie et art avec des partenariats culturels de renom et d'autres, plus modestes mais extrêmement porteurs, parfois dans le cadre d'une association psychanalytique qu'elle préside, *Le Point de Capiton*. Elle enseigne par ailleurs à l'Université de Marseille dans le cadre d'un Diplôme Universitaire de formation à l'animation d'atelier d'écriture. Enfin, elle a été signataire, dès son origine, de l'appel du *Collectif des 39 contre la Nuit sécuritaire* qui milite pour que soit préservée une réelle hospitalité pour la folie dans notre société néolibérale. Ces expériences et son travail en psychiatrie, dans un lieu de soin où le processus de création artistique est central afin de permettre à des patients de pouvoir vivre dans la Cité – plus particulièrement des patients psychotiques – nourrissent sa réflexion institutionnelle en France ainsi que celle des enjeux de la psychiatrie actuelle au Maghreb avec la pluralité des approches selon l'histoire propre à chaque pays. C'est dire combien est essentielle la dimension historique et politique de tout parcours et, pour l'analyste, de son écoute, si l'on entend par le mot *politique* la prise en compte du *vivre ensemble* dans ses diverses composantes, psychiques, familiales, sociales, culturelles, institutionnelles, etc.

Nous avons une histoire commune, celle liée à la grande Histoire : nous sommes nés tous deux en Algérie après la Seconde Guerre mondiale et avions environ cinq ans lorsque débute en 1954 la lutte des algériens pour l'indépendance de ce pays. Nous avons grandi dans une famille juive présente sur le sol algérien depuis des lustres, donc bien avant la colonisation française de 1860 et le Décret Crémieux de 1870 qui fit des Juifs algériens des citoyens français. Nos deux familles ont eu à vivre l'exclusion de la citoyenneté française sous le régime de Vichy en 1940. Nous avons quitté cette terre natale en 1962 avec le grand exode des français d'Algérie. Devenus jeunes

### Préface

adultes, nous nous sommes chacun engagés dans un militantisme qui voulait changer le monde et y a contribué. Quant à nos métiers, nous avons en commun d'avoir travaillé dans les marges, s'appuyant, l'un sur le cinéma, et l'autre sur la littérature et la création artistique, poussés chacun sans doute par un désir de comprendre les enjeux d'une mémoire demeurée vive des décennies plus tard, mémoire traumatique sur et entre les deux rives de la Méditerranée.

Les premiers chapitres du livre abordent pourtant, non pas cette histoire algérienne, mais, à partir de la littérature, toute une réflexion sur l'énigme de la Shoah, sur ce qu'elle a de traumatique non seulement pour les individus mais pour l'humanité et nos sociétés post-hitlériennes. Il apparaît alors que cette réflexion essentielle, puisqu'elle concerne l'humanité de l'homme au-delà du judaïsme, vient cacher – en même temps qu'elle permet de dévoiler – un refoulement dans le discours social ainsi qu'un non-dit personnel : la présence juive en Algérie en tant qu'elle fait partie intégrante de l'histoire ancestrale de cette région du monde, l'Est algérien qui est le berceau d'une partie de notre histoire commune. Le livre montre comment il est nécessaire de passer par le processus créateur de l'écriture poétique, littéraire, voire cinématographique ou par l'essai non académique, pour permettre que se dévoilent les articulations entre le travail de théorisation liée à une pratique et le dévoilement *public* des enjeux personnels liés à une histoire non prise en compte dans le discours social.

Pour chacun de nous, écrire à partir d'une pratique est un acte d'engagement puisqu'il s'agit toujours de faire récit non pas de ce que l'on connaît mais de ce que l'on ne parvenait pas à penser ou énoncer jusqu'alors. Faire récit est le travail de l'historien à partir des faits, des archives, des témoignages, des images aussi. Pour le psychanalyste, c'est parce qu'un récit ne se constitue pas, ou parce qu'il se fige dans une répétition lancinante, qu'apparaît le symptôme qui vient dire *autrement* ce que les mots, ni l'acte créateur d'ailleurs, ne parviennent plus à exprimer. Alors cette souffrance produit parfois la demande d'être écouté. Elle peut être si envahissante qu'une hospitalisation va devenir incontournable.

Pour un historien, pour une analyste, pour tout chercheur en sciences humaines, comme pour l'écrivain, il n'est pas indifférent – ni sans conséquence sur ses choix conscients et inconscients – d'être né quelque part, d'avoir été bercé par une histoire racontée de génération

## Archives incandescentes

en génération ou d'avoir à interroger le déni, les non-dits, les occultations de son histoire familiale prise dans la grande Histoire. Il n'est pas indifférent d'avoir grandi dans un climat serein ou au contraire dans le fracas des bombes et des armes de guerre. Pour un exilé, quelle que soit sa profession, il est essentiel de repérer sans cesse à partir de quelle place il parle puisque le lieu géographique d'où il pourrait parler est double : celui du pays de naissance et celui du pays d'accueil. Dans tous les cas, la difficulté est de demeurer lucide sans perdre de vue que toute recherche, comme toute écriture cinématographique, littéraire, poétique, puise sa source dans le désir subjectif de soulever un coin d'énigme. Faire récit est donc un enjeu commun à l'historien et à l'écrivain mais aussi au psychanalyste lorsque ce dernier souhaite transmettre quelque chose de son expérience.

Le traumatisme est hélas au cœur de la question algérienne, à tel point que le premier colloque organisé par des psychiatres à Alger en 2000, après les dix années où le GIA avait fait régner la terreur, fut un colloque sur le traumatisme dont les éléments récents venaient faire écho à l'histoire de la guerre d'Indépendance. Le traumatisme de guerre a des effets sur les individus et sur leur descendance, mais aussi sur les peuples, avec l'importance de ce qui demeure à l'état de traces corporellement, hors langage, hors symbolisation, et parfois de façon violente dans les passages à l'acte. Comment nommer ce qui, dans une guerre militaire, vient atteindre les civils, et comment alors, plus tard, peuvent-ils *faire histoire* pour eux et pour leurs descendants si rien n'est énoncé, dans le discours officiel, de ce qui les a jetés aux marges de la grande Histoire ?

Concernant la guerre d'indépendance de l'Algérie, il y a des millions de personnes qui ne parviennent pas à trouver les voies d'une sorte d'apaisement et qui restent enfermés dans ce passé, dans cette tyrannie de mémoire, restent prisonniers des enjeux d'il y a un demi-siècle. En France, c'est par une loi du 18 octobre 1999, soit 45 ans après le début du conflit, que les « Évènements d'Algérie » ont enfin pris le nom de « Guerre d'Algérie ». À partir de cette date, la parole s'est déliée dans les cabinets d'analystes et les consultations en psychiatrie quant à cette histoire occultée, voire déniée, explique Simone Molina. Qu'un simple mot, énoncé par l'État, ait tant de poids pour certains qui peuvent alors s'inscrire dans une histoire dont ils pourront parler enfin avec leurs proches, vient étayer le fait que

## Préface

l'homme, en tant qu'être de langage, est soumis à la puissance du Symbolique. Ainsi est-il alors possible de passer de la mémoire la plus intime – la plus douloureuse parce que soumise aux fantasmes non élaborés dans une parole vivante – à un récit qui sera transmissible.

Au fil de la narration l'ouvrage prend appui sur la pratique clinique mais aussi sur des écrits littéraires et historiques concernant la Seconde Guerre mondiale et la Guerre d'Algérie ; d'abord à partir d'exemples littéraires – Primo Levi, Aharon Appelfeld, etc. – puis concernant l'Algérie, avec des exemples cliniques soutenus par des écrits historiques. Ces exemples permettront de dégager les stratégies conscientes et inconscientes de personnes qui, soumises à la tourmente de l'Histoire, tentent de survivre psychiquement à l'effroyable : traumatisme de guerre, souffrance des enfants de Harkis en France, etc. Au cours d'un de ces récits seront alors évoqués des éléments d'une Histoire peu ou mal connue liés au débarquement américain en Afrique du Nord en 1942.

Ce qui est interrogé également dans l'ouvrage est *un impossible*, que les psychanalystes nomment *le Réel* : l'impossible de dire le trauma lui-même. Il convient donc pour la psychanalyse d'appréhender le psychisme dans une temporalité longue qui excède le sujet lui-même, tout comme pour l'historien la guerre d'Algérie, par exemple, ne peut s'entendre en dehors de la prise en compte d'une temporalité historique plus longue.

« D'où parle-t-on ? » est l'une des questions communes à nos parcours de recherche. En ce qui me concerne le cinéma a été un point d'appui pour montrer les enjeux de l'histoire de la colonisation, de la guerre d'Indépendance et de la situation de l'Algérie moderne, et ce à partir d'un point de vue inédit dans la période où mon film *Les années algériennes* est sorti. Pour l'auteure, la poésie, la littérature et l'Histoire ont fait tiers afin de tricoter une écoute puis un récit transmissible. En 1991, lorsque paraît mon film, on m'interrogea lors d'un entretien sur France Culture sur le choix de ce medium. À cette époque, les témoignages, les images, étaient considérés comme accessoires et périphériques. Le reproche qui m'avait été fait par certains tenait au choix de la séquence qui ouvrait le film, celle de ma mère revenant au cimetière juif de Constantine. Cette séquence m'avait valu beaucoup d'accusations, notamment d'être un partisan de la « nostalgéria », c'est-à-dire de quelqu'un qui retourne en Algérie pleurer la terre perdue. Hors ceux qui avaient émis cette critique n'avaient

**Archives incandescentes**

absolument rien compris à l'histoire de l'Algérie. D'abord parce que les Juifs d'Algérie étaient des indigènes et avaient une très grande antériorité sur cette histoire par rapport aux autres groupes, et aussi parce que les Algériens avaient été eux-mêmes bouleversés par cette séquence. En effet, à cette époque, la télévision commençait à circuler d'une rive à l'autre de la Méditerranée et les Algériens ont donc vu ce documentaire en direct. Cette séparation, cette fracture à l'intérieur du monde indigène, c'est ce que j'ai voulu restituer. Ceux qui avaient émis cette critique, dans le fond, n'avaient jamais pénétré dans l'intimité de cette histoire. »

*L'intime*, c'est aussi ce à quoi a à faire tout psychanalyste. Mais il a également à entendre, pour *chaque* sujet qui s'adresse à lui, comment l'intime s'articule au collectif. Qu'en est-il alors de l'Histoire lorsqu'elle est appréhendée non par l'historien mais par le psychanalyste ? Qu'en est-il du récit historique au regard de la narration littéraire et que peuvent-ils chacun lui apprendre ? En quoi l'un et l'autre permettent-ils à un individu de se reconstruire en même temps qu'il aborde, dans un travail de parole adressé à quelqu'un dont c'est le métier, la dimension inconsciente liée à son histoire subjective et collective ? En bref, qu'est-ce qui peuple l'écoute dite *flottante* d'une analyste ? En quoi est-elle toujours partie prenante de la parole du patient tout en s'en distanciant du fait de sa propre cure analytique ?

C'est dire que les outils de l'historien ne sont pas ceux du psychanalyste, ni non plus ceux du romancier, mais chacun a à faire avec *le* politique. Pour l'historien et l'écrivain, il s'agira de témoigner de la façon dont les êtres humains, dans leurs dimensions subjective et sociale, traversent les grands courants d'air de l'Histoire, les ruptures radicales que sont les guerres, les déplacements de population, les remaniements culturels. Pour le psychanalyste, il s'agira d'entendre et de mettre au travail dans son écoute les conséquences traumatiques – blessures psychiques et aussi physiques, remaniements subjectifs vis-à-vis des groupes auxquels l'analysant appartient, exils, somatisations, etc. – et aussi les conséquences heureuses puisque l'éclatement des liens familiaux, voire tribaux, fait tomber la pression groupale sur l'individu, permet parfois de se libérer de chaînes ancestrales, particulièrement pour les femmes ou pour les sujets vivant en marge des codes d'une société donnée.

**Préface**

Dans un autre volet de l'ouvrage, le désir d'écrire est interrogé ainsi que l'état actuel de la psychiatrie française, désormais abandonné dans un contexte politique de mondialisation, pour une conceptualisation anglo-saxonne de « la Santé Mentale ». Mais cela fait partie de l'histoire contemporaine en train de s'écrire.

Puis, en référence sans doute à une autre des sources du judaïsme algérien – l'Espagne, dont Isabelle la catholique chassa les juifs et les musulmans – un conte de l'Alhambra, *Le Pèlerin d'Amour*, vient faire métaphore de l'importance de la parole pour l'être humain, puisqu'en ce temps là, cohabitaient musulmans, juifs et chrétiens sur une même terre… Métaphore et ouverture pour une dernière partie que je vous invite à découvrir

Chacun de nos parcours de recherche et de vie ne sont-ils pas une mise en acte de ce rêve ancien qui dit le lien, toujours possible même s'il est fragile, des êtres humains dans la parole et le récit qui fondent leur ressemblance en même temps que leur altérité ?

# Préambule

# Entre Psychanalyse et Écriture, le *Point de Capiton*

> *Ce n'est pas exactement ma vie*
> *que je raconte bien que tout soit vrai,*
> *mais un processus.*
> *Où je suis aujourd'hui,*
> *Héraclite n'a pas encore inventé l'être.*
> *Et l'émoi m'intéresse plus que moi.*
>
> Caroline Sagot-Duvauroux
> *Aa - Journal d'un poème*[1]

**Une histoire qui se raconte...**

En ces heures où l'idéologie de l'évaluation factuelle, où la logique managériale envahissent le champ social, comme celui de la culture, de la psychiatrie, de la médecine ou de l'éducation, en ces heures où se répand le rêve délirant d'une adéquation possible entre l'homme et ce que le pouvoir attend de lui, il s'agit de subvertir la notion actuelle d'évaluation et de rappeler qu'il n'existe pas d'avenir pour l'homme s'il ne sait rien de son passé. Il convient aussi d'affirmer, avec Samuel Beckett, que le ratage est au cœur de la dimension psychique, qu'il est au principe de toute expérience humaine, qu'il est porteur d'avenir pour peu qu'on l'accepte comme partie intégrante de la vie.

Dans cette sombre période où le discours politico-médiatique laisse entendre aux citoyens qu'en psychiatrie rien n'aurait été jusque-là accompli, qu'il faudrait désormais être efficace en *gérant* la Folie à coup de lois promulguées à la suite d'événement surmédiatisés, *ce livre se veut témoignage d'un parcours singulier pris dans un lien social mouvant et riche de ses ratages, mais aussi de ses réussites, et des interrogations qu'ils ont suscitées.*

Ce parcours concerne une grande partie de l'histoire de la psychiatrie française dont les transformations les plus vives débutent dans les années soixante et se poursuivent jusque dans les années quatre-vingts au cours desquelles fut mise en œuvre la sectorisation[2]. À partir du milieu des années quatre-vingt-dix, les soignants ont assisté à la destruction programmée de la psychiatrie. À cette période,

## Archives incandescentes

nous ne comprenions pas alors ce qui était en train de se produire sous nos yeux, nous ne saisissions pas la logique interne de ce qui paraissait alors si invraisemblable que le fait de se risquer à envisager une logique à tout cela pouvait vous faire passer pour un esprit atteint de paranoïa.

Or, il a fallu longtemps pour d'abord, désigner ce *Réel*[3] comme tel, cet impossible à dire et à penser, en tentant de le circonscrire, puis encore du temps pour prendre conscience de techniques de management dont nous n'avions idée jusqu'alors et qui étaient pourtant à l'œuvre afin de transformer les soignants en « soumis volontaires » (commissions d'évaluation et autoévaluations en sont le fer de lance). Il fallut beaucoup de temps pour saisir les codes dont est fabriquée cette entreprise idéologique de destruction de la clinique du sujet. Des années ont été nécessaires pour accepter de nous décentrer de notre position de soignant afin de repérer l'installation au cœur de nos pratiques d'un nouveau discours, d'une novlangue, puis nous recentrer afin d'envisager comment résister, et avec quels outils.

Se pencher sur l'histoire permet d'entendre *l'actuel*. En 1963 déjà, les auteurs du *Vocabulaire de psychopédagogie et de psychiatrie de l'enfant*[4] écrivent « folie : terme populaire désignant l'aliénation ». Ils s'éloignaient de sa définition courante, la considérant comme non scientifique et policière, puisqu'elle qualifiait l'aliéné de *dangereux*. La novlangue vient donc aujourd'hui masquer un retour, celui d'un courant sécuritaire qui a de tous temps imaginé que l'on peut balayer les êtres humains comme on le fait de feuilles mortes.

Pendant cette traversée – dont nous ne voyons toujours pas en quel point du fleuve nous sommes – c'est la pratique clinique et institutionnelle, sans cesse questionnée, qui indique la direction à suivre afin de baliser des parcours singuliers liés au collectif et mis en jeu dans les lieux de soin, mais aussi dans les espaces, et aujourd'hui *les niches*, de réflexion et de transmission.

Pour ce qui me concerne, un autre point d'appui demeure la fréquentation des écrivains et des artistes, de leurs œuvres, de leur regard acéré sur leur monde et sur le monde en train de se transformer. Certains de ces écrivains bouleversent encore la conscience des hommes – Primo Levi, Edmond Jabès, Hannah Arendt, Paul Celan, Jorge Luis Borges, Albert Camus, Orhan Pamuk, Simone de Beauvoir, Marguerite Duras, Jorge Semprun, Henri Michaux, Franz Kafka, et tant d'autres encore, si nombreux que ma bibliothèque ne

## Préambule

pourrait tous les contenir. Qu'ils demeurent un phare pour toutes celles et tous ceux pour qui il importe de continuer à penser, cela se sait.

Mais d'autres, auteurs, plasticiens, comédiens, qui ne sont reconnus que d'un cercle trop restreint, ont – un soir de représentation ou lors d'une exposition, d'une publication soutenues par des soignants – bouleversé le regard que les normopathes portent sur les fous et donc sur l'homme. Or, cela, se sait moins. *C'est aussi afin de leur rendre hommage que ce livre est écrit.*

Ainsi, ce recueil, tricoté de différents fils, atteste d'un parcours dont l'écriture, fictionnelle ou poétique de certains des essais qui le composent, tente de rendre compte dans les interstices d'une pratique et d'une réflexion théorico-clinique. Prise dans le lien social *et* dans le politique, cette écriture – essais, fictions ou poésie – est concomitante d'un travail d'élaboration avec d'autres, psychanalystes ou non, tant à l'hôpital que dans le cadre du *Point de Capiton*[5] que j'ai contribué à créer dans le Vaucluse et dont la première rencontre publique eut lieu à Carpentras dans les premiers jours de novembre 1989 alors que le mistral soufflait sur la ville ensoleillée et que, plus loin vers l'est, des manifestants abattaient, à Berlin, le symbole d'un monde qui semblait pourtant jusque-là immuablement figé dans ses partitions. Pour Franck Chaumont, *le* politique est le lieu d'une multiplicité de lectures possibles des symptômes. Cette journée a donc placé le *Point de Capiton* sous les augures du politique, de la pluridisciplinarité et de l'art puisqu'y furent accueillis des intervenants de champs différents et des artistes.

Cette étrange période dans laquelle nous sommes nous oblige donc à revisiter *dans l'actuel* la préoccupation de Freud, s'interrogeant sur le *Malaise dans la civilisation*[6], et à relire d'autres grands noms de la psychanalyse qui s'en sont inquiétés, qui ont beaucoup transmis, qu'ils aient œuvré en ville ou dans des institutions de soin : Jenny Aubry, Françoise Dolto, Jacques Hassoun, Jacques Lacan, Maud Mannoni, Jean Oury, Lucien Bonnafé, François Tosquelles, en sont, à mes yeux, quelques figures marquantes.

Au cœur de toute pratique clinique et institutionnelle, se déploie la dimension du transfert. Lorsque le transfert se noue au sociétal, il y a transfert de travail dont les effets se lisent dans les achoppements comme dans les trouvailles ou les avancées de toute institution de soin, de toute association psychanalytique, pour peu

## Archives incandescentes

que ses membres aient constamment à l'esprit de l'interroger sur ses deux versants, subjectif et sociétal. Cette capacité à penser *malgré tout* est aujourd'hui au centre de la bataille qui se joue entre les tenants du DSM[7] et ceux qui œuvrent pour une *clinique du sujet*.

Il a toujours existé en psychiatrie, y compris à l'époque de la sectorisation florissante, des lieux de grande misère et d'autres où le dynamisme d'équipes pluridisciplinaires est porté par un ou plusieurs psychiatres dont la réflexion théorico clinique encourage l'inventivité et *l'estime* du soin. Il ne serait donc pas exact de dire qu'*avant*, en un temps devenu mythique, il était facile de penser la clinique. De telles affirmations font le lit de la dérive victimaire qui ferait des citoyens des êtres si soumis qu'il ne leur resterait que la plainte pour horizon. Néanmoins, il est urgent d'affirmer avec conviction que ce qui se joue avec la mise en place d'une psychiatrie de la répression est de façon ciblée, la destruction des lieux de soin ancrés dans l'histoire de la psychiatrie française désaliéniste. Or, les références théorico-cliniques à la psychothérapie institutionnelle sont encore aujourd'hui porteuses d'avenir pour ceux qu'avec Marie Depussé[8], je nomme, par tendresse « les fous ».

Comme à chaque période historique de grands bouleversements – nous vivons un tel moment – ce sont les plus jeunes, ceux qui sont nés tandis que le monde se transformait sous nos yeux d'adultes ébahis, qui possèdent les clés de compréhension et de subversion, pour peu qu'on fasse l'effort de les écouter, les entendre et les accompagner avec les outils qui sont les nôtres, en présupposant leur capacité à en inventer d'autres, innovants. Car ce sont eux, ou plus exactement certains d'entre eux, qui auront en charge de maintenir, de leur place, ce à quoi ils tiennent et pour quoi ils se sont lancés dans des études qui les mènent vers des métiers si exigeants. Ils auront à maintenir ou inventer des lieux de soin cohérents afin d'accueillir la souffrance psychique décuplée par des conditions de vie où règne le brouillage permanent entre être et avoir, brouillage entretenu par *les folies* consuméristes.

*C'est aussi pour accompagner ceux qui auront en charge d'accueillir la Folie que ce livre est écrit.*

Il est nécessaire, à l'orée de l'ouvrage, de situer les bornes autour desquelles s'est tressée ma pratique.

Dans les années 1970, j'ai participé à la mise en place d'un service de pédopsychiatrie dirigé par le Docteur Ponzetto à l'Hôpital psychiatrique de Montfavet dans le Vaucluse ; celui-là même qui hébergea la géniale sculptrice Camille Claudel pendant de trop longues années[9]. La sectorisation était le projet de ce service ; l'humanisation et l'ouverture des portes de l'asile qui étaient en cours dans d'autres lieux de l'hôpital – comme ailleurs en France ou en Italie – avaient impliqué en pédopsychiatrie la création d'unités de soins flambant neuves où nombre de jeunes infirmiers, assistantes sociales, orthophonistes, rééducateurs en psychomotricité, d'internes et psychologues frais émoulus de l'université, côtoyaient des infirmiers de secteur psychiatrique et des médecins qui avaient connu les dortoirs où des enfants jugés trop agités pouvaient être attachés au radiateur.

Dans les années 1980, jusqu'alors psychologue clinicienne travaillant essentiellement à un niveau institutionnel, je me suis engagée dans une pratique de psychanalyste, non sans continuer à m'interroger sur les effets de l'institution sur la pratique elle-même : ainsi un séminaire de psychanalyse avec les enfants rassembla des praticiens exerçant en public et en privé afin de confronter leur réflexion clinique à l'aune de leurs différents exercices.

Dans les années 1990, conservant cette pratique clinique primordiale, je suis revenue à une fonction institutionnelle, celle de régulatrice d'équipes soignantes. Quelques textes du présent ouvrage rendront compte plus particulièrement de cette fonction occupée dans le *Forum intersectoriel des ateliers psychothérapiques à médiation créatrice* (FIAPMC), créé par le Dr René Pandelon qui a élaboré un soubassement théorique original, lequel ne cesse d'être interrogé dans un séminaire mensuel depuis 1991.

C'est donc à la charnière de ces deux dernières périodes qu'est né le *Point de Capiton*. Sa création correspondait à un moment politique, historique, qu'il est permis de repérer dans l'après-coup comme ayant travaillé en sous-œuvre toute la dynamique de cet *Espace de Recherche*.

Au niveau des institutions psychanalytiques, comme s'arc-boutant sur la théorie au détriment de la clinique institutionnelle, se développait un dogmatisme dont certains analystes inscrits dans divers groupes souhaitaient pourtant secouer le joug sans oser s'y confronter, de crainte, semblait-il, de l'exclusion. Certaines institutions psychanalytiques avaient mis en œuvre de façon étonnante et symptomatique une dérive aujourd'hui très répandue : la soumission

## Archives incandescentes

volontaire sous couvert d'efficacité théorique, avec en point de mire une compétition acerbe pour un marché qui ne disait pas son nom.

Géopolitiquement, en Europe, on assistait à la chute des idéaux qui ont modelé l'après-guerre et à la fin d'une partition du monde qui faisait rempart à l'ultralibéralisme. En France, comme prémisses à ce qui s'est ensuite joué ailleurs en Europe de façon plus ou moins importante, se profilait la montée de l'extrême droite balayant tous les tabous jusque-là contenus depuis la seconde guerre mondiale et cette *autre guerre* que fut l'extermination des Juifs et des Tziganes.

En mai 1990, le *retour du refoulé* fut douloureusement symbolisé par la profanation du cimetière juif de Carpentras dont on ignorait alors quels en étaient les auteurs, soupçonnant leur lien avec l'extrême droite, et tandis que l'enquête piétinait, plus loin à l'est, s'annonçaient la guerre dans les Balkans et la première guerre du Golfe avec son cortège de désinformations. Dans les semaines qui suivirent la profanation du cimetière juif de Carpentras il parut évident aux membres du *Point de Capiton* que se préoccuper de la *Loi symbolique* mise à mal par les attaques répétées de l'extrême droite – particulièrement dans le Midi de la France de façon de plus en plus belliqueuse – était non pas du domaine de *la* politique, mais *du* politique. En effet, *le* politique est l'exigence de trouver les moyens institutionnels de *comment vivre ensemble*. Contrairement à la politique, il fait barre aux narcissismes étroits ou aux passages à l'acte, mortifères. C'est à partir de ce différentiel qu'il est possible de lire, dans un après-coup, nombre des textes de cet ouvrage.

À partir de ces années là débutèrent en Algérie, après une courte période d'euphorie et de liberté ce que l'on nomme les « années noires » causées par l'action du FIS[10] puis du GIA[11], faisant ré-émerger de ce côté-ci de la Méditerranée, souvenirs et culpabilités enfouis ainsi que vieilles rancœurs et haines mal digérées. On vit alors les démocrates et les laïcs algériens fuir vers la France qui ne sût pas toujours les accueillir.

Que *Le Point de Capiton* soit demeuré dans ce contexte, non pas tant à l'extérieur qu'à la marge du champ institutionnel psychanalytique afin d'interroger articulation *et* hiatus entre Sujet et Collectif, fut une décision salutaire et impliqua la nécessité de l'inventivité et de la vigilance, puis la détermination de « durer », comme nous y enjoignit Jacques Hassoun. Car il importait, comme

## Préambule

aujourd'hui, de maintenir *l'altérité* nécessaire à l'humain. Or, à mon sens, la psychanalyse nouée à la littérature est un point de passage dévisageant l'énigme de la marque de l'Histoire sur les sujets, entre singularité du sujet et dimension collective.

Mais si le monde, en effet, allait de plus en plus mal, il semblait, au début des années 1990, que dans les institutions psychiatriques rien ne pourrait venir déranger le patient travail de construction qui avait commencé dans les années 1970, sinon nos propres résistances de soignants. Pourtant, à partir de 1995 il fallut grandement déchanter. Pour autant, le désenchantement du monde n'a pas réussi, jusqu'à ce jour, dans les lieux mis en cohérence par un projet et une réflexion permanente sur le projet de soin individuel et institutionnel[12], à entraîner l'éclatement du lien social ni de montée de la violence telle qu'on la constate amèrement ailleurs. C'est qu'en ces lieux la présence des soignants n'est pas uniquement réglée par le fonctionnement, ni par la gestion. Ce dont se préoccupent les cadres de santé qui n'ont pas renié leur *fonction soignante* est de protéger les équipes d'un *trop de réalité*[13], afin d'accueillir des *sujets* en souffrance. En outre, sont inscrits dans le projet même *et* dans la pratique, des temps de réflexion, débat, théorisation, pour penser ensemble la clinique et l'institution.

Ainsi, ces services qui, pour certains, ne se réclament pas de la psychothérapie institutionnelle, lui ont emprunté son levain : la nécessité de garder une dynamique à la vie institutionnelle en s'appuyant sur la formation des équipes pluridisciplinaires, suivant en cela ce qu'en énonce Lucien Bonnafé : « Je crois que c'est dans une étude très attentive de la structure du Collectif, du type de rapports qui s'y nouent, visant à la meilleure conscience, la plus généralisée, du rôle de chacun en particulier, et de chacun en tant que représentant d'un type de compétence, que l'on peut progresser[14]. »

« Vue sous un certain angle, la psychothérapie institutionnelle peut être considérée comme l'élaboration des conditions nécessaires pour pouvoir travailler » dit Jean Oury dans sa présentation de la Clinique de La Borde. Ces conditions se modifient avec l'époque. Nous devons donc repenser les conditions du soin à l'aune des exigences folles qui parviennent des administrations dont dépendent les services. Aujourd'hui, d'expérience, ce n'est que par une cohérence très forte entre les médecins, les cadres de santé et les psychologues cliniciens quant à l'éthique du soin, que les équipes pluridisciplinaires

## Archives incandescentes

pourront être protégées par les demandes incongrues et paradoxales qui leur parviennent et pourront travailler plus sereinement à ce qui est un incontournable de la fonction soignante : l'analyse du transfert et des « champs transférentiels multifocaux[15] ». Cette protection implique donc que psychiatres et cadres de santé soient en mesure d'être au clair quant à leur position hiérarchique et à la nécessité de ne pas s'y résumer, et que les psychologues qui sont heureusement encore du fait de leur statut spécifique hospitalier dans une position tierce[16], réinvestissent le champ de l'institution qu'ils ont longtemps déserté au seul profit de la consultation.

Mais l'une des conditions du soin, quelque soit l'époque, est que demeurent dans l'institution des lieux de parole, vides de décisions à prendre. Car c'est la parole qui tient les humains ensemble et non les discours prémâchés. C'est pour ce fait de structure qu'il ne peut exister de soin en dehors d'une « fonction poétique [17] » telle que la définit François Tosquelles. Car la parole n'est pas la communication. Elle est ce qui, dans le transfert, qu'il soit dans une relation thérapeutique singulière ou institutionnelle, échappe et signe le mouvement du vivant qui se cherche et contient en lui-même, de façon énigmatique mais productrice, sa part d'ombre. « L'espace de notre travail est celui de la fiction, celui de la « mimésis », de la pantomime, du Bunraku[18]. Ce qui est « attendu » par notre présence, […] n'est pas forcément un discours parlé, mais ce qui en ouvre le frayage », peut-on lire dans un texte de Jean Oury publié sur le site de la Clinique de la Borde[19]. C'est dire que la dimension du transfert – et donc celle de la fiction – est au cœur de la pratique psychanalytique comme de la pratique institutionnelle, pour peu que l'on ne cesse de solliciter le concept comme on interroge une énigme.

Du côté de la cure, loin de rechercher une réalité intangible et objective qui aurait existé un jour, le travail analytique s'attache à déplier les fictions toutes subjectives de l'analysant. C'est pourquoi le traumatisme ne peut être entendu sans prendre en compte la dimension du fantasme, comme on le voit aujourd'hui trop souvent méconnu par exemple dans l'approche des enfants victimes d'abus sexuels ou bien dans l'approche comportementaliste de la question du traumatisme.

Le transfert, le rêve, la voix, sont les fils conducteurs des textes qui suivent, qu'ils portent sur le traumatisme, la mémoire dans son articulation aux grandes catastrophes et aux guerres du XXe siècle,

## Préambule

le politique ou les effets de rebonds, pour un sujet ou pour un collectif, de ce que Lacan nomme le Réel. Force est de constater, dans un après-coup au vu de ces textes écrits[20] tout au long d'une trentaine d'années de pratique, que la littérature, l'écriture poétique et de l'essai, ont eu pour moi cette fonction de frayage qu'évoque Jean Oury et m'ont permis de théoriser ma pratique tant psychanalytique qu'institutionnelle afin de la maintenir dans l'ouvert.

*Essayer encore. Rater encore. Rater mieux.*

**Samuel Beckett**
*Cap au Pire*[21]

# « De la main à la page, torsion infime… »

> *Quand il est impossible d'écrire un mot,*
> *de faire tenir debout une brique sur la mer,*
> *de coucher sur la table*
> *un copeau d'amour de la langue…*
> *tout commence.*
>
> Jacques Dupin
> *Écart*[22]

Enfant, je ne lisais pas, ou si peu.

Non que je n'aie pas aimé lire. J'ai su lire vers cinq ans. Et j'avais fait preuve d'une telle détermination pour entrer au cours préparatoire, que mon père, devinant l'énorme chagrin caché derrière mon refus de m'ennuyer encore à la maternelle, obtint finalement une dérogation qui m'ouvrit les portes de la *Grande École*.

De ces années passées sur les bancs de l'école primaire, il me reste le souvenir des fusillades dans la rue, plus tard, la peur des attentats dès la montée dans le bus et jusqu'à la maison que, naïvement, je croyais être un abri indestructible.

Pourtant, curieusement, malgré la guerre, ces années ont été heureuses sans doute. Car le premier texte que j'ai écrit ou dont je me souvienne encore évoquait le bonheur dans la cuisine au petit matin.

« Ça sent bon l'arôme du café ! » L'ensemble de la classe, emmené par la maîtresse, se mit à rire. Aujourd'hui encore, j'ignore ce qu'il pouvait y avoir de si inconvenant pour entraîner une hilarité si cruelle.

Ce n'est que plus tard que j'ai su que l'on peut tuer avec des mots. À cet âge, on se contente de penser qu'on a tort, qu'on a fauté sans doute et qu'il s'agira désormais de se tenir sur ses gardes pour ne pas recommencer.

Ce que je m'appliquais à faire avec succès car il n'y eut plus de moqueries quant à mes écrits. J'avançais donc allègrement dans ma scolarité.

## Préambule

Bien sûr, pour l'entrée en sixième, forte des résultats obtenus par mes chagrins en maternelle, j'usais des mêmes procédés. Mais, autre temps, il me fallait passer un concours ; on ne pouvait espérer aucune dérogation administrative.

Je me demande encore aujourd'hui comment, alors que les villes s'embrasaient sous les attaques de l'OAS[23] et du FLN[24] qui conjuguaient leurs forces pour terroriser la population afin d'emporter chacun la victoire, une petite fille de neuf ans à qui on refuse d'aller chercher un dossier d'inscription au concours d'entrée en sixième, prend son bus habituel, décide de descendre à l'arrêt qui lui ouvrira les portes du lycée, entre dans un bureau, demande un imprimé sans même se poser la question de savoir si ce qu'elle vient de faire est convenable, permis ou dangereux. Depuis, il me semble toujours que les imprimés administratifs, et même les publicités déposées dans les boîtes à lettres, valent la peine d'être au moins parcourus des yeux. Il ne m'arrive jamais de mettre directement à la poubelle un papier s'il est imprimé… Ce qui me fascinait, avant même ce qu'on nomme *la littérature*, c'était le pouvoir de *la Lettre*.

Il y eut d'abord l'entrecroisement des sonorités de la rue mêlant le français et l'arabe, avec cette sorte de noblesse que ses racines latines semblaient conférer au français, et la chatoyance gutturale de l'arabe parlé par ma mère. Noblesse et chatoyance que l'on retrouve dans cette langue particulière de certains romanciers algériens, classique et en même temps parfois comme légèrement décalée.

L'exil ne se raconte pas. Il est celui d'une langue qui n'a plus cours à l'oreille. Il est l'apprentissage d'accents tellement inouïs qu'on en vient à se demander quel idiome inconnu parle le professeur de français arrivant de Carcassonne. Il est aussi celui du ciel étoilé que l'on admire sans risque de mourir en désobéissance du couvre-feu.

De mes lectures d'avant l'exil, il ne semble rester que peu de trace, sinon ce sentiment de fascination pour la chose écrite, fascination mêlée d'interdit… Ah ! La censure dans les colonnes des journaux, ces plages blanches parsemées de petits signes estourbis de se retrouver si isolés alors qu'ils auraient tant à dire !

Puis il y eut Racine et les classiques, le doux bercement des alexandrins, leur violence aussi, ramassée ; la force des étymologies qui donnent de la profondeur à la langue et la rendent si désirable ; la lecture bouleversante de Stendhal ; *Le Rouge et le Noir*[25] était à l'image

**Archives incandescentes**

sans doute des paradoxes et de la complexité qui modelaient le pays de mon enfance. C'est aussi que Stendhal rendait la Lettre sensuelle. Il autorisait les parfums et la parole intérieure. Il permettait des nostalgies.

Probablement dois-je, avant l'exil, à un des dix tomes d'un dictionnaire ouvert à la lettre E d'être encore en vie, et après mon arrivée dans le Midi, à Stendhal, d'avoir choisi la Faculté des Lettres et les Humanités[26] plutôt que celle des Sciences avec leur froide objectivité.

Cette assertion sans suite pourrait paraître une promesse non tenue. Mais elle renvoie plutôt à ce qui, au cœur du traumatisme ne peut s'énoncer que de façon éclatée, explosée.

La fonction de l'analyste n'est-elle pas d'accepter cet éclatement du discours qui tourne autour d'un point de Réel afin que le sujet puisse s'en approcher et le métaphoriser par un acte créatif ? C'est aussi ce que certains poètes contemporains attendent de ses lecteurs : qu'ils acceptent, supportent l'éclatement du verbe.

Le traumatisme de guerre installe le sujet dans une position de qui-vive qui se traduit par un sentiment d'éternelle attente. Est-ce l'attente du même qui pourrait conduire à la mort, ou bien l'attente d'une voix qui vienne interrompre le cauchemar ? Il n'est pas impossible que la conjonction des deux attentes soit ce qui vient brouiller les pistes pour l'accès de et à l'autre. L'analyste a alors, à la fois l'impression d'une grande rationalité autour de laquelle le sujet s'est reconstruit afin de donner du sens à un monde en miette, et en même temps la perception d'une extrême fragilité qui vient s'énoncer par des blancs dans le discours, des temps de suspens, d'évitement, de contournement.

Ce tome du Larousse qui ne fut jamais retrouvé au milieu des gravats me donna à *penser* l'avenir comme on panse ses plaies, mine de rien mais avec détermination : les mots qui commencent par la lettre E sont-ils mes *objets perdus* ?

Qu'une lettre représente une perte, c'est ce dont témoigne Georges Perec dans son roman *La Disparition*[27] qui tricote le fond avec la forme. L'utilisation du lipogramme – l'absence de la lettre *e* comme contrainte d'écriture non énoncée par avance – lui a permis de mettre au cœur même du roman l'énigme de la disparition de sa mère déportée lorsqu'il avait sept ans, sans pourtant la raconter. La forme

# Préambule

d'un livre peut donc attester aussi du fond. C'est là une grande leçon de l'œuvre de Georges Perec.

Sans doute y a-t-il de *l'éclatement* dans les pages qui vont suivre. C'est que l'on ne part pas si facilement que cela à la recherche de ses *objets perdus* lorsque l'Histoire, « avec sa grande hache »[28], comme la résumait Perec, non contente de vous avoir exilée, a fait de vos territoires d'enfance des territoires dévastés, puis interdits, interdits de retour et interdits de mots.

Mais alors, la vie est devant soi, avec ce bagage qu'on ignore mais qui sans cesse nous accompagne. Ainsi en a-t-il été ce jour où, étudiante en première année de psychologie, je fus secouée au plus haut point par une visite à l'Hôpital Psychiatrique de Montpellier dans le service d'enfants dont les murs fraîchement repeints de couleurs vives semblaient vouloir masquer les cris, les pleurs et l'odeur si caractéristique de ces lieux de souffrance. Au sortir de l'hôpital, je me jurais de ne jamais travailler avec des enfants. Pourtant, quelques années plus tard, jeune diplômée, j'acceptais un poste à l'hôpital de Montfavet, dans le Vaucluse, en pédopsychiatrie.

Il est vrai que la psychiatrie, en 1971, était dans cette région, au début d'une ère nouvelle et que le médecin responsable du secteur où je prenais mes fonctions était de cette génération de psychiatres pratiquant la psychothérapie institutionnelle, croyant au pouvoir de la parole créatrice de lien social ainsi qu'aux vertus de l'écrit, de sa nécessité pour la recherche et la formation de chacun. Depuis, ce monde s'en est allé, il n'en reste que des bribes ou plutôt des plages encore préservées, comme à la marge. L'écoute, avec un É majuscule, a dû faire place à la « gestion comptable » dont j'ai entendu récemment un responsable au ministère dire qu'elle devait être, pour le personnel soignant, un des « trois Q de la démarche de qualité dans les hôpitaux. »[sic]

Écrire… Cela commence sans doute par lire. De même que Freud invite à lire le rêve comme un rébus, toute bibliothèque peut être perçue comme un rébus à déchiffrer. Le mot « lecture » échappant à cette rigueur du dictionnaire commençant par la lettre E, la décision de commencer des études de Lettres m'avait autorisée à lire, à dévorer, à *manger le livre*[29]. Souvenir du calme des bibliothèques, un refuge où le temps accepte qu'on le suspende aux savoirs, souvent, et parfois à la rêverie… Alors, j'ai beaucoup lu pour apprendre, tenter de trouver des contours et de comprendre ce monde. J'ai beaucoup lu, les

## Archives incandescentes

grands auteurs et d'autres moins prestigieux mais qui n'en sont pas moins essentiels. Et puis Freud ne disait-il pas que les romanciers racontent en si peu de mots ce que nous mettons tant de temps et tant d'énergie à décoder et à comprendre ?

Pour ce faire, il fallut apprivoiser les librairies. Partie difficile à jouer... jusqu'au jour où l'on renonce à choisir, où l'on accepte d'ouvrir un livre, de le parcourir des yeux, de sentir en soi monter, au détour d'un mot, d'un paragraphe, d'une tournure de phrase, l'impérieuse nécessité de s'y plonger, ailleurs à l'abri, parfois un crayon à la main ou bien dans un train. Alors comment raconter ce qui, peu à peu, sans qu'on y prenne garde, devient une bibliothèque qui dit vos exigences et vos passions, qui accueille vos auteurs préférés comme ceux à qui vous en voulez de vous avoir égarée ?

Une bibliothèque, lorsque vous croyez la ranger, vous égare immanquablement, vous interdisant de mettre la main sur *ce livre là*, celui dont vous venez de parler à l'ami qui partage ce curieux amour du papier imprimé. Mais lorsqu'elle vit dans son joyeux désordre un rien poussiéreux, elle accueille votre main avant même votre regard : car le livre que l'on espère est là, précisément là, bien sûr !

C'est ainsi qu'il y eut Georges Perec dont le rapport physique à l'écriture et à la perte est toujours une leçon ; et puis Primo Levi, Paul Celan, Edmond Jabès, le choc de la poésie contemporaine... Les livres-objets, les livres d'artistes de *l'Atelier des Grames*[30] ou le magnifique *Codex Seraphinianus*[31] avec son alphabet énigmatique... Encore... Albert Camus pour Tipaza, les magnolias et tant des senteurs de mon enfance, l'amour et la violence mêlés ; Albert Camus pour son livre posthume *Le premier homme*[32] que chacun devrait avoir fréquenté afin de comprendre ce qu'est la misère et ce qu'est la chance de pouvoir aller à l'école, ce qu'est aussi la nécessité de transmettre...

Tout un pan de la littérature m'a longtemps été interdit, et dans ma bibliothèque, les auteurs étrangers sont souvent francophones. Banal symptôme de certains exilés de leur langue maternelle : puisqu'ils en ont laissé échapper une, aucune autre désormais n'est atteignable. Méfiance des traductions, impossibilité de faire confiance à la tournure de phrase, au mot, au rythme même, pour emporter un ouvrage sous son bras...

Je me souviens avoir lu *Jazz*[33] de Toni Morisson et malgré l'inventivité sonore du traducteur, avoir refermé le livre en me lamentant de ne pas savoir parler suffisamment la langue de l'auteur

## Préambule

pour ressentir ce rythme étrange et beau qui transparaissait pourtant. Toutefois, depuis ma rencontre avec le petit ouvrage de François Cheng, *Le Dialogue*[34], j'entends mes réticences comme un hommage à la langue de l'auteur et non plus comme une inhibition coupable.

Il y a encore tant à lire… Il y a les livres qui attendent qu'on les ouvre un jour et ceux qui nous convient à les revisiter dans l'étonnement d'une autre lecture, comme neuve grâce au temps écoulé, à la transformation du lecteur… Ainsi, il n'existe pas d'écrivain qui ne soit aussi lecteur, comme le dormeur éveillé qui raconte son rêve est premier lecteur de son rêve.

S'il y a un point commun entre la psychanalyse et l'écriture, c'est que pour l'une comme pour l'autre, il s'agit avant tout d'une pratique qui convoque le corps dans un mouvement inattendu. Aussi, il importe de prendre ce temps comme l'on va à un rendez-vous, dans une attente, certes, mais aussi dans l'ouverture à la surprise, pour découvrir d'autres horizons…

Écrire…Écouter…

Oui, les mots qui commencent par E ont été longtemps parmi mes *objets perdus*.

« Écrire » était l'un d'eux, avant que l'analyse ne dévoile enfin le pouvoir et l'énigme de la lettre, me relançant dans le mouvement de la vie où lettre, écoute et écriture sont tressés et sans cesse réinterrogés par la pratique psychanalytique, la littérature et la poésie.

# Corps et écriture, une rencontre

**Tout parcours de vie pourrait se lire grâce aux bornes qui signalent les rencontres heureuses ou déterminantes**

Des rencontres de travail et d'amitié sont faites de mots, d'échanges, de réflexions plus ou moins articulées ; mais elles sont aussi faites d'ambiance. C'est ainsi que nos chemins se sont croisés. Je veux dire celui de Michel Fennetaux[35] et le mien.

Le mot « ambiance » vient du latin *ambiens*, qui plus tard définira un fluide qui circule autour et qui protège, peut-être comme une peau immatérielle ou comme la figure de l'animal dans l'œuvre d'Aharon Appelfeld dont il sera question plus loin. Il vient dire quelque chose du corps, du Réel du corps dans la rencontre. Le lieu géographique où se déroule l'échange, lieu qui vient soutenir la parole et l'écoute participe de l'*ambiance*.

Au cours d'une de ces rencontres où *l'ambiance* était à l'amitié et au transfert de travail, sur la terrasse d'une rude et belle maison qui scrute les flancs de la montagne ardéchoise, Michel Fennetaux me proposa d'intervenir lors d'une séance de son séminaire parisien : *Parole/Génocide*. Un titre me vint immédiatement à l'esprit sans que j'en mesure alors l'importance et les multiples strates : *De la main à la page, torsion infime…*. Il s'agissait vaguement pour moi d'évoquer cette torsion du corps et de l'écriture lorsqu'elle tente de dire le traumatisme. Rien ne pressait sous le soleil de mai et je notais simplement ce titre sur un carnet. D'autres engagements m'attendaient avant de me mettre à l'écriture de cette intervention.

L'idée de son séminaire était venue à Michel Fennetaux lors du colloque du *Point de Capiton* de 2003 : *Poésie et Réel : la Poésie, Margelle du Réel ?* auquel je l'avais invité et où il fit entendre à un public attentif et ému quelque chose du *Réel du corps malade* : « Quand le corps, pour une raison inconnue, est presque intégralement captif de lui-même, il *expérimente*, en toute certitude, que sa limite est exactement circonscrite par son autonomie » disait Michel Fennetaux. Et il ajoutait : « Mais comment, dans ces conditions, inventer les mots qui feront margelle à ce Réel, qui le *contiendront* ? » Plus loin encore, on peut lire : « Même si elle n'est que fugitive, l'expérience du Réel concerne une zone à l'intérieur de nous et dont nous ne pouvons contester l'existence, un espace où vous êtes aussi totalement seul et dépendant que le nourrisson l'est dans son rapport à l'adulte protecteur[36]. »

Ainsi se crée un lien interne, comme un forçage, lien avec le langage qui se fabrique à l'orée de la vie dans la dépendance à l'autre et s'expérimente ensuite dans ce que Freud a nommé le *Fort-Da*[37], mise en mouvement physique en même temps que psychique. Il s'accomplit aussi dans un jaillissement de sons pour dépasser l'absence et la perte afin de les transformer à l'intérieur de soi en une expérience supportable. Or toute expérience humaine de la perte, pour qu'elle soit intégrable, met en jeu un mouvement rythmé et un différentiel entre deux limites. Dans la précarité, qu'elle vienne de la maladie ou de circonstances telles que tout mouvement peut entraîner la mort, pas de rythme, seulement de l'inattendu, de la surprise, de l'indécidable. C'est alors que les mots sont le seul point d'appui, comme une musique ou une voix que l'on se fabrique de façon interne pour dégager un rythme du chaos.

Notant donc ce titre sur mon carnet bleu, puis l'oubliant, j'ignorais en me mettant au travail quelques mois plus tard que j'allais revisiter à mon insu ce qu'avait produit ma première rencontre avec Michel Fennetaux sous les augures de la psychanalyse *et* du politique, en 1990 lors du colloque *La loi, les mots, le silence*[38] après la profanation du cimetière juif de Carpentras.

Bien avant le colloque de Carpentras, bien des années avant cette promesse sur la terrasse de la vieille maison, promesse d'écrire à partir du traumatisme, il y avait eu une lecture, déterminante. C'était au milieu des années 80. J'étais alors jeune psychanalyste. Assistant aux soubresauts vauclusiens liés à la dissolution de l'*École Freudienne de Paris* par Jacques Lacan, je cherchais à comprendre ce qui pouvait agiter avec tant de passion des psychanalystes chevronnés. Je m'étais rendue à Paris pour une rencontre de travail et avais découvert la revue de la *Convention Psychanalytique* dans laquelle se trouvait un texte de Michel Fennetaux : *Trajectoires*[39].

C'est donc par un écrit que j'ai d'abord rencontré son travail de théorisation. Il y mettait en perspective, de façon subjective mais très argumentée historiquement, le rapport entre militantisme et psychanalyse en extension. Il posait des mots sur une expérience demeurée pour moi énigmatique : le passage du militantisme à la psychanalyse. Il affirmait, en l'évoquant, l'importance de l'Histoire. Il venait aussi permettre une réflexion, qui dès lors n'a plus cessé, sur l'articulation entre sujet et collectif, entre construction du Sujet et *Fabrique de l'homme occidental*[40]. La nécessité de se pencher sur l'Histoire semblait être iconoclaste auprès des psychanalystes que je fréquentais alors dans ma région. Qu'un psychanalyste reconnu par ses pairs, et convoquant l'Histoire et le politique, ose le contre-point m'autorisait désormais, dans le champ psychanalytique, à creuser dans les marges.

### « Lire, c'est chercher des yeux au travers des siècles l'unique flèche décochée à partir du fond des âges[41] »

C'est ainsi que le lecteur co-crée le livre en le lisant et cherche dans chaque lecture cette flèche du temps. Plus tard il y eut une autre lecture d'un texte littéraire de Michel Fennetaux : *Et dès lors ma guerre commença*, livre d'écrivain, introduit, ou presque, par l'évocation d'un lieu « la Haute Valette » en Ardèche, et qui se termine par l'évocation d'un autre lieu, lointain autant que chargé de mystères, « Termesos ». Entre les deux évocations, des *Lettres à Béatrice, à l'ami Crabe et à Saint Just*, et comme blottie au milieu de cette correspondance, une *Rêverie sur le regard de ma maison*. La maison a donc un regard, mais il est « méthodiquement protégé contre tout ce qui serait extérieur, écrit Michel Fennetaux, un regard qui se scrute lui-même, qui cherche s'il ne rencontre en lui que lui-même, ou s'il a affaire à du différent de lui-même, de l'autre que lui, qui serait en lui. »

La maison est une belle métaphore du corps. Elle venait donner poids à mon expérience quotidienne avec les enfants psychotiques : le lieu de l'analyste, son bureau, est, pour l'enfant, une représentation d'un corps possible. L'enfant psychotique, enfermé dans son effroi, n'a pas de représentation corporelle. Il demeure en marge de la vie et du monde, comme s'il s'y était déjà brûlé.

La vie, tout comme la survie, est aussi affaire de représentation. Telle est la particularité de l'espèce humaine. Ainsi en est-il, on le verra plus loin, de l'enfant Aharon Appelfeld, livré à lui-même et fuyant la férocité des hommes alors qu'il n'a que douze ans, tel qu'il se décrit dans *Histoire d'une vie*[42], à l'orée du bois, protégé par la forêt comme par une maison de branchages et de troncs. Stratégie de survie par l'Imaginaire : faire jouer la division interne comme une topique rassurante pour mieux affronter l'extérieur affolant, féroce et

## Préambule

malveillant. Témoignant de cette pulsion de vie qui noue Symbolique et Imaginaire au Réel de l'expérience, ce parcours sinueux où tous les sens sont aux aguets fera trace plus tard dans l'écriture. La trace met en mouvement l'écriture, et tout à la fois échappe, à peine voudrait-on la poser sur le papier. Ce sont bel et bien ces traces qui viennent travailler en sous-œuvre dans de nombreux écrits poétiques ou littéraires d'écrivains ayant à se coltiner avec le traumatisme.

J'aime cette idée de travail en sous-œuvre. Travailler en sous-œuvre se dit de cette action du bâtisseur qui, alors que la construction supérieure doit être maintenue, transbahute les gravats de la partie inférieure en même temps qu'il consolide le bâtiment. Il y a dans la notion de Réel quelque chose de ces gravats qui s'imposent au bâtisseur, un reste, comme l'énonce Jacques Lacan qui a fait du Réel une catégorie à entendre dans son problématique nouage avec le Symbolique et l'Imaginaire. Le Réel est donc ce qui travaille le poète en *sous-œuvre*, dans son appréhension muette et immédiate du monde avant qu'un mot, une phrase, une sonorité, ne surgisse pour faire enfin margelle au Réel dans son irréductible non-sens. Il est aussi ce qui, sans doute, travaille le peintre dans le suspens de son geste. C'est dire que le psychanalyste qui voudrait en faire l'économie dans son écoute et dans sa pratique y perdrait toute présence, pour fonctionner comme technicien de la relation, rallié au psychologisme et à l'explicatif. D'où la nécessité d'inventer. Mais aussi la nécessité d'une présence qui ne dénie pas le « corps parlant ».

## *On ne jette pas la matière humaine*

*On ne jette pas
la matière humaine*

La main a tracé un bord au gouffre
Là assemblés
mots posés jetés sur le papier avec constance
tant d'années un bord et plusieurs entremêlés

Matière vivante traces de vies
ils ont un jour
ou une nuit d'insomnie arrachée au silence
ces mots sculptés dans la solitude qui crie sur la page
ils ont éclairé le monde

Matière vivante page noircie
de la main à la page
ce détour torsion infime

J'ai mené deux vies cousues ensemble
pour retenir l'éclatement des jours
Balustre blanche au dessus des terres ravinées
rouges et brunes
s'accroche au soleil d'hiver

Deux vies pour croire encore à la beauté
Elle dit je n'ai plus peur
et mes deux vies se cognent à son étrange phrase

Anesthésier la vivante douleur

Deux vies avec des yeux aveugles
et le frémissement constant
le bruissement des bouches
articulant
mâchant la douleur d'être

*Voile blanche sur fond d'écran*[43]

# L'impensable de l'Histoire,
traumatisme et transmission

# Une histoire impensée

> *Le désordonné est un maniaque de l'ordre d'une jungle mais sait qu'il ne sait concevoir cet ordre. Fabrique ses recours par couches et ses rapports par porosité à tout.*
>
> Caroline Sagot-Duvauroux
> *Aa - Journal d'un poème*[44]

**La bibliothèque comme paradigme ?**

Je tourne, je vire. Je ne tiens pas en place. J'imagine le déménagement de mon bureau dans une autre pièce, dans un ailleurs sans histoire trop lourde, un ailleurs dégagé du poids de la mémoire. Est-ce que je rêverais d'un exil qui serait, lui, voulu et donc libérateur ?

Sur les étagères de ma bibliothèque, dont une large part est consacrée à la littérature, la poésie et l'art contemporain, plusieurs rayons concernent le judaïsme d'Afrique du Nord, ainsi que celui de l'Europe du sud. Y figure tout ce que j'ai pu trouver qui rappelle l'expulsion des Juifs d'Espagne sous Isabelle La Catholique en 1492, qui aborde l'histoire des marranes[45], qui déploie les particularités de l'islam et du judaïsme en terre d'islam, avant et après la colonisation française de ce qui devint l'Algérie en 1830, ainsi que les ouvrages de référence sur la Guerre d'Algérie, considérée alors comme simple « opération de police ». À portée de main et de regard, un rayon entier sur la Shoah que Jacques Hassoun, homme de grande culture, appela « la deuxième guerre dans la guerre » lors du colloque *La loi, les mots, le silence* organisé par *Le Point de Capiton* en mai 1990 et qu'il soutint avec détermination et efficacité.

Une autre étagère est couverte dans toute sa profondeur d'ouvrages sur le Front National et sur la langue qu'emploient ses sbires. Sans doute, en rangeant ma bibliothèque selon une méthode

**Archives incandescentes**

proche de l'association d'idées, ai-je eu en tête la période si meurtrière de l'OAS en Algérie car sur un rayonnage tout proche se trouvent les ouvrages qui traitent de l'histoire de l'Organisation armée secrète dont, pour paraphraser l'humour percutant de Freud, je pourrais dire ici, que d'expérience, et en ayant réchappé, j'aurais pu « cordialement recommander cette organisation à tous[46]. »

D'autres ouvrages, rares et difficiles à trouver tant cette histoire est occultée, témoignent de la période de Vichy et de la résistance juive à Alger en novembre 1942, alors que mes parents et grands-parents n'étaient plus ni français, ni même indigènes depuis l'abrogation du décret Crémieux le 17 octobre 1940 par décision du ministre de l'Intérieur, Marcel Peyrouton[47], dont le parcours étonnant, qui le vit passer du centre-gauche à la collaboration au plus haut niveau de l'Etat, pourrait venir questionner les glissements de certains hommes politiques d'aujourd'hui qui, hommes de gauche, ont rejoint le discours du tout sécuritaire. Cette abrogation entra en vigueur en 1940 et transforma le statut de toute une partie de la population qui devint alors apatride, à peine tolérée dans son propre pays.

Une résistance se mit alors en place, dans la lutte pour vivre le quotidien. En faveur de la France libre, elle permit le débarquement allié de 1942 sur la plage de Sidi-Ferruch et la prise d'Alger par les insurgés. Elle était composée à quatre-vingt-dix pour cent de ces ex-français d'origine juive mis au ban de la société. Absolument méconnue, elle a favorisé, du fait de son alliance contre nature avec une extrême droite royaliste, le débarquement allié qui fut un tournant majeur de la Seconde Guerre mondiale, mais n'eut pas grand effet, au dire des historiens, sur cette « autre guerre » menée par les nazis en Europe, celle de l'extermination.

Certes, il n'y eut pas d'effet sur ce qui se jouait pour les Juifs d'Europe. Mais pourtant elle en eut dans le Maghreb… car les listes des Juifs à déporter en masse étaient prêtes dans le Maghreb algérien. C'est d'ailleurs une des rares choses qui se chuchotaient lorsque j'étais enfant sur cette période abominable, sans que j'en comprenne alors la juste signification. L'écoute d'un entretien de Benjamin Stora sur France Inter m'a confirmé cet élément historique que j'ai longtemps cru être un fantasme dans le discours familial.

Plus tard alors que j'étais préadolescente nouvellement arrivée en France, fut visionné au lycée le film bouleversant d'Alain Resnais : *Nuit et brouillard*[48]. Devenue adulte, lorsque je me suis

## L'impensable de l'Histoire, traumatisme et transmission

intéressée à l'histoire de la période de Vichy à Alger, qui fut dramatiquement recouverte par la Guerre d'Algérie, j'ai appris que, bien avant la période qui mit le maréchal Pétain au pouvoir, un journal d'extrême droite, « Le petit oranais » qui soutenait le docteur Molle, maire d'Oran, s'adressait dès les années 1920 « à tous les aryens de l'Europe et de l'univers » et avait pris pour manchette permanente une diatribe de Martin Luther : « il faut mettre le soufre, la poix, et s'il se peut le feu de l'enfer aux synagogues et aux écoles juives, détruire les maisons des Juifs, s'emparer de leurs capitaux et les chasser en pleine campagne comme des chiens enragés. » Cette manchette fut retirée en 1930 à la suite d'une plainte du gouverneur général Violette. Mais elle sera remplacée dès 1931 en première page par une croix gammée, laquelle n'était pas encore si répandue qu'elle le fut plus tard en France. Afin de resituer ces événements dans leur temps, il est important de préciser qu'Hitler aura les pleins pouvoirs en Allemagne en 1934 et que le régime de Vichy signera l'armistice avec l'Allemagne nazie le 22 juin 1940, soit neuf ans plus tard.

Ainsi, une partie non négligeable de ma bibliothèque porte-t-elle les traces de ces événements historiques, déplacements, exils, ruptures radicales, mais également du sillon que je creuse et qui interroge la question du politique à travers celle du traumatisme entre position subjective et dimension collective.

### On ne jette pas la matière humaine ou « du judaïsme en Algérie ? »

Je tourne, je vire, je ne parviens pas à saisir les multiples fils qui me permettraient de commencer ce texte pour le séminaire de Michel Fennetaux. Et puis, me dis-je, pourquoi ce titre s'est-il imposé à moi ? Je m'aperçois alors qu'il fait partie d'un long poème intitulé : *On ne jette pas la matière humaine* que j'ai écrit il y a plusieurs années, poème donné en lecture publique lors d'une manifestation de *Trace de poète*[49] où j'étais invitée à l'Isle sur la Sorgue, berceau de René Char.

Si, comme l'énonce Alberto Manguel, un lecteur peut prendre pour sienne la phrase d'un auteur, il arrive souvent qu'un auteur oublie avoir écrit un texte, un fragment, un vers, qui le surprend alors, comme venant de l'extérieur, telle une parole revenant sous sa forme inversée… C'est dire qu'il n'y a à espérer aucune parole définitive, aucun écrit, qui nous laisserait quitte et pour solde de tout compte. Dans cette rêverie, je pense soudain à ces documents historiques, ces témoignages que j'ai tant de difficulté à me procurer et qui traitent des

**Archives incandescentes**

pogroms de Sétif et du constantinois dans l'été 1934, dont ma mère, qui parlait arabe et se revendiquait algérienne, gardait un souvenir traumatique très net. Pourtant elle n'en a parlé ouvertement qu'une fois alors que cet événement occupe une place essentielle, puisque répétitive, dans des carnets que j'ai retrouvés après son décès. Alors qu'elle était peintre, le fait qu'elle ait éprouvé le besoin d'écrire cet événement et ses effets en elle à plusieurs moments de sa vie m'avait bouleversée.

Aussi, concernant ces documents, s'ils sont si difficiles à trouver, est-ce dû à leur réelle rareté ou à l'impossibilité de m'y confronter ? J'ai, en effet, depuis quelques mois, entrepris l'écriture d'un texte dont la trame viendrait éclairer divers moments de l'histoire du judaïsme algérien. Lorsque les historiens détournent la tête, les romanciers peuvent encore tremper leur encre dans l'eau troublée de leur histoire familiale mêlée à la grande Histoire et, ce faisant, espérer faire souffler un désir de recherche du côté des historiens.

Ainsi en est-il du livre de Boualem Sansal, *Le Village de l'Allemand*[50], qui ose dévoiler un pan méconnu de l'histoire algérienne pendant la guerre d'indépendance, en l'articulant, sans provocation mais avec force, à la rupture dans l'histoire du XXe siècle en Europe. Son livre m'apparaît comme une respiration dans l'occultation et la transformation permanente de l'Histoire par les autorités algériennes. « Ce village existe vraiment, raconte Boualem Sansal. Je l'ai découvert par hasard, au début des années 1980, lors d'un déplacement professionnel : un village très charmant, très propre, contrastant avec les localités poussiéreuses de la région. J'ai vite appris que c'était le fait de l'Allemand qui le "gouvernait", un ancien officier SS devenu moudjahid et considéré comme un héros. »

Dans un article qu'elle consacre à l'œuvre de Boualem Sansal, Delphine Peras écrit[51] : « Sous-titré *Le Journal des frères Schiller*, ce roman sidérant relie les horreurs de la Seconde Guerre mondiale à celles de l'Algérie des années 1990. Deux sales guerres qui font le lien entre nazisme et islamisme politique. Un parallèle osé pour mieux stigmatiser le négationnisme et les ravages de tous les fanatismes. » Boualem Sansal, qui croit au pouvoir des mots, fait sauter dans son œuvre de nombreux tabous. Pour autant, cette croyance dans la littérature n'est pas d'un ordre religieux. Elle tient plutôt au fait que

## L'impensable de l'Histoire, traumatisme et transmission

lorsque tout s'effondre, il ne reste guère que les mots, la narration ou le poème pour survivre psychiquement.

À partir de 1991 et pendant les dix années noires que connut l'Algérie sous la terreur du GIA, Boualem Sansal ne s'exile pas mais reste cloîtré dans son appartement de Boumerdès où il a vécu longtemps bien qu'il ait été limogé de son poste de haut fonctionnaire au ministère de l'Industrie, en 2003, après la publication de son troisième roman, *Dis-moi le paradis* et bien que ses livres soient censurés en Algérie. Dans un entretien qu'il accorde lors d'un passage à Paris en 2008, il dénonce la dissimulation, dans son pays, de pans entiers de l'Histoire : « Faites un sondage à Alger : vous ne trouverez pas plus de dix personnes au courant de la Shoah. Et encore, la plupart répéteront que c'est une invention des Juifs. Il n'y a jamais eu de film, de livre, de conférence sur le sujet. Aucun programme scolaire n'en fait état. »

Ainsi, le livre de Boulaem Sansal a-t-il soulevé cette question : quels clivages l'occultation de l'Histoire produit-elle sur moi lorsque je me rends à Alger ? En effet, j'ai été invitée par l'association Nour[52] à participer, depuis 2004, à un travail de supervision et d'apport théorico-clinique auprès de psychiatres et psychologues de la Wilaya[53] d'Alger. Travail passionnant tant la rencontre est intense, rencontre humaine et découverte de la richesse clinique de certains psychologues et psychiatres. Pourtant ces voyages sont toujours douloureux et j'en reviens clivée, tant sont grands les écarts entre les attentes légitimes des cliniciens et la dure réalité quotidienne des algériens, matériellement mais aussi parce qu'ils sont traversés par le déni officiel de l'Histoire comme on le serait par un vent froid. Un fantasme a sans doute présidé à mon acceptation de ces missions bisannuelles à Alger : retrouver des traces oubliées, enfouies. De ce côté-ci, le voyage a œuvré comme une machine désirante. Mais là-bas, hormis dans des discussions privées et très confidentielles, il semble qu'il soit sans cesse renvoyé : rien n'a eu lieu ici de l'histoire du judaïsme algérien.

C'est donc de ce côté-ci de la Méditerranée qu'au cours de mes recherches, j'ai appris que le pogrom de début août 1934 se situait à un moment historique de l'Algérie où la violence de l'extrême-droite antisémite, s'appuyant sur la complicité des institutions françaises locales, est venue se conjuguer avec les effets de la crise économique

**Archives incandescentes**

sur les populations musulmanes les plus défavorisées, les manipulant afin de leur offrir un bouc émissaire : les Juifs.

En 1830, lorsque les Français débarquent dans la baie de Sidi-Ferruch, les Juifs d'Algérie sont organisés en *nations* : la communauté compte 25 000 personnes. Contrairement aux Juifs francs, installés au milieu du XVII<sup>e</sup> siècle ou aux Juifs portugais qui étaient considérés comme de précieux auxiliaires vis-à-vis des représentants de l'Empire Ottoman à Alger, la plupart des Juifs algériens étaient très pauvres[54]. La famille de ma mère faisait partie de ces Juifs de modeste condition présents sur la terre africaine bien avant l'arrivée des Arabes, bien avant celle des colonisateurs français. Ils furent, tout comme les Juifs d'origine européenne, naturalisés français par le décret Crémieux de 1870. La solidarité entre juifs et musulmans dans ce village du constantinois a existé de tous temps, et ce, malgré les accès de fièvre qui eurent lieu au cours des siècles. L'entraide implique souvent reconnaissance mutuelle. Je me souviens qu'après l'indépendance, lorsque je suis revenue dans ce village où je ne m'étais plus rendue depuis ma toute petite enfance, un vieil homme est venu vers moi, ému, me reconnaissant comme étant la petite fille de Raphaël Guedj, mon grand-père.

Ainsi l'ai-je réalisé il y a peu, la génération de ma mère a-t-elle été la première génération de l'exil. Il n'y a probablement plus de Juifs aujourd'hui dans le son village natal. Le mythe du *juif errant* était donc demeuré à l'état de mythe jusqu'en 1962 dans cette région du monde. Mais dans les années qui précédèrent l'indépendance, ce fut une rupture définitive, exil sans retour possible et traces occultées sur cette terre qui ne veut plus rien savoir de cet autre, si semblable et pourtant différent, puisqu'il est aujourd'hui question, officiellement, de déjudaïser la musique arabo-andalouse. En effet, en 2006, Khalida Toumi Messaoudi, ministre de la culture algérienne fit cette déclaration : « La nation arabe fait face à des tentatives de judaïsation orchestrées par Israël qui altère des faits historiques et dénature certains aspects culturels arabes pour les présenter comme élément de la culture juive. Des tentatives qui ne visent pas seulement la Palestine, mais beaucoup d'autres pays arabes, dont l'Algérie qui fait face à des tentatives d'altération de son patrimoine, notamment la musique andalouse qui est une musique arabe authentique et qu'on s'évertue à attribuer à la culture juive[55]. » Parlant de dérapage, l'équipe de rédaction de la revue *Le clin d'œil* écrit : « A-t-elle oublié

## L'impensable de l'Histoire, traumatisme et transmission

que les artistes juifs qui contribuèrent à la naissance et à l'essor de la musique andalouse le firent en tant qu'Arabes, au même titre que d'autres artistes musulmans ? De religions différentes, ils contribuèrent ensemble au développement de la culture arabe qui leur était et qui leur reste commune, du moins pour ceux des Juifs qui l'assument encore[56]. » Cette réaction rejoint la parole des analysants franco-algériens dont j'ai pu écouter l'émergence de souvenirs d'enfance liés aux « voisins juifs ». Pour eux, avec le départ des Juifs d'Algérie, il s'agit pour l'Algérie de la disparition d'une figure majeure et ancestrale de l'altérité au quotidien.

Entre Europe et Afrique, être écartelée *Entre deux rives et deux oublis*[57], ou au contraire, entre Afrique et Europe, être retenue par les deux rives, est-ce une question d'éclairage social, de point de vue interne ou de « réalité des faits » ?

### Les faits historiques et la mise en récit

Les faits sont du domaine du travail patient de l'historien sur les archives. Ainsi en a-t-il été, pour la Shoah, du travail minutieux de Raul Hillberg. Un témoignage relève-t-il de la catégorie du fait ? Les faits ne sont pas à confondre avec les preuves matérielles. Dans un entretien paru en 2001, lors de la sortie de son dernier ouvrage *Holocauste, les sources de l'histoire*[58], réflexion sur les difficultés d'écrire l'histoire du génocide, Raul Hillberg rappelle que « les évènements qui se sont déroulés de 1933 à 1945 n'ont pratiquement laissé aucune preuve matérielle – les centres de mise à mort ont été détruits, les principaux témoins ont été assassinés et les documents brûlés. » Plus loin dans l'entretien, concernant les témoignages des survivants, il souligne pourtant les limites de l'histoire orale car, explique-t-il, « les survivants ne constituent pas un échantillon représentatif de la communauté juive qui fut détruite. Pour survivre il fallait être jeune, fort et en bonne santé. » En cela il rejoint cette parole de Primo Lévi qui témoigne de son expérience : « Pour survivre, il fallait avoir de la chance. »

Pour autant, et bien que les « preuves matérielles » aient été effacées, Raul Hillberg, grâce à sa pugnacité d'historien, a mis en récit l'histoire de *La Destruction des Juifs d'Europe*[59] à laquelle, dans la dernière édition, il ajoute des éléments sur les partisans polonais et sur l'extermination des Tziganes.

**Archives incandescentes**

Au-delà des « preuves matérielles », *les faits* ne peuvent se passer de la mise en récit qui permet à l'être humain de garder son humanité. « À quoi ça sert d'inventer des histoires, alors que la réalité est tellement incroyable ? » demande une détenue de Fleury-Mérogis à Nancy Huston. La romancière poursuit dans la préface à son essai *L'espèce fabulatrice*[60] : « Cette femme est prostrée, elle a tué quelqu'un, moi non, tous mes meurtres sont dans mes romans. » Et Nancy Huston de s'interroger : « Que répondre ? […] Pour donner une forme à la réalité ? Non, je ne peux pas dire ça. Ce serait […] blessant d'insuffisance, et de suffisance aussi […] or cette femme veut désespérément une réponse. Alors, je cherche… »

**Écrire, donc, parce que l'on cherche…**

Pour ce qui me concerne, écrire à partir de cette rupture dans l'Histoire qu'a été la Shoah est une activité qui a occupé une grande partie de mon temps après l'attaque contre les morts, contre les tombes où se recueillent les vivants à Carpentras en mai 1990. Cette profanation était un *fait* qui touchait à l'impensable. Pourtant, il est surprenant de constater combien ce *Réel* dans ma propre économie psychique – la violence de cette rupture dans l'Histoire que sont les génocides, l'impensable de cette atteinte à l'humanité de l'être humain – est venu occuper une place paradigmatique et a eu une double fonction, paradoxale.

D'une part, être confrontée à cette profanation m'a poussée vers la nécessité d'écrire pour comprendre, pour faire bord aux images de la Shoah qui firent effraction lorsque j'étais adolescente avec la révélation douloureuse que fut le film *Nuit et Brouillard.* C'était moins d'une année après que j'eus la vie sauve par une chance inouïe.

D'autre part, le Réel de l'Histoire européenne a longtemps conforté le déni d'une histoire algérienne, familiale et collective, a fait écran à une autre histoire traumatique qui s'est avérée être en lien avec la période nazie par le biais du régime de Vichy mais dont il ne reste que très peu de traces.

Ayant beaucoup écrit sur la Shoah, des essais le plus souvent, il m'a fallu encore des années pour me confronter à cette autre réalité traumatique, celle de l'histoire occultée des Juifs d'Algérie que j'ai toujours perçue comme secondaire tant la découverte de la Shoah, alors que j'étais adolescente, fut un plongeon dans une horreur bien

## L'impensable de l'Histoire, traumatisme et transmission

plus grande que celle à laquelle j'avais été confrontée peu de temps auparavant grâce aux bons soins de l'OAS et du FLN conjugués.

**La phobie d'écrire, un autre nom du déni de l'Histoire ?**

Je tourne et vire, et imagine m'extraire de l'antre sombre qu'est ma bibliothèque située à l'extrémité de la vieille maison, échapper à cette sorte de tanière dont les murs sont couverts d'étagères noires emplies de livres dans toute leur profondeur comme si l'étouffement et la compacité d'un lieu sans interstices correspondaient à ce à quoi m'a assignée corporellement la haine aveugle et sans visage dont je fus victime enfant.

Un songe : m'installer enfin dans une pièce fraîche, carrelée de blanc, aux fenêtres qui donnent sur la vallée, et où pénètre la lumière à flot, même par temps gris, qui se trouverait dans un bâtiment neuf comme sont les rêves, tous les rêves, sauf ceux qui sont récurrents car traumatiques.

Je m'agite dans ce bureau où tout m'étouffe. Je me décide enfin à prendre une cagette qui sert habituellement pour stocker des fruits. Elle est en haut d'une pile attendant ce déménagement fantomatique depuis plusieurs semaines. Je la pose sur le bureau de maître d'école de la République que mon père m'a donné. Il possède en façade de larges tiroirs, et sur le côté un petit placard. C'est là que je stocke les rames de papier, les cahiers dits de brouillon, le papier calque en A4, toutes sortes de ces buvards que plus personne n'utilise et autres cahiers à spirales.

Je sens bien sûr, je le pressens plus que je ne le perçois, que je suis entraînée dans l'infernale spirale que je connais bien à chaque fois qu'il est question de me lancer dans l'écriture d'un texte qui a partie liée avec l'Histoire et dont je ne sais encore d'où il viendra ni vers où il va me diriger. Alors je stoppe tout net mes velléités de déménagement car je me suis si souvent trouvée piégée par cette impulsion que j'en connais tous les ressorts, les chicanes. Je sais que si je poursuis cette agitation désordonnée, j'aurais bientôt un creux à l'estomac et n'aurais pas, lorsque le soir sera tombé, pris le temps de me confronter à ce que, de toute évidence, je fuis et qui pourtant est incontournable. Car je le sais, cette fuite peut se reproduire de mille différentes manières jusqu'à ce que le courage de lutter contre cette sorte de phobie s'empare enfin de moi et me mette à ma table devant une feuille de papier ou devant mon clavier d'ordinateur.

## Archives incandescentes

### Faire d'abord silence en soi

En 1999, Michel Fennetaux lors d'une conférence à Paris posait cette question : « L'expérience éthique serait-elle liée à l'expérience de la limite dont le silence ferait partie ? » Et il ajoutait : « Au-delà du soulagement de la misère psychique, la façon dont la psychanalyse pose la question éthique ne contribue-t-elle pas à éclairer une des questions centrales du temps que nous vivons ? » Or, quel est ce temps que nous vivons ? Est-il un temps hors mémoire ou au contraire saturé de mémoire ?

Dans son introduction décapante et hautement politique – au sens *du* politique – préambule à un ouvrage que j'ai découvert dans une librairie de Québec, intitulé *La culture de la mémoire*[61], Éric Méchoulan écrit : « Le devoir de mémoire, à l'évidence, l'emporte partout, tantôt pour rappeler de justes souvenirs, tantôt pour oublier d'agir dans le présent. Se souvenir est devenu un impératif catégorique qui annihile les différences radicales entre la mémoire d'un génocide et l'invention d'une marque de soupe. […] Le problème est de tout mettre sur le même plan, qui nous voue à une surabondance de souvenirs. »

Aujourd'hui, pour la génération du baby boom qui s'est si fortement intéressée à la politique et à la psychanalyse, qui se souleva dans les années 1968 contre un ordre patriarcal établi mais aussi contre le déni de l'histoire des catastrophes alors toutes proches, notre temps d'aujourd'hui pourrait être un temps figé dans le regret d'un âge heureux ou bien dans le remords que nos parents n'aient pu empêcher ce qui a été une rupture radicale dans l'Histoire.

Or, loin de toute nostalgie ou d'une plainte mélancolique, se nourrir du passé devrait permettre de lire le présent afin de dessiner sinon l'avenir, du moins les contours de l'avenir comme une parole ou un geste dessine autour du petit patient psychotique la limite de son effroi. Pour le dire à partir d'une conceptualisation analytique, le *travail de mémoire*, au-delà de la remémoration, doit être un travail de reviviscence afin de demeurer porteur de pulsion de vie. Pour Freud, la différence entre remémoration et reviviscence est essentielle. Lorsque cette différence est perçue par le thérapeute, elle modifie son écoute puisqu'elle l'oblige à se situer dans le transfert. En effet, la pratique analytique inclut dans le transfert la présence de l'analyste. Pour Freud, énoncer que le transfert est le pivot de la cure implique donc l'analyste au premier chef qui, loin d'être en position

## L'impensable de l'Histoire, traumatisme et transmission

d'observateur ou de maître, y engage son désir ainsi que l'analyse de cette position désirante dans le cheminement même de l'analysant qui s'adresse à lui. C'est ce que Jacques Lacan a précisé lorsqu'il a récusé la notion de contre-transfert.

Dans la cure avec les enfants, commencer par la stricte remémoration aboutirait à se cogner au Réel qui étreint l'enfance du sujet. L'enfant en deviendrait muet ou attendrait que vous lui apportiez votre savoir, comme un maître d'école. Tout le courant actuel des thérapies brèves fondées sur la psychologie – en direction des enfants comme des adultes – s'appuie d'ailleurs sur cette croyance à la remémoration qui serait comme un savoir à acquérir. Au contraire, écouter dans le transfert, c'est accepter la répétition en tant qu'elle est, non pas une régression à un stade antérieur mais une reviviscence. C'est, avec les enfants, accepter la mise en acte de l'inconscient de façon tangentielle à travers les multiples jeux ou les actions apparemment désordonnées qui sont supposés déborder du cadre, mais qui sont, de fait, le lieu même de la répétition signifiante. Accepter d'entendre cette répétition comme signifiante, c'est remettre de la vie là où il n'y avait plus que de la fixité. L'aborder comme une reviviscence implique d'accepter qu'il n'y ait pas de chronologie évolutive mais une temporalité logique permettant la mise en scène, par le transfert, de l'émergence d'un Sujet : Sujet de l'aliénation, hésitant, barré. Ainsi, c'est dans la recherche même que le Sujet se constitue.

Au-delà de mes fantasmes de déménagements, me confronter à l'écriture du texte promis m'impose donc de m'inscrire dans une démarche de recherche qui me renvoie à son énigme même. Car, qu'est-ce qui se répète à chaque fois que se pose la nécessité d'écrire à partir du génocide, de la tentative de génocide ou de la haine de l'homme pour l'homme ? Comme si quelque chose, en moi, ne pouvait séparer le traumatisme lui-même de l'écriture à partir du traumatisme. Mais, écrire, n'est-ce pas justement une tentative de séparation, de décollement de ce qui demeure figé, englué, emmêlé, embroussaillé[62] ?

Que poursuivent aujourd'hui ceux qui s'appliquent à ce que l'on nomme « devoir de mémoire » ? Au-delà de la remémoration, n'y a-t-il pas pour chacun, la nécessité intime de répéter quelque chose de traumatique, de ce traumatisme psychique qu'a pu être la rencontre avec le Réel de la Shoah, répétition qui vient tenter de saisir, dans cet

**Archives incandescentes**

agir spécifique, une vérité quant à l'énigme de cette rupture dans l'Histoire ? N'y a-t-il pas la nécessité de mettre en récit, au moins pour soi, et dans l'espoir d'en faire partage avec quelques autres, ce qui est du domaine de l'impensable, tout en sachant bien qu'une part de ce sur quoi porte notre recherche nous échappera à jamais ?

# Primo Levi ou le choix du témoignage ?

Dans toute mise en récit, il y a une part de fiction de la part de l'auteur. C'est sans doute à y échapper que travaille l'historien, à partir des archives. Pour l'écrivain, la mise en fiction n'est-elle pas la mise à l'épreuve de soi dans la confrontation à l'impossible ? N'est-ce pas là le point commun qu'il y a entre le transfert de travail chez les psychanalystes et l'écriture en tant qu'elle est répétition en acte, répétition toujours inaboutie ? Car, écrire un texte littéraire implique d'accepter qu'échappe ce qui se trame au moment où les mots sont déposés sur la page. C'est à partir de cette acceptation seulement que l'écrivain peut espérer que surgisse pour lui de l'inédit mais aussi de l'incomplétude. Comme dans l'analyse, la répétition d'un thème pris sous divers angles d'une problématique obsédante est un travail qui ouvre à la reviviscence. Il en est de même lorsque l'écrivain se laisse porter par les sonorités d'un poème ou par ses personnages qui le mènent là où il ne sait pas qu'il doit aller.

« Il n'est ni possible, ni souhaitable d'éliminer les fictions de la vie humaine » écrit Nancy Huston dans *L'espèce fabulatrice*, « elles nous sont vitales, consubstantielles. Elles créent notre réalité et nous aident à la supporter. [...] On a vu qu'elles servaient au meilleur comme au pire. Aux génocides comme à la *Chaconne en sol mineur pour violon seul* de Johann Sebastian Bach. » Elle ajoute : « Tout ce que l'on peut faire, c'est essayer d'en choisir des riches et belles, des complexes et des nuancées, par opposition aux simples et brutales[63]. »

Choisir, pour l'écrivain, serait-ce se laisser porter par son sujet comme par une vague puis le construire dans la réécriture du texte initial ? Mais qu'en est-il du choix de la fiction pour celui qui a vécu un événement traumatique ? Par quel type de mémoire est-il porté ? Pourrait-on dire qu'il est soumis à un choix, mais qui serait un choix inconscient ?

Ainsi en est-il de Primo Levi, lorsqu'il évoque dans *Si c'est un homme* un jeune hongrois prénommé Kraus. Celui-ci comprend mal l'allemand et leurs échanges sont donc difficiles. Alors que les déportés sont en train de pelleter dans le froid et la boue, Kraus envoie, avec ardeur une pelletée de boue qui tombe sur les genoux de Primo Levi. « Il travaille trop, et ne sait pas encore dissimuler » écrit

## Archives incandescentes

Primo Levi. « C'est seulement son honnêteté stupide de petit employé qui le poursuit jusqu'ici[64]. »

Plus tard, dans la colonne qui rentre au camp, Kraus s'excuse auprès de son compagnon dans un mauvais allemand et ce faisant se trompe de pied au lieu de marcher au pas, ce qui est très dangereux pour sa vie puisque toute faute peut être sanctionnée par la mort de la part des gardes. « Je lui fais remarquer, écrit Primo Levi, qu'il se trompe de pied. En le regardant, j'ai croisé son regard derrière les gouttes de pluie qui coulaient sur ses lunettes, et c'était le regard de l'homme Kraus. » Alors, poursuit-il, « Il se produisit un fait important dont il est significatif que je le raconte maintenant, comme il est significatif, et pour les mêmes raisons sans doute, qu'il se soit produit à ce moment là. Je me mis à faire un long discours à Kraus : […] je lui racontais que j'avais rêvé que j'étais chez moi, assis dans ma maison natale […]. Et voilà que soudain on sonnait à la porte. » C'était donc Kraus qui, dans le rêve raconté par Primo Levi, entrait.

À ce moment du texte, Primo Levi écrit non pas *Kraus*, mais *Kraus Pàli*, le prénom *et* le nom de famille de son compagnon de misère : en le nommant de cette façon-là dans la narration, il nomme l'humanité de Kraus Pàli, qu'il a perçue fugitivement et l'inscrit donc dans la suite des générations, dans une lignée.

Plus loin, Primo Levi dit qu'il sait bien que Kraus ne survivra pas et il conclut : « Pauvre naïf ! Pauvre Kraus ! S'il savait que ce n'est pas vrai, que je n'ai jamais rêvé de lui, qu'il ne m'est rien et n'a jamais rien été pour moi, *sinon l'espace d'un court instant*[65] ; rien comme tout ce qui nous entoure ici n'est rien sauf la faim dans notre corps, et le froid et la pluie sur nous. »

Quelle a été la fonction de cette fiction pour Primo Levi ?

En lisant ce passage m'est revenue à la mémoire une narration qui vaut enseignement dans le livre d'Imre Kertész[66], *Kaddish pour l'enfant qui ne naîtra pas*. Il y est question d'un bol de nourriture confié à « Monsieur l'instituteur » par un gardien afin qu'il le remette à un adolescent malade. « Monsieur l'instituteur » est affamé, comme ceux avec qui il a été contraint de monter dans le wagon à bestiaux qui les conduira en déportation vers un lieu qu'ils ignorent. On comprend que l'auteur a pu être cet adolescent. Quelqu'un a donc confié à l'instituteur le bol de nourriture qui lui était destiné. En le mangeant, l'homme pourrait augmenter ainsi ses chances de survie. Mais il traverse le wagon, prenant un risque supplémentaire pour sa propre

## L'impensable de l'Histoire, traumatisme et transmission

survie, et donne la ration au jeune homme qui s'en étonne. Ainsi, pour l'instituteur, explique Kertész dans un entretien, *pas d'altruisme dans ce geste* mais la manifestation de la liberté.

J'ajouterai que ce geste contient le témoignage d'une survie psychique. Il indique ainsi que l'esprit, malgré tout, reste ouvert non pas seulement à l'autre, le semblable, mais à l'Autre[67], trésor des signifiants, et donc à sa propre humanité. Il n'aurait sans doute pas été possible pour l'instituteur de survivre lui-même à l'ignominie de s'emparer de ce qui était vital pour un autre. Ce faisant, il conservait en lui la dimension d'altérité devenue pourtant illusoire et proscrite dans la réalité de l'épreuve.

De même, pour Primo Levi, raconter un rêve à Kraus Pàli – rêve récurrent, rêve inventé, rêve qui est *une perpétuelle souffrance* – a été sans doute une façon pour lui de survivre malgré l'épreuve et la misère. Il se permet de passer, pour lui-même, à la fiction. C'est comme un écart qu'il s'autorise, une transgression par rapport à la nécessité de demeurer fixé sur la réalité des besoins vitaux essentiels qui occupe l'ensemble de la vie au camp. Et cette fiction prend les contours d'un rêve qu'il raconte à un autre, un semblable qui se trouve englobé « l'espace d'un court instant » dans cette relation humanisante.

De la main à la page, quelle est cette *torsion infime* ? Qu'est-ce qu'écrire à partir du traumatisme ? À quelle torsion faut-il que l'écrivain se confronte pour rendre universel, accessible, ce qu'il extraie de ses expériences, qu'il broie avec le seul dérisoire outil que sont les mots et les silences entre les mots.

Tout au long de ces années, entre pratique psychanalytique et pratique littéraire, si l'écriture poétique a pu faire bord au Réel, accéder à la fiction narrative n'a pu passer que par l'écriture de l'essai comme détour nécessaire afin de rendre sensible le rapport *et* le non rapport entre la réalité des faits et la réalité psychique. Plus tard, ma rencontre avec une figure littéraire, *la métalepse*, dont je dirai plus loin en quoi elle intéresse la psychanalyse, m'a aidée à comprendre les passerelles possibles entre le Réel de la psychose et le Réel du traumatisme.

La métalepse est la figure qui témoigne du passage « entre deux mondes : celui où l'on raconte, et celui que l'on raconte », écrit Gérard Genette[68]. J'ai rencontré cette figure grâce à André Bellatore[69], grand lecteur de Francis Ponge et enseignant à l'université de

**Archives incandescentes**

Marseille. Cette rencontre m'a permis de sortir de l'unique champ de la psychanalyse afin de travailler dans les marges de la psychanalyse *et* de l'écriture, lors d'un séminaire donné à l'université de Marseille dans un diplôme d'animateurs d'atelier d'écriture et lors du séminaire *Psychose et création* dans le cadre de la Fédération des Ateliers de création à l'hôpital de Montfavet. Mettre en conversation psychanalyse et écriture implique d'interroger le rapport entre la parole et la lettre, toutes deux chevillées à la question que posent le corps à l'être humain, ainsi que le lien entre travail du rêve et processus de création.

De même que l'interprétation du rêve implique qu'il y ait un lecteur du rêve – le rêveur lui-même – il n'y a pas d'écriture partageable sans un temps premier qui soit celui de la lecture : lecture des rêves éveillés que l'auteur porte en soi ou lecture d'autres auteurs qui accompagnent le chemin d'écriture. Alberto Manguel note dans sa préface du *Journal d'un lecteur*[70] : « La lecture est une conversation. Des fous se lancent dans des dialogues imaginaires dont ils entendent les échos quelque part dans leur tête ; les lecteurs se lancent dans un dialogue similaire, provoqué par les mots sur la page. […] Il arrive qu'un lecteur éprouve le besoin de prendre un crayon et de répondre dans les marges du texte. Ce commentaire, cette glose, cette ombre qui accompagne parfois nos livres préférés transpose le texte en un autre temps et une autre expérience ; il prête de la réalité à l'illusion qu'un livre nous parle et nous incite (nous, ses lecteurs) à exister. » Borges quant à lui remarque : « Si les personnages d'une fiction peuvent être lecteurs ou spectateurs, nous, leurs lecteurs ou spectateurs, pouvons être des personnages de fiction[71]. »

Le lecteur littéraire est une des figures avérée du sujet dans son nouage au collectif. « La pratique du lecteur littéraire le place à la frontière des catégories d'écrivain et d'écrivant de Barthes : sa lecture débouche sur la production d'un texte second dans lequel l'écriture n'est ni tout à fait sa propre fin (car elle dépend du texte original), ni seulement un moyen (du fait de la liberté proliférante de l'interprétation) » écrit Anne-Marie Havard[72]. La remarque d'Alberto Manguel entraîne donc une foule de questions sur la réalité commune et l'illusion, sur les paradoxes de l'existence humaine entre position subjective et dimension collective. Un ouvrage remarquable d'Umberto Eco intitulé *Six promenades dans les bois du roman*[73], reprend et développe les différents points de vue à partir desquels se font la

## L'impensable de l'Histoire, traumatisme et transmission

lecture et la prise de parole dans un texte. Il y déplie les diverses positions de l'auteur et du lecteur ainsi que les rapports entre fiction et réalité à travers des exemples romanesques dont certains, comme *Les Protocoles des Sages de Sion,* ont été, hélas, à l'origine de réalités dramatiques dans l'Histoire. En effet, ce texte inventé est la copie d'un texte anti-bonapartiste écrit par un dissident français en exil. Il n'a fallu aux auteurs des *Protocoles* qu'à remplacer le mot « Bonapartiste » par le mot « les Juifs » et le lot « France » par « Le monde » pour servir de support à une idéologie qui soutiendra un génocide. La supercherie est découverte en 1921 par un journaliste britannique, mais rien n'y fait, puisque *Les Protocoles* sont encore utilisés aujourd'hui ; en 2011, un roman arabophone de Saïd Kessal, *Derb Lihoud,* paraît à Alger et reprend la thématique éculée des *Protocoles*. Il sera critiqué par des intellectuels démocrates mais son éloge a été publié dans un grand journal d'Alger.

Ainsi, on doit à Umberto Eco de nous apprendre, avec une maestria pédagogique, à déjouer les pièges de l'interpénétration entre plan de la fiction et plan de la réalité. Il énonce, de façon simplifiée, ce qui est au centre de son ouvrage *Lector in Fabula*[74] où il analyse les positions « d'auteur empirique » et « d'auteur modèle » auxquelles répondent les deux positions de « lecteur empirique » et de « lecteur modèle ». Pour lui, le « lecteur empirique » est celui qui est heureux d'être assis sous un arbre en train de lire alors que le « lecteur modèle » est celui qui est appelé *par le texte* à coopérer pour l'*interpréter* en fonction de ses « compétences encyclopédiques » de lecteur. Mais l'encyclopédie à laquelle se réfère le lecteur n'est pas accessible à d'autres et l'est très partiellement au lecteur lui-même. Ce qui renvoie chaque lecteur à ce que les psychanalystes nomment ses « chaînes signifiantes ».

« L'auteur modèle », quant à lui, ne se réduit pas non plus à celui, « empirique », qui tient la plume. D'où mes interrogations quant à la position d'un auteur qui écrit à partir du traumatisme : qu'en est-il de « l'auteur empirique » assis à son bureau et de « l'auteur modèle » qui tente de faire entendre à partir d'une expérience singulière l'universalité de son expérience ? Umberto Eco, par cette théorisation, nous fait approcher, dans la littérature, la disjonction des places pour l'écrivain, laquelle renvoie à la division subjective et à la pluralité des places qu'un analyste peut occuper dans le transfert. La littérature, comme le théâtre, sont bel et bien formateurs pour l'écoute

### Archives incandescentes

psychanalytique : bien au-delà d'une psychanalyse appliquée à la littérature, c'est sans doute ce que Freud avançait lorsqu'il dépliait l'œuvre de Jensen, *La Gradiva*[75]. Cette différence permet d'entendre comment l'on peut théoriser, à partir de la littérature, les différentes places possibles du sujet, places souvent entrelacées et que les psychanalystes ont à *décoller* dans leur écoute. Toute la dimension du phantasme est contenue dans l'appréhension de cet écart nécessaire afin de ne pas réduire l'humain ni à son comportement, ni aux épreuves qu'il a subies.

Dans l'épisode raconté par Primo Levi avec Kraus dans le *Lager*, la question se pose donc de savoir si c'est bien « l'auteur empirique », Primo Levi, qui parle. N'est-ce pas plutôt « l'auteur modèle » qui, dans une stratégie textuelle, tente de nous faire entendre, à nous « lecteurs modèles », les différentes positions subjectives d'un être humain lorsqu'il retrouve une part de son humanité spoliée par des conditions extrêmes ? C'est en effet en tant « qu'auteur modèle » qu'il insiste sur le fait qu'il soit « significatif » que cet événement se soit produit à ce moment là et qu'il le raconte à cet endroit du texte précisément. Pour autant, il ne dit rien de cette signifiance qui appartient à « l'auteur empirique » et qu'il conserve par devers lui. Cette signifiance nous demeure, à nous « lecteurs empiriques », énigmatique et nous renvoie à nous-mêmes, à notre questionnement de lecteurs. Le texte, dit Umberto Eco, est « une machine paresseuse ». C'est au lecteur de remplir les blancs, d'y transférer ce qui lui appartient, et de ce fait, de devenir co-auteur du texte. C'est ainsi, d'ailleurs, qu'un lecteur peut entendre dans un texte, ce que « l'auteur empirique » n'imaginait pas vouloir dire.

Le narrateur de *Si c'est un homme* n'éclaire pas pour le lecteur la signifiance de l'acte qu'il raconte et se réapproprie, par procuration pour l'homme Primo Levi – « auteur empirique » – sa part d'intimité qui lui est refusée absolument au *Lager*. Mais cette ellipse a une fonction littéraire très forte : elle confronte « les lecteurs modèles » que nous sommes à ce qui échappe, elle nous rapproche de la part d'ombre qui est nécessaire à chaque être humain pour qu'il demeure dans son humaine intimité. C'est ainsi sans doute qu'il faut entendre cette affirmation de Pierre Legendre qui fait du monde qui est le nôtre, un monde modelé par la rupture dans l'Histoire qu'a constituée l'industrialisation de la mort par les nazis. À notre époque où la transparence et la traçabilité s'érigent en idéologie, nous avons à

## L'impensable de l'Histoire, traumatisme et transmission

réaffirmer la nécessité pour tout homme de préserver cette part d'ombre.

Mais revenons au texte de Primo Levi. Le fait que le narrateur insiste sur cette signifiance symbolique est amené comme adresse au lecteur. Cette adresse au lecteur semble échapper du texte comme le narrateur échappe du *Lager* « un court instant ». Tout se passe alors comme si, dans et grâce au texte, Primo Levi à l'image de son expérience singulière avec Kraus sort de l'enfermement dans lequel l'ont assigné les nazis et que l'écriture réactualise. L'adresse au lecteur est une redondance de l'adresse à Kraus. Il s'agit d'un événement surprenant dans le texte qui vient redoubler ce qui s'est produit dans l'évocation de la réalité du camp. Cette figure, qui consiste à ce qu'un auteur sorte de la trame narrative de son texte pour s'adresser au lecteur, se nomme *métalepse*. Elle est un indicateur, dans la littérature, de la transgression des plans de la réalité et de la fiction. Elle est également ce qui, dans le texte, vient faire vaciller le nouage Réel, Symbolique et Imaginaire autour de l'objet et entraîne le lecteur à approcher la puissance du Réel – de cet impossible à dire – en le plongeant dans l'incertitude. Elle est, en même temps ce qui vient rendre compte des différentes positions subjectives du Sujet. Il s'agit là du Sujet de l'inconscient comme si cette figure dans le texte vient nous rappeler qu'un homme est fait des traces qui se sont inscrites en lui dès sa naissance et pas seulement à partir du traumatisme ; traces qui viennent à la surface dans le geste d'écrire. Mais elle rappelle qu'il est constitué également d'une perte que Lacan a théorisée comme l'objet perdu, « l'objet a ».

Primo Levi est essentiellement présenté comme un auteur *témoin des faits*. Or, dans une conversation avec Ferdinando Camon datant de 1986, soit une année avant sa mort, il dit ceci : « Tandis que j'écrivais *Si c'est un homme*, [...] l'intention de « laisser un témoignage » n'est venue qu'après, le besoin premier était d'écrire afin de me libérer. » Cette nécessité indique combien Primo Levi, au-delà de la position de témoin des faits, était un écrivain. L'écrivain n'est-il pas celui qui utilise l'écriture pour vivre psychiquement plutôt que demeurer complètement figé en un point névrotique ou traumatique ? « Le livre était déjà écrit, sinon en acte, du moins en intention et en pensée dès l'époque du *Lager* », dit il dans la préface à *Si c'est un homme*. Bien sûr, il l'évoque lui-même par ailleurs, son livre est un « signal d'alarme ». À ce titre, il interroge l'avenir.

**Archives incandescentes**

Au-delà du témoignage, le livre de Primo Levi est une œuvre au sens fort du terme, une *œuvre littéraire* car son écriture, avec l'outil dérisoire de la langue, le soutient. Elle le contient afin de lui permettre de vivre. Le rêve, comme le fantasme, sont indispensables à l'homme. Rappelons cela avec force : au-delà du peuple juif, c'est cette *humanité d'homme qui rêve* modelé par les traces de son histoire personnelle, que les nazis ont voulu anéantir.

Quelque soit donc la « réalité des faits » dont un récit veut rendre compte, *sa part humaine* se trouve *incarnée* par l'apparition dans le texte de la réalité psychique portée par « l'auteur empirique » qui lui-même soutient « l'auteur modèle » ; *incarnée* car c'est d'une narration que se nourrit le corps. Un rêve est une narration produite dans le psychisme. Ainsi en est-il de la fonction de l'illusion portée par la mère et permettant de créer un nid psychique au nourrisson. Que Primo Levi ait produit un rêve inventé et l'ait adressé à Kraus nous ramène à la nécessité, pour l'être humain, de mettre en narration ses fictions et de les adresser afin qu'elles l'inscrivent dans le social, aussi misérable et précaire soit-il.

La question que nous posent la littérature et la filmographie qui concernent la Shoah est celle du risque de la négation des faits, de leur effacement par une fiction venant contredire les faits eux-mêmes. Or, la réalité psychique se joue souvent des faits, les transforme, les transpose, les modifie. Pour rester fidèle à son expérience du camp, l'auteur Primo Levi met à distance l'affect et l'empathie. La psychanalyse sait combien cette empathie est fondamentale dans la construction du psychisme chez l'enfant lui permettant de devenir un être social, pris dans la culture. Cette mise à distance, dans le *Lager*, lui a permis, paradoxalement, de survivre. Mais il s'agit d'une mise à distance et non d'un effacement de l'empathie. En effet, le récit de sa relation à Kraus et la place de ce chapitre dans son livre nous montrent la nécessité de ce positionnement de mise à distance des affects dans la situation extrême qu'est le *Lager*, en même temps que sa limite dont témoigne ce passage dans le livre.

Lors du colloque de Carpentras, Jacques Hassoun faisait la distinction entre l'origine et l'inaugural. Faire du nazisme une origine pour l'humanité, disait-il, serait lui donner une victoire symbolique. La Shoah est en effet une rupture dans l'Histoire et en tant que telle pourrait être perçue comme inaugurale ; mais elle ne peut ni ne doit constituer un point d'origine.

## L'impensable de l'Histoire, traumatisme et transmission

N'est-ce pas dans cette problématique que Primo Levi, l'homme, a été pris ? Parler de son livre et de son œuvre comme étant uniquement ceux d'un témoin contribue à dénier l'avant traumatisme, l'homme d'avant le nazisme. C'est donc faire de la Shoah un point d'origine. Il me semble essentiel d'affirmer que l'œuvre de Primo Levi ne se réduit pas au témoignage auquel il est si souvent fait référence lorsque l'on parle de la force de son œuvre, et de remarquer combien elle tient sa force du choix de la construction qui entraîne le lecteur à le suivre dans les incertitudes du texte.

Évoquant le « caractère fragmentaire » de son livre, Primo Levi explique : « Les chapitres en ont été rédigés non pas selon un déroulement logique, mais par ordre d'urgence. Le travail de liaison, de fusion, selon un plan déterminé, n'est intervenu qu'après[76]. » Ce qui a donc prévalu a été la nécessité vitale d'écrire avant même celle d'être le témoin qu'il est ensuite devenu. Mais pour nous, lecteurs, c'est le second temps, *construit,* qui prend le pas sur l'écriture du souvenir brut que l'auteur a jeté sur la page dans un premier temps par fragments.

Travailler un récit à partir de fragments, c'est accepter que du silence s'installe, qu'il y ait place pour le non sens ou l'indicible. Car au-delà d'une signification partageable, comment, lorsque l'on n'a que les mots et les silences, exprimer l'indicible ? Comme l'indique Pascal Quignard, la « violence de la littérature[77] » ne tient donc pas essentiellement au sens, à ce qui est avancé du côté de l'énoncé, mais pour l'auteur et par ricochet pour le lecteur, au lent travail d'élaboration, de construction du texte. Il est à noter que le poème, dans sa construction, après-coup de la fulgurance, en est le paradigme. Le fragment semble être une forme qui, comme le poème, énonce et montre tout à la fois l'éclatement, l'insaisissable, afin de faire entendre, ressentir, percevoir au lecteur, « les minuscules conversions d'événements minuscules[78] ».

Primo Levi et quelques autres poètes, Charlotte Delbo, Paul Celan, ont trouvé en eux la ressource d'écrire l'horreur des camps pour faire bord à l'irreprésentable. Mais, pour d'autres, c'est le déni qui est venu donner consistance à la sidération afin de pouvoir continuer à vivre malgré l'horreur traversée. C'est ainsi que l'on peut entendre le laps de temps qu'il a fallu à Jorge Semprun pour publier *L'écriture ou la vie*[79].

**Archives incandescentes**

Lorsque Primo Levi publie *Si c'est un homme* à la sortie de la guerre, il n'est pas lu ou si peu. Comment comprendre ce fait ? « Je ne l'ai pas écrit [*Si c'est un homme*] dans le but d'avancer de nouveaux chefs d'accusation, mais plutôt pour fournir des documents à une étude dépassionnée de certains aspects de l'âme humaine[80] », écrit-il en 1947. Dans les populations qui avaient vécu la guerre, l'occultation de l'extermination n'a-t-elle pas été un redoublement du déni de leurs propres traumatismes liés à cette période, avec le refus de s'interroger sur les responsabilités, et le déni des lâchetés, des collaborations, liées à la seconde guerre mondiale ? Comment alors ces populations pouvaient-elles entendre une narration au plus près de l'expérience vécue, au plus près d'un témoignage sidérant car renvoyant au trop de réalité de la condition inhumaine dans laquelle des hommes ont tenu d'autres hommes ?

Ce que l'on retient souvent du livre de Primo Levi *Si c'est un homme,* et qui le rend parfois insoutenable, est le fait qu'il n'y a pas d'échappatoire possible pour le lecteur. Or, pour l'auteur, en même temps qu'il construit son texte, s'échafaude dans cette recherche laborieuse le Sujet lui-même, un humain parmi tant d'autres, chacun énigmatique. Cette adresse au lecteur contenue dans l'évocation de Kraus Pàli nous indique, à nous lecteurs, que derrière le témoignage ne doit pas disparaître le témoin. Au centre du témoignage, se situe alors un acte poétique qui signe l'humaine condition.

**La poésie, margelle du réel ?**

Au contraire de la narration, la poésie est ce qui traduit les paradoxes de la réalité psychique entre Réel impensable et réalité psychique sidérée, tout en laissant place à la dimension du symptôme comme du fantasme voilant ou suggérant les faits grâce à la métaphore et la métonymie. L'écriture poétique maintient, en la transposant dans la langue, cette question paradoxale du hors-temps afin que la vie, par ailleurs, puisse se dérouler. Le poème est évocateur d'un hors-temps comme l'est le Réel. Une fois le poème posé sur la page, il permet au poète d'être un tant soit peu dans le temps des autres, dans le temps social. Ces paradoxes lui sont rendus accessibles car ils sont circonscrits dans ce lieu du poème, espace hautement symbolique sur la page blanche.

Poème ou narration invoquent, appellent l'altérité. Mais il s'agit d'une altérité qui vise à l'universalité. Axel Kahn relève que

## L'impensable de l'Histoire, traumatisme et transmission

« même les cultures qui symbolisent à un instant donné le mal absolu, la horde SS dans un camp de concentration, ne nient pas la valeur de l'altérité, mais plutôt son universalité. » Ainsi, précise-t-il : « Il n'y a pas de loi biologique incitant l'homme à universaliser le sentiment d'altérité. Il s'agit là d'une construction culturelle et morale, d'une position philosophique [81]. »

C'est à partir d'une position subjective, culturelle et morale que Primo Levi a écrit *Si c'est un homme* ; d'abord « pour se libérer intérieurement » puis pour témoigner. Mais son récit est longtemps venu se confronter au déni avant de le traverser et de le briser comme un miroir qui éclaterait en morceaux épars, comme si la narration était, si près des événements, d'une trop grande violence. Était-ce dû au fait qu'elle obligeait le lecteur à s'inscrire dans une temporalité et qu'elle le confrontait à sa finitude ?

Qu'est-ce qui pousse un auteur à écrire un poème plutôt qu'un récit ou un essai ?

En se penchant sur son œuvre, on s'aperçoit que le tout premier geste d'écrivain de Primo Levi est poétique. En 1941, il est encore un jeune homme. Alors que la situation devient de plus en plus angoissante politiquement, il écrit des poèmes qui ne seront publiés qu'en 1975 sous le titre *L'osteria di brema*[82]. Plus tard, il y a eu *Si c'est un homme* dont il dit que le mode d'écriture très distancié s'est imposé à lui. Pour autant, lorsque le livre est publié, il l'introduit par un poème. Après la publication de *Si c'est un homme* en 1947 et de *La trêve* en 1963, il écrira des histoires courtes, des nouvelles ainsi que des romans et des essais jusqu'à son décès en 1987.

Qu'en dit-il lui-même ? En 1976, il publie un « appendice » à destination des lycéens, sorte de postface à *Si c'est un homme* : « Si je n'avais pas vécu l'épisode d'Auschwitz, affirme-t-il, je n'aurais probablement jamais écrit[83]. » Est-ce si sûr ? Qu'en est-il de la réalité et des modifications du rapport de tout homme à sa propre réalité selon les âges de sa vie ? Et qu'en est-il pour lui de la publication de ses poèmes qui a eu lieu quelques mois auparavant, poèmes conservés longtemps avant qu'il ne se décide à les donner à lire ? En 1986, dans ses conversations avec Ferdinando Camon, il répond à la question, « Pourquoi écrivez-vous ? » : « J'ai écrit parce que j'éprouvais le besoin d'écrire. Cette question concerne uniquement *Si c'est un homme* […] j'ai eu l'impression que l'acte d'écrire équivalait pour moi à m'étendre sur le divan de Freud. J'éprouvais un besoin si impérieux de raconter,

## Archives incandescentes

que je racontais oralement. » Et il ajoute : « La question de la langue a commencé à m'intéresser de plus en plus au fur et à mesure que j'avançais dans mon œuvre d'écrivain, au point de devenir l'élément dominant dans *La Clé à molette* qui est un livre expérimental[84]. » Il énonce là une idée savante qui indique que le travail conscient sur la langue serait l'unique condition de l'écriture. Or, la condition de l'écriture ne tient pas seulement au *savoir conscient* sur la langue. Ne pas être intéressé, jeune homme écrivant des poèmes, par la question de la langue ne signifie donc pas qu'il n'y ait pas eu, bien avant qu'il ne s'y penche, un écrivain en devenir.

« D'où vient le texte ? » et à qui s'adresse-t-il, demande Michel Butor ? « Le texte vient de la misère. Il vient de l'asile, de la ségrégation, de la frustration, de la maladie. Si nous poursuivons ce chemin, nous arrivons aux relations entre la littérature et la mort.

On peut dire que le texte vient de la mort. Il est une façon pour les morts de continuer à vivre. Lorsque j'écris, ce n'est pas moi seul. J'écris avec vous, avec vos mots, avec votre aide. Mais ces mots ne sont pas seulement les vôtres, les nôtres. Ils nous ont été légués. Ils changent, mais ce qui change en eux vient de ce qu'ont dit les morts, ces morts si puissants, si actifs parmi nous. […] La prosodie, cette conscience du comment de l'écriture, peut être considérée comme une manifestation de la présence de la mort et du début de son renversement […] La spatialisation de l'écriture est un renversement des puissances de la mort. » À qui s'adresse le texte ? Il s'adresse aux vivants, « ruisselant de cette blessure, de cette frontière entre les vivants et les morts[85]. »

La part d'indicible qu'évoquent le poème et la narration se pose bien en deçà d'un travail conscientisé sur la langue : mettre en résonance deux termes, les faire vibrer tous deux grâce à un troisième et se laisser surprendre par ce qui *se passe*, qui trébuche, achoppe, ce qui surgit de façon inattendue comme un *Witz* ou une interprétation, constitue l'amorce du texte dans la littérature et la subversion de la parole dans l'analyse. Creuser la langue plutôt que l'imaginaire, faire œuvre « d'analyseur de l'âme humaine », est toujours pour l'auteur qui écrit à partir du traumatisme, une façon de circonscrire le Réel avec les divers outils propres à la langue. Plus tard, il saura un peu plus quel est l'outil le mieux adapté à ce qu'il a à expulser hors de lui-même. Dans l'écriture à partir du traumatisme et lorsque le traumatisme est encore tout proche, le choix est, il me semble,

## L'impensable de l'Histoire, traumatisme et transmission

toujours un choix inconscient, un choix forcé, auquel se soumet l'écrivain avant de devenir un choix conscient d'écrivain au fur et à mesure que le temps du traumatisme s'éloigne. Pour autant, quelque soit le mode d'abord de l'écriture et le mode d'expression d'un écrivain, ce qui est toujours en jeu est d'une part le fait que le désir d'écrire prend sa source dans le corps et d'autre part la nécessité de faire bord au Réel par le symbolique.

« Écrire […] est un acte de silence dirigé contre le silence ; le premier acte positif de la mort contre la mort[86] » dit Edmond Jabès. Ainsi, après un traumatisme, le sujet qui se met à sa table pour poser des mots sur une feuille blanche croit-il écrire *seulement* à partir du trauma. Pourtant l'écrivain en devenir, c'est-à-dire le Sujet habité par la nécessité de poser sur la page ce qui le travaille, écrit aussi avec ce qui l'a construit avant le trauma. Certes, marqué par le traumatisme, il est radicalement transformé tout en demeurant le même car le trauma imprime dans le psychisme une torsion, infime, qui sans cesse ramène le Sujet aux effets et à l'implacabilité de ce Réel. Pour autant, par l'écriture, ne tente-t-il pas sans cesse d'y échapper ?

# L'oubli en abîme
## Aharon Appelfeld, *Histoire d'une vie*

Jorge Luis Borges, dans l'une de ses conférences sur *La Divine Comédie*, soutient que, chez les Grecs comme chez Mallarmé, existe « l'idée que nous sommes faits pour l'art, que nous sommes faits pour la mémoire, que nous sommes faits pour la poésie ou que, peut-être, nous sommes faits pour l'oubli. Mais quelque chose demeure, et ce quelque chose c'est l'histoire et la poésie qui ne sont pas essentiellement différentes[87]. » Ainsi, Borges affirme-t-il que la fonction de l'écrivain et du poète est de se mesurer avec ce qui demeure à l'état de trace et ne cesse de vouloir s'abîmer dans l'oubli.

Mais n'en est-il pas de même pour l'analyste ? S'engager dans un travail analytique auprès de jeunes enfants en souffrance psychique et qui n'ont pas encore eu accès à la parole implique de ne pas céder sur une exigence éthique où se conjoignent les traces déposées dans le discours des parents par l'histoire familiale et collective, *et* l'écoute poétique du Sujet, sujet *à part entière*. Faire l'économie des unes ou de l'autre reviendrait à tomber dans deux types d'écueils. Le premier est le confort d'une position dogmatique qui consiste à considérer l'enfant comme un *individu* accueilli hors des réseaux signifiants dont il est constitué. Le second écueil est de céder à l'oubli des traces signifiantes qu'impose le refoulement et dont l'enfant est souvent le symptôme familial, céder en évacuant la dimension du Réel de l'expérience partagée.

Dans la pratique clinique auprès d'enfants, c'est à la lumière de ce Réel, de ce *hors temps supposé par l'analyste*, lumière diffuse mais insistante, que doit se situer son écoute : la pulsion vient éclairer la scène de la cure. Aussi s'agit-il pour l'analyste de se laisser traverser par ce qui se joue, qui se fait jour dans la séance, tout en ayant à l'oreille plus qu'à l'esprit ce qui s'est échangé lors des rencontres en présence des parents avec l'enfant. De même, dans la rencontre langagière avec les parents en présence de leur enfant, il importe d'écouter de façon tangentielle et poétique ce dont l'enfant témoigne à partir de son corps pulsionnel. Car le corps, lui, n'oublie rien. Il est pétri de ces choses qui font signes, de ces signes que l'être cherche à transformer en sens ou du moins à ordonner selon un sens qui lui

## L'impensable de l'Histoire, traumatisme et transmission

appartient. Telle est la genèse de toute construction délirante si l'on convient avec Freud que le délire est une mise en narration issue d'une expérience singulière et tourmentée.

Pour l'enfant, cette construction *délirante* est parfois faite d'itinéraires repérables, de déplacements dans le lieu de l'analyse en tant qu'il fabrique du corps, temporaire, instable mais existant car répété et plus tard repérable dans la parole de l'enfant. La mise en narration vient s'écrire, dans un premier temps, à partir des déplacements du corps, pour permettre ensuite de constituer des traces prises dans le langage partagé. Ainsi, chaque séance est-elle à considérer comme un ensemble, du premier au dernier mot, et avec l'enfant du premier au dernier déplacement, telle une partition musicale ou un poème.

François Tosquelles écrit : « Jakobson nous apprend comment, si nous voulons mettre en évidence la fonction poétique du langage, dans un poème par exemple, nous aurons à prendre en compte toujours et exclusivement les itinéraires qui tracent les éléments en jeu et en mouvement du poème *dans son ensemble*[88]. » Le travail de l'analyste, pris dans le transfert, consisterait donc à traverser aux côtés de l'enfant les différents plans qui vont de la pulsion à une élaboration langagière ou créatrice qui rendra partageable son expérience singulière. Et chaque rencontre pendant le temps de la séance constitue *un ensemble* avec sa dynamique propre, mais qui, dans la répétition, va se trouver éclairé par une scansion sur tel ou tel thème, tel ou tel objet, telle ou telle image ou déplacement jusqu'à ce que soit rendu partageable non pas le sens lui-même, qui lui, demeure attaché à la cure, mais ce qu'a produit de vivant l'expérience. Et cette production est une invention qui, comme pour toute cure, déborde le lieu et le temps de l'analyse.

Ainsi pour l'analyste, comme pour l'écrivain, l'enjeu (de la cure d'une part, de l'écriture d'autre part) est une *mise en mouvement* afin de rendre accessible ce qui est caché, enfoui, refoulé ou non symbolisé. Pour un écrivain cette mise en mouvement consiste à rendre universel, accessible à un grand nombre, ce qu'il extraie de ses expériences, qu'il broie avec le seul dérisoire outil que sont les mots et les silences entre les mots, afin de dépasser l'oubli. Mais, nous l'avons vu, le corps n'oublie rien. Pas plus pour l'enfant accueilli pour une cure analytique que pour l'enfant Aharon Appelfeld dont il sera question plus loin et qui est devenu un écrivain reconnu. En quoi son corps est-il impliqué dans son écriture, dans l'acte d'écrire *et* dans l'écriture elle-même portée par le regard d'un lecteur de chair et d'os ?

**Qu'entend-on lorsque l'on parle du « corps » ?**

Le corps ne se réduit pas au biologique. « Le corps humain est un être parlant » rappelait Vincent Mazeran lors d'un colloque du *Point de Capiton* intitulé *Le Corps et son Écriture* : « Il n'y a rien d'humain hors langage, quelque soit la forme culturelle où circule le langage[89]. » Pour Freud, écrit-il, « corps et symbole sont intriqués bien avant l'advenue de l'enfant à la parole[90]. » Lacan, quant à lui, reprendra ce message et précisera que le corps est pris dans le signifiant. Il importe, ajoute Vincent Mazeran dans ce même article, de distinguer le « langage en tant que structure du langage en tant que fonction ». En effet pour le nourrisson, même si c'est le sensoriel qui prime, même s'il ne peut user du langage articulé, il « reste étroitement lié au langage » en tant que le langage est ce qui structure le milieu dans lequel il est né. Le sujet est donc aliéné à l'Autre du langage, à des degrés divers. Et, même dans les psychoses, quelque chose de cette aliénation primordiale existe. C'est sur cette conception du corps comme être parlant que s'étaye alors une clinique possible.

En voici un exemple clinique : je reçois un enfant psychotique depuis plusieurs années. Il a toujours de la difficulté à quitter le lieu de sa séance. Un jour, les choses lui sont si difficiles qu'il tourne en rond, se jette contre les murs et l'effroi se lit sur son visage. Je lui dis alors : « Nous nous retrouverons la séance prochaine ; tu restes vivant et moi aussi. » D'où pouvait surgir une telle présomption sinon du désir de subvertir l'effroi par la parole. Il a fallu bien sûr que cette parole soit portée par mon désir pour étayer l'enfant dans le transfert. Telle est la fonction apaisante de l'illusion mais telle est aussi la fonction symbolique et séparatrice de la parole. C'est le mot « vivant » qui semble avoir eu un effet apaisant : l'enfant cesse de se jeter contre le mur, me regarde alors, lui dont on ne peut croiser le regard que rarement, se calme et accepte de partir.

Lors d'une conférence à Rome en 1974, Jacques Lacan écrit au tableau le mot « vie » au niveau du cercle du Réel : « Incontestablement, de la vie […] nous ne savons rien d'autre (sinon ce terme vague d'énoncer « jouir de la vie »), et tout ce à quoi nous induit la science, c'est qu'il n'y a rien de plus réel, ce qui veut dire rien de plus impossible. » Nommer le Réel de la vie, c'est le mettre en

## L'impensable de l'Histoire, traumatisme et transmission

partage. Tout se passe donc comme si l'enfant *appelle une parole portée par un désir*. Lorsqu'une telle parole lui parvient, quelque chose du possible d'une perte s'inscrit alors en lui. Jusqu'au moment de l'apaisement, il n'est que corps en mouvement, corps pulsionnel pris d'effroi.

« La pulsion est un concept limite entre le psychique et le somatique[91] », dit Freud. Le corps humain, être parlant, est donc avant tout corps pulsionnel traversé par la problématique du langage. Si la pulsion vise le plaisir immédiat, elle le rate toujours, au moins en partie. Il n'y a donc pas de pleine satisfaction à attendre du côté de la pulsion, c'est là son statut particulier. Ainsi, le corps pulsionnel est-il marqué par un *hiatus fondamental*, hiatus interne au Sujet. Dans cette séquence où l'enfant s'apaise, je convoquais sans doute, dans une parole habitée, un hiatus interne, afin qu'il fasse œuvre séparatrice et apaisante, hiatus qui, même s'il ne s'inscrit pas comme dans la névrose, peut être convoqué par la parole de l'analyste et sa présence vivante.

Dans la névrose, ce hiatus interne se met en place au cours des premiers temps de la vie, et œuvre ensuite, formant appel pour une inscription possible qui peut apparaître dans le symptôme. Alors, le corps lui-même est feuille sur laquelle quelque chose s'écrit. Ou encore une inscription peut être transférée sur un objet : feuille de dessin, page blanche, morceau de terre. Auprès d'enfants psychotiques, là où règne la fixité psychique masquée, voilée par l'agitation pulsionnelle, un mouvement est à impulser par l'analyste dans une dynamique transférentielle multifocale : transfert à l'histoire écoutée, transfert au corps souffrant de l'enfant, transfert à la folie aussi sans doute. Cette mise en mouvement concerne l'aliénation/séparation, toujours à remettre en chantier en l'étayant par une parole, se joue aussi dans l'espace avec de possibles aller-retour : du bureau à la salle d'attente, par exemple, jusqu'à ce que s'inscrive une permanence qui ne soit plus affolée. N'est-ce pas cela, être *vivant* ?

Qu'est-ce que la création, sinon la transformation d'un support du fait d'une inscription ? Aussi, lorsqu'un enfant psychotique passe du tournoiement pulsionnel à un gribouillis sur une page, puis à une forme ouverte et ensuite refermée, sans que rien d'éducatif ne lui ait été imposé, on peut penser que son corps est un *corps parlant*. Il appartient à l'analyste d'en décrypter la grammaire particulière.

## Archives incandescentes

### Qu'en est-il dans la névrose ?

Le corps devient lui-même une « surface d'écriture » : rougissement du timide, tremblements incoercibles du traumatisé ou conversion hystérique. « Le corps peut devenir écrivain », dit encore Vincent Mazeran qui soutient une théorisation tout à fait efficiente dans la clinique : il s'agit de la théorie du « Sujet-limite » qu'il avance dans un ouvrage paru en 1994, *Pour une théorie du Sujet-limite – l'originaire et le trauma*[92]. Le corps, dit-il, devient une « zone de repli, de défense, de sauvegarde du sujet quand la parole n'est plus à même de dire le désarroi, la détresse, l'effroi […] c'est un peu comme si le sujet disait à son corps : je n'ai plus que toi pour être, pour être encore sujet[93]. » Toute la question du Réel se pose là, tant du côté de la psychose que du traumatisme, pour l'analyste lui-même. Sera-t-il capable d'être surface d'inscription pour son patient ? Sera-t-il capable de faire du lieu qu'il occupe avec le patient dans le temps de la séance mais aussi sur le seuil, qui est toujours instant délicat, une surface d'inscription ?

Je fais cette hypothèse que la personne traumatisée, pour se contenir elle-même, fonctionne avec les spécificités propre à un anneau de Moebius. C'est ce que lui impose son symptôme si elle ne veut pas se perdre. Elle est, sans scansion, dans un continuum qui la fait percevoir par l'autre comme toute puissante alors qu'elle est dans l'effroyable qui est sa conjecture permanente. Tout le travail analytique consistera à inscrire un dedans et un dehors possible, car non terrifiant, qui fera séparation afin que le Sujet s'autorise à s'extraire de cette figure en boucle irrespirable. Ainsi en est-il de la figure de Escher qu'une fourmi parcourt inlassablement et qu'il suffirait de rompre afin qu'elle en soit délivrée. Il apparaît que le passage à l'écriture est une coupure qui vise à rompre, pour un temps, cette figure[94]. Car n'est-ce pas aussi la fonction de l'écriture, avec ses corollaires – la divulgation et la publication – que de permettre de passer d'une figure mœbienne, refermée sur elle même, à une figure ouverte, trouée ? Nous verrons plus loin que c'est ce que certains écrivains, dont Aharon Appelfeld, nous donnent à entendre.

Mais restons encore un moment sur ce que met en jeu l'écriture. « Il est utile de préciser un aspect propre à l'écriture, poursuit Vincent Mazeran. Alors que la parole est jetée entre deux, qu'elle interjecte, l'écrit a besoin d'un support, d'une surface. L'écriture localise. La parole est plus dynamique […] l'écriture fixe un

## L'impensable de l'Histoire, traumatisme et transmission

lieu. Elle est avant tout topique. » Il en tire alors une conséquence quant au symptôme psychosomatique post-traumatique : « [...] lorsque le corps se prête à l'écriture du symptôme en tant que surface, nous en déduisons qu'il y a nécessité pour le sujet de renforcer sa topique. C'est en cela que la somatisation post-traumatique devient cette ultime topique où le sujet peut écrire par son corps « je suis encore là » ; c'est-à-dire que devant la menace d'anéantissement, le sujet peut créer cette topique corporelle pour préserver encore sa position de sujet désirant[95]. »

Je mettrai ici en perspective ce qui se joue avec les enfants psychotiques : le lieu de l'analyste, en tant qu'espace fermé, protégé, vient représenter un corps possible. D'où la terreur de passer le seuil ou celle de l'envahissement du lieu lorsque quelqu'un frappe à la porte ou que surgit un élément inattendu : bruit, claquement de porte... De même, l'écriture, sous son aspect topique, fait corps pour l'écrivain. Mais est-ce le cas de tout écrivain ? Probablement pas. Il est possible que ceux pour qui « le danger est un art », pour reprendre la formule heureuse de Sylvie Le Poulichet[96], ceux pour « qui une forme de catastrophe a déjà eu lieu » et tentent de « prévenir le retour d'évènements si redoutés[97] » par la production d'une œuvre littéraire, ont à faire de façon massive avec l'aspect topique de l'écriture et avec cette composante psychique paradoxale de la fonction de trace de l'écriture : le déni.

Ma pratique auprès de patients ayant vécu des situations effroyables indique qu'ils sont aux prises avec du refoulement *et* du déni, tout à la fois. L'effroi produit du déni *et* implique un réaménagement psychique radical des expériences antérieures. Et comme l'écrit Vincent Mazeran, c'est le corps qui est convoqué comme lieu de repli envahi pourtant par la honte et la culpabilité surmoïque. Il y a déni du moment de l'effroi, du trauma lui-même. Mais la réactivité corporelle au moindre événement en est le symptôme. Seuls alors les symptômes viennent dire ce qu'aucune parole ne peut énoncer. Or ces symptômes s'inscrivent dans le « corps [en tant qu'] être parlant ». Nous sommes loin du souvenir.

C'est ce que nous apprend l'œuvre d'Aharon Appelfeld : pour un sujet rejeté dans le hors temps par le traumatisme, il y a des oublis nécessaires. Ce sont ceux qui lui permettent, dans un premier temps, de supporter le Réel du traumatisme et donc d'abord d'y survivre ; puis de se construire envers et contre lui ; enfin de le circonscrire pour

**Archives incandescentes**

qu'il le laisse un peu tranquille, sinon dans ces régions obscures où il va le déborder sans qu'il s'y attende. Plus tard viendra le moment d'en élaborer quelque chose à partir de bribes qui insistent.

## Comment l'écrivain se débrouille-t-il d'une mémoire hors souvenir ?

Quel rapport la mémoire entretient-elle d'une part avec le souvenir et d'autre part avec la vérité du Sujet ? Et que faire d'une mémoire dont les éléments n'ont jamais été symbolisés ? Comment le geste de l'écrivain, du poète, participe-t-il de la mémoire *insue* et comment est-il subjectivement à son écoute ? Est-il du côté de la commémoration et d'un rappel fixé à la mort ou bien du côté du vivant qui pose un acte voué à l'avenir ?

Chez l'enfant victime de traumatisme, dans le temps du trauma, la capacité d'élaboration par des mots mis sur des images est différente de celle de l'adulte. Il m'a semblé que c'est ce que nous enseigne le livre d'Aharon Appelfeld *Histoire d'une vie*, livre bouleversant quant au rapport de l'écrivain à sa vérité et à son histoire traumatique, à son éthique vis-à-vis de l'écriture, de l'objet *écriture*. Il s'agit d'un livre tardif dans l'oeuvre de l'auteur comme s'il lui a fallu passer par l'écriture du roman et des fictions narratives pour tenter de raconter au plus près *L'Histoire d'une vie* ; et non pas histoire de *sa* vie. Il indique par ce titre l'écart irréductible qu'il peut y avoir entre l'énonciation et l'énoncé ainsi que le temps qu'il faut pour parvenir à élaborer un récit lié à son histoire traumatique. On entend bien que c'est dans les blancs du récit – et ce qui demeure d'impossible à dire – que se situe aussi cette vie de l'enfant qu'il était, abandonné dans la forêt, puis de l'adulte qu'il est devenu, en bataille permanente avec la langue dans un pays, Israël, où l'oubli était d'abord requis avant que le témoignage ne soit exigé comme modèle incontournable pour tout écrivain.

« Durant la guerre, je ne fus pas moi, écrit-il dans sa préface. Je ressemblais à un petit animal qui possède un terrier, ou, plus exactement, plusieurs terriers. Les pensées et les sentiments avaient rétrécis. En vérité, une interrogation douloureuse s'élevait parfois en moi – pourquoi et à quelle fin étais-je resté seul ? – mais ces questions s'évanouissaient dans les brumes de la forêt, et l'animal qui était en moi revenait m'envelopper de sa fourrure[98]. » L'image est remarquable : quelque chose qui est tapi *à l'intérieur*, vient *envelopper*

## L'impensable de l'Histoire, traumatisme et transmission

l'enfant livré à la forêt et à la solitude, et lui constituer une *peau* protectrice. Cette peau protectrice est celle de *l'oubli*. Pas d'intérieur, ni d'extérieur mais un continuum : à nouveau une figure topologique, *la bande de Moebius,* avec une seule surface et un seul bord. L'écrivain vient nous indiquer là combien quelque chose se tord en lui afin de résoudre cette énigme liée à l'absence radicale d'un autre, lorsque nul ne vient répondre pour faire séparation et constituer un extérieur sécurisé, une protection pour l'enfant qu'il était.

### L'absence

Le Réel de l'absence, celui des départs et des exils, celui des disparitions et des deuils vient nous bousculer quant à ce trait qui caractérise l'humain et que Jacques Lacan appelle « l'un en moins ». Il est *en chacun* le trait absent de son histoire. C'est cette part qui nous échappe. Nous sommes porteurs de ce manque et en sommes marqués à jamais. Le Réel de l'absence d'un autre ne nous renverrait-il pas à ce temps perdu, temps mythique d'avant l'aliénation par le signifiant ou bien à ce temps où le sujet, pris dans le désir d'être l'unique objet du désir de l'autre n'avait pas encore rencontré la castration ? Parler de *l'absence*, c'est donc évoquer l'absent, les absents, mais c'est tout autant prendre acte que l'absence caractérise la réalité psychique, qu'elle en est constitutive. Or, il y a deux versants à l'absence qui indiquent donc que l'humain est pris dans une division : le versant de l'impossible à dire avec la solution du symptôme, du déni, de la syncope. « Au retour, après la syncope, écrit Cathrine Clément, c'est le monde réel qui subitement est étranger[99]. » L'autre versant est celui de la symbolisation ayant pour fonction de circonscrire ce Réel : la création en est une des figures.

L'absence se présente dans les cures d'adultes souvent sous la forme d'une plainte, d'un trop-plein. Or, pas de dimension de la plainte dans l'œuvre d'Aharon Appelfeld. Toujours des personnages aux yeux ouverts et à la parole vive, parfois féroce, des personnages qui regardent en dedans d'eux-mêmes, foncièrement humains. L'apaisement vient de la nature, de sa contemplation, de son compagnonnage. Comme si, pour l'enfant qu'il était, la nature était venue relayer son lien à l'humanité absente et l'oubli devenait un animal protecteur. Or, on sait chez l'enfant l'importance de l'identification à l'animal et la présence d'un bestiaire souvent réconfortant, ou encore l'importance de l'équithérapie dans le suivi

**Archives incandescentes**

d'enfants en grande difficulté psychique. Aussi, ce lien à l'humanité, Aharon Appelfeld le doit-il à lui-même, en quelque sorte, prenant sans doute appui sur ce qui est un *vide créatif* laissé par ses parents.

Edgar Gunzig, physicien belge de renom, travaille sur la nature du temps et de l'espace, et a développé une théorie expliquant la création de la matière à partir d'un rien qui, en physique quantique, se nomme le « vide quantique ». Dans son ouvrage *Que faisiez-vous avant le Big Bang ?*[100], il utilise la métaphore du « Bootstrap » qu'il évoque dans sa biographie romancée *Relations d'incertitudes*[101], écrite en collaboration avec Elisa Brune, journaliste scientifique. Le « Bootstrap » « désigne ainsi tout mécanisme en forme de « serpent qui se mord la queue », où les prémisses sont produites en tant que conséquences de la théorie, et donc d'elles-mêmes. », écrit Elisa Brune[102]. Dans cette théorie Edgar Gunzig interroge et met « hors la science » l'hypothèse du Big Bang comme moment d'origine créateur. On peut voir là combien cette modalité de penser l'espace et le temps peuvent intéresser la psychanalyse et sa démarche dynamique plutôt que causale puisque la notion même d'une origine repérable est contestée.

Le « bootstrap » est une référence aux aventures du Baron de Münchausen qui est sorti d'un marécage en tirant sur ses bottes afin de se propulser dans les airs. Avec le « bootstrap » il s'agit donc de penser la capacité d'un sujet à se sortir de situations extrêmes par la force qu'il possède en lui-même. Mais il est clair que cette force puise sa source dans un *vide créatif*. Ne peut-on pas rapprocher cette théorisation, où le sujet s'appuie sur lui-même pour se sortir de situations extrêmes, de ce qu'avance Sylvie Le Poulichet lorsqu'elle écrit : « L'art du danger n'est-il pas ainsi un style de devenir psychique parmi d'autres, que la clinique analytique doit reconnaître et soutenir comme tel, en s'écartant de toute visée normative ? On ne peut sous estimer la force de ce singulier procédé d'auto-identification qui reconduit un processus de subjectivation[103]. » Elle en tire des conséquences tout à fait pertinentes sur le déroulement de la cure.

Pourtant il y a, quant aux conséquences dans la construction psychique, une différence entre les effets ravageurs de la carence de soins, tel qu'on les voit dans certaines psychotisations d'enfants, et ceux d'un abandon dans des circonstances aussi dramatiques soient-elles. Est-ce la fonction de l'illusion, établie dans l'enfance, qui joue comme une protection contre la cruauté de la réalité quotidienne ? Ou

## L'impensable de l'Histoire, traumatisme et transmission

bien, face au traumatisme radical que constitue l'expérience renouvelée du semblable absolument menaçant, s'agit-il plutôt, en se confrontant à l'écriture, d'une « forme d'autoconservation paradoxale[104] » ? Si tel est le cas, elle s'exercerait à travers la mise en danger dans la confrontation à l'écriture à partir des expériences d'une enfance traumatique.

Dans les romans d'Aharon Appelfeld, pour nombre de ses personnages, imaginaire et réalité sont mêlés. On y voit cohabiter, comme dans la psychose ou la psychotisation chez l'enfant, le vide, l'absence radicale, la déréalisation qui côtoient la capacité sidérante parfois à réagir au plus juste à certaines situations périlleuses. Ainsi en est-il, dans les romans *Tsili* ou *Katerina*[105], de certains personnages disparus qui apparaissent non comme des hallucinations, mais comme des présences *vivantes.*

« Le lien c'est toujours l'érotisation de quelque chose[106] » écrit Vincent Mazeran dans son article. S'appuyant sur cette idée de Freud que l'identification est la forme la plus originaire du lien. Il y a là une base *archéologique du lien* qui vient s'instituer sur une division primordiale lorsque celle-ci n'a pas anéanti le sujet. Le lien de soi à soi est donc un mécanisme de défense contre le morcellement. Et c'est par l'Imaginaire que quelque chose tient encore contre la folie, l'effroi et pour la survie. Le passage à l'écriture vient nouer les catégories du Réel et de l'Imaginaire avec le Symbolique autour de l'objet-livre à venir, en devenir, et pourtant toujours perdu. Devenir écrivain implique une érotisation de l'écriture afin de maintenir ce lien de soi à soi et de faire travailler dans la narration un possible retour du refoulé.

Dans *Histoire d'une vie*, Aharon Appelfeld écrit encore : « Je me souviens très peu de ces six années de guerre, comme si ces six années là n'avaient pas été consécutives. Il est exact que, parfois, des profondeurs du brouillard épais, émergent un corps sombre, une main noircie, une chaussure dont il ne reste que des lambeaux. » Plus loin il précise : « Ceci concerne le domaine du conscient, mais les paumes des mains, le dos et les genoux se souviennent plus que la mémoire. Si je savais y puiser, je serais submergé de visions[107]. » Ainsi, repère-t-on au niveau conscient et préconscient une fragmentation et au niveau inconscient les traces indélébiles dans le Réel du corps. L'écriture permet donc de se défendre contre le morcellement et l'hallucination.

## Archives incandescentes

Il faut lire ses romans, particulièrement *Tsili*, pour percevoir comment dans l'écriture transitent ces traces indélébiles et combien l'art d'Aharon Appelfeld tient à faire ressentir plus qu'à faire comprendre au lecteur ce qui se passe dans le corps de ses personnages, que ce soit du côté de la joie extrême ou du désespoir. On l'a vu plus avant, la peur de l'enfant solitaire ne vient pas de ce que la nature pourrait entraîner de difficulté à vivre mais des questions qui viendraient des autres. « Pendant que tout le monde se livrait à l'ardeur du jeu, Tsili fut assaillie par la peur. Que ferait-elle s'ils venaient à lui demander des détails ? » Cette phrase du roman fait écho à cette autre dans *Histoire d'une vie* : « La guerre s'était terrée dans mon corps, pas dans ma mémoire. Je n'inventais pas, je faisais surgir des profondeurs de mon corps des sensations et des pensées absorbées en aveugle. À présent, je le sais : même si j'avais alors su formuler mes pensées, cela n'aurait pas aidé. Les gens réclamaient des faits, des faits précis, comme si en eux [dans les faits] résidait le pouvoir de résoudre toutes les énigmes. »

Les psychanalystes qui accompagnent des personnes victimes de traumatisme savent combien toute une histoire traumatique peut se trouver condenser dans la force effroyable d'un simple détail. Aussi ces détails, qui portent sur des faits ou des objets, sont-ils trop aveuglants pour être énoncés rapidement. Il se produit alors un recul et un blanc de la pensée comme si le risque était que cela devienne à nouveau si *Réel* que le sujet ne peut pas le supporter.

Je l'ai dit ailleurs, la force extraordinaire de Primo Levi est d'avoir tenu ce pari face à lui-même d'énoncer au plus près des *détails* l'expérience du *Lager*. Lorsqu'il a enfin été lu, il a été pris dans un paradoxe : celui d'avoir enfin été considéré comme une référence incontournable et de devenir uniquement l'écrivain du témoignage et des faits. Ne s'est-il pas trouvé ensuite piégé par ce rôle de *témoin* ? C'est ce que l'on peut entendre à la lecture d'un passage dans sa postface de 1976 : « Ce livre a connu de nombreuses vicissitudes, et il s'est curieusement interposé, comme une mémoire artificielle, mais aussi comme une barrière défensive, entre un présent on ne peut plus normal et le terrible passé d'Auschwitz[108]. » L'aspect « de mémoire artificielle » qu'a pris pour Primo Levi le livre *Si c'est un homme*, ne tient-il pas au fait que tout témoignage, une fois posé, échappe à son auteur et semble vider de sa substance ce pour quoi il a été produit, sinon à maintenir ouverte la brèche ?

## L'impensable de l'Histoire, traumatisme et transmission

C'est pour la maintenir béante afin que la barrière défensive n'envahisse pas le champ de l'écriture que sans doute Aharon Appelfeld refuse jusqu'à ce jour d'être considéré comme « un écrivain de la Shoah ». En effet, la *vérité* d'un Sujet ne tient pas à l'exactitude de la narration mais à ce qui sous-tend son discours, la vitalité de sa parole, soit le désir, celui là même qui a permis à Primo Levi comme à Aharon Appelfeld de survivre à des conditions d'une extrême cruauté, sans méconnaître pour autant ce que l'un et l'autre attribuent à la chance.

Il semblerait, à lire *Histoire d'une vie*, qu'en Israël, les modalités d'accès à l'écriture et à la transmission qui se sont imposées à Primo Levi, soient devenues une référence incontournable. Alors qu'Aharon Appelfeld se confronte, jeune homme, à ce désir d'écrire, ces références sont stérilisantes pour sa créativité. On trouve des pages qui témoignent de son combat intérieur pour continuer, malgré tout, dans une voie que certains de ses amis écrivains ou éditeurs désavouaient. Il persiste alors parce qu'il y va de *sa* vérité. « Les érudits comme les démons grouillent en tous lieux. […] il était facile d'ébranler mon peu d'assurance. Certains prétendaient que j'écrivais sur un sujet interdit. Sur la Shoah, il faut témoigner et non pas écrire à partir de réflexions personnelles […] Il me fallut des années pour me libérer des érudits, de leur tutelle, de leur sourire supérieur, et revenir à mes amis fidèles qui savaient qu'un homme n'est rien d'autre qu'une pelote de faiblesse et de peurs[109]. »

Le mot *littérature*, écrit Pascal Quignard, « renvoie à une tradition ancienne, marginale, récalcitrante, persécutée, pour laquelle la lettre du langage est prise à la *littera*. Cette tradition oubliée est la violence de la *littérature*[110]. » La lettre, dans cette occurrence, est la lettre du Sujet, de l'écrivain, qui le représente et dont il ne sait rien, sinon qu'elle existe. Il n'existe donc pas de littérature si elle ne fait pas violence aux conformismes étroits. Et c'est en cela que la littérature est un resourcement pour les analystes. Elle est violente au regard des codes de son temps, des habitus de pensée, des refoulements, des dénis, des non-dits, des petites lâchetés, des trahisons que la parole supporte comme un poids dont elle devrait se dégager par l'écriture. Face au consensus sociétal doublé, pour l'écrivain, de ce qui en lui résiste à la levée du refoulement et aux dénis consécutifs aux traumatismes de son histoire, il mène un combat qui implique un désir dont il ignore d'où il lui vient.

### Archives incandescentes

Mais Aharon Appelfeld, dans *Histoire d'une vie*, dit aussi sa reconnaissance au lent compagnonnage avec ceux qu'il nomme ses amis, compagnonnage qui travaille en sous-œuvre[111], tout comme l'inconscient, tout comme le transfert de travail entre psychanalystes. Ainsi, l'écrivain est-il écartelé entre, d'une part dans l'écriture, cette figure mœbienne[112] qui annule les plans de la réalité et de l'Imaginaire pour permettre au lecteur de saisir un Réel, et d'autre part dans sa vie d'auteur, une constance à trouver ses interlocuteurs, ceux qui le soutiendront, hors des cénacles, inscrivant des espaces repérables, un dedans et un dehors. Le prix à payer est-il *celui du sentiment d'exclusion*[113] par ceux qui se reconnaissent entre eux. Mais il raconte comment il sait s'en accommoder, puisqu'il a su s'en débrouiller enfant, alors qu'il était un être à la marge et de chair vivante.

Parlant d'Aharon Appelfeld, Primo Levi disait : « Parmi nous les survivants, parmi les écrivains, [il] a su trouver un ton unique, irréversible fait de tendresse et de retenue. » Je me suis demandé si la force de l'œuvre d'Appelfeld, son style, sa détermination à écrire à sa manière, malgré les critiques, malgré les refus, ne sont pas liés justement à la façon dont les événements traumatiques laissent leur trace dans la vie d'un enfant. Car il n'est pas équivalent d'être pris dans la tourmente de l'Histoire à huit ans, à douze ans ou jeune adulte. Ce sont différentes strates du sujet en construction qui sont bousculées. Au-delà donc du fait qu'un sujet, quelque soit son âge, se trouve sidéré par une expérience traumatique, la capacité de *nommer la réalité*, y compris non traumatique, n'est pas la même pour l'enfant ou pour le jeune adulte ; les repères temporels ne sont pas acquis à quatre ans, et commencent à l'être vers six ou sept ans ; la notion d'espace n'est pas intégrée de la même façon chez un enfant ou pour un adulte. Ce que l'on nomme les « Gestalt », les formes qui donnent contours au monde, ne sont pas encore prises dans le discours courant qui lui-même vient fixer ces formes. Aharon Appelfeld a traversé trois années d'une solitude absolue alors qu'il était dans la forêt, entre neuf et douze ans, dans le sentiment de l'absence radicale de ses parents.

« L'absence, écrit Pierre Fedida, ne se résout pas au passé[114]. » L'écriture d'Aharon Appelfeld le démontre. Il travaille ses textes dans la séparation temporelle à partir d'une bribe de souvenir, d'une impression, qu'il laisse maturer afin de mieux y revenir, plus justement, parfois des années plus tard. « Quand j'écris, je commence un chapitre [qui concerne une] partie de mon enfance. Puis je quitte le

## L'impensable de l'Histoire, traumatisme et transmission

chapitre. Je le quitte pour des années, je n'y reviens pas. […] Ensuite, durant des années, je pense à cette zone simplement abordée. J'essaie de la ressentir, de la toucher, de l'approcher. Je travaille en silence (très important, le silence…). De ce silence surgit une image. Grâce à elle, je reviens alors à cette zone. Cela peut prendre très longtemps[115]. » Cet entretien avec Hubert Artus permet de rendre présent à nos yeux l'enfant Aharon, à l'orée de la forêt, et tel qu'il se décrit dans *Histoire d'une vie*. Il approche, puis recule, observe longuement le mouvement des hommes et des femmes pouvant être dangereux, les observe longtemps pour être certain de sa position de sujet, sujet fragile mais assuré au moins de lui-même.

Françoise Dolto disait des enfants qui ont traversé de grandes douleurs alors qu'ils étaient nourrissons, qu'ils devenaient des adultes possédant une immense force, du fait même d'avoir surmonté l'épreuve. Ce ne sont certes pas des adultes dénués de symptômes et de peurs. Ainsi, d'Aharon Appelfeld dont le corps, les sons, les perceptions viennent lui rappeler que le passé est toujours présent : « […] les paumes des mains, le dos et les genoux se souviennent plus que la mémoire. » Pour un enfant la trace est massivement corporelle. Mais, Aharon Appelfeld le raconte, cette trace est imprimée sur un fond qui est celui du nid psychique que lui ont donné ses parents. Il est à la fois doux et rugueux, mais il a existé et existe encore au moment du traumatisme, de façon si proche, si immédiate, qu'il est ce sur quoi le fantasme et sa traversée par l'écriture vont pouvoir se déployer.

« Quand le passé revient de façon imprévisible, ce n'est pas le passé qui revient, c'est l'imprévisible[116] » dit Pascal Quignard. C'est la responsabilité de l'écrivain vis-à-vis de lui-même que d'entendre ce que cet imprévisible ouvre de perspectives autres que la réponse donnée par l'histoire traversée. « La littérature, dit Aharon Appelfeld, doit obéir à un impératif : traiter de l'individu ; un individu auquel son père et sa mère ont donné un nom, ont parlé leur langue, ont donné leur amour et leur foi. Par sa nature même l'Art défie constamment le processus d'anonymat auquel chaque individu est réduit. » Mais c'est sans doute à cette évidence narcissique fondamentale qu'Aharon Appelfeld doit sa survie et c'est à partir d'elle encore qu'il écrit. De même, Primo Levi fait-il sortir de l'anonymat Kraus Pàli, dans *Si c'est un homme*, lequel aujourd'hui

**Archives incandescentes**

demeure pour nous un homme avec un regard et non un simple numéro.

**Écrire la torsion du Sujet avec l'Histoire**

Tout parcours de vie d'écrivain est fait de l'entrelacement d'une singularité essentielle et d'un maillage collectif, maillage constitué des rencontres avec d'autres, mais aussi de la rencontre avec des textes.

Je disais plus haut d'Aharon Appelfeld qu'il est demeuré tout au long de sa vie, un *être à la marge et de chair vivante*. Une marge, c'est autant un blanc qui côtoie un texte qu'un bord, comme l'est la margelle d'un puits. Circonscrire le Réel avec la margelle que sont les mots, c'est inscrire psychiquement un dedans et un dehors, c'est aussi se situer sur la limite, sur la crête.

Écrire, semble à certains un acte incontournable. Écrire pour faire surgir entre crayon et page, ou entre clavier et écran dans notre modernité, l'intime secret qui habite ce parcours que l'on appelle *la vie*, et dans le même temps *créer* son chemin comme l'on pave une route sur laquelle on avance.

Au Cap Vert, dans l'île de Santo Antão, c'est ainsi que sont pavées les routes qui se déroulent comme un unique lacet noir. Elles sont luisantes sous la pluie et brûlantes sous le soleil. Une portion de cette unique route traverse une cordillère d'où surgissent des aiguilles basaltiques dressées vers le ciel et passe sur une crête, seul point d'accès à l'autre côté de l'île. D'un côté de l'île le désert aride où rien ne pousse, terres rouges rongées par les vents, de l'autre la luxuriance végétale qui descend vers l'océan après la cordillère. Sur la crête, de part et d'autre de la route pavée, tout est vertigineux et grandiose que ce soit dans la brume ou en pleine lumière. C'est sur cette crête que se situe le poète, l'écrivain. Dans l'acte d'écrire, il est dans la solitude absolue en même temps que porté par tous ceux qui ont contribué à ce que son chemin garde trace d'un pavage ancien, chaotique et parfois en ruine, détérioré. Son itinéraire est creusé de manque, d'absence, de gravats, de poussière… il est témoin en acte de son exil intérieur et aussi des exils qui ont permis que la route soit construite de sueurs, de larmes et sans doute aussi de joies éphémères ou profondes.

## *Déflagration*

*Longtemps après*
*L'on trouve de la poussière*
*Dans les pages des livres*
*La poussière, les gravats*
*Y tracent l'écriture*
*De ma terre natale*


*Si j'y verse mes larmes*
*Une fleur s'épanouira*
*Peut-être*
*Et l'exil, et le temps*
*Pourront me supporter.*


*Les Temps épars*[117]

# Clinique de l'effroi

## « Le cri fait gouffre où le silence se rue »

> *Tout mot prononcé est subversif par rapport au mot tu. La subversion passe, quelquefois, par le choix ; par l'arbitraire d'un choix qui est, peut-être, une nécessité encore obscure.*
>
> Edmond Jabès
> *Le Petit Livre de la subversion hors de soupçon*[118]

Michel Poizat, dans son livre paru en 1986, *L'Opéra ou le cri de l'Ange,* évoque le cri comme « la marque suprême de la défaillance de la parole et de l'ordre signifiant[119] ». Dans cet ouvrage, il déplie essentiellement l'histoire de l'opéra en situant le chant entre parole, cri et silence, il aborde le rapport du Sujet à la voix et le point limite de la « quête de l'objet-voix » où le frisson du plaisir bascule dans le frisson d'horreur. Il définit par ailleurs deux qualités de silence ou plutôt deux « effets de silence » : le « silence qui parle », silence pris dans la scansion du discours, qui fait surgir une parole et le « silence qui hurle » laissant « toute la place au réel sonore dans sa continuité sans le découper » et interdisant tout processus de symbolisation.

Dans son séminaire *Problèmes cruciaux de la psychanalyse,* commentant le tableau de Munch, *Le cri,* Lacan avance que le cri fait surgir le silence. Il n'en est pas supporté. « Le silence n'est pas le fond du cri [mais l'inverse, il] fait gouffre où le silence se rue[120] » ajoute-t-il. Ainsi le traumatisme aurait-il pour symptôme un « silence qui hurle » en ceci qu'il a fonction de voiler un cri, pure matière sonore. Parfois s'il n'est pas entendu, il peut cohabiter avec le « silence qui parle » jusqu'à son effacement. Alors, comme dans la mélancolie, l'identification à l'objet-voix en tant qu'objet perdu, est telle que la mort psychique devient « le seul lieu possible de retour à ce réel non travaillé par le symbolique[121] ».

Pour l'analyste alors, comment entendre ce qui ne se dit pas ou qui ne se dit que dans les achoppements du discours et dans les actes manqués, dans les souffrances et le mal-vivre ? Comment,

**Archives incandescentes**

partant d'une trace qui fait symptôme, permettre de produire une trace qui fasse transmission ?

D'une trace à l'autre, il y a un passage entre la mise en mouvement d'un appel et d'une écoute qui se constitue. C'est dans cet entre deux que se situe le « métier » de psychanalyste dont Laurence Bataille donne, dans *L'ombilic du rêve* la définition suivante : « Mon métier consiste à m'allier avec ceux qui me le demandent pour aller agiter ces archives incandescentes[122]. » Les textes qui suivent tentent d'en porter témoignage.

# Le cri, un trou dans une voix

> *Le désert ne répond qu'au cri, l'ultime, déjà enveloppé de silence d'où surgira le signe ; car on n'écrit jamais qu'aux confins imprécis de l'être.*
>
> Edmond Jabès
> *Le Petit Livre de la subversion hors de soupçon*[123]

Comment rendre compte d'un cri ? Un cri oublié, dont il ne reste presque rien, sinon la sensation de proximité d'avec la mort ? Comment rendre compte d'un cri lorsque des paroles sont venues recouvrir d'imaginaire le Réel de ce cri ; imaginaire envahissant laissant celui qui a rencontré ce Réel, hors-sujet dans le discours des autres ?

Comment rendre compte de l'effroi ? Peut-on *guérir* de l'effroi ? Pour le névrosé, la rencontre avec l'effroi est-elle *réparable* ? Ou encore : qu'est-ce que l'on *répare* lorsque l'on accueille et écoute un sujet qui a subi l'effroyable ?

« Effroi, peur, angoisse, sont des termes qu'on a tort d'utiliser comme synonymes » écrit Freud en 1920 dans *Au-delà du principe de plaisir*. « Leur rapport au danger permet de bien les différencier. Le terme d'angoisse désigne un état caractérisé par l'attente du danger et la préparation à celui-ci, même s'il est inconnu ; le terme de peur suppose un objet dont on a peur ; quant au terme d'effroi il désigne l'état qui survient quand on tombe dans une situation dangereuse sans y être préparé [124]. »

En 1919, dans *L'introduction à la psychanalyse des névroses de guerre*[125], Freud met en relation la névrose traumatique et le refoulement dont il dit que c'est une névrose traumatique élémentaire. Ainsi il y a pour Freud une parenté entre les effets d'un traumatisme et le processus du refoulement secondaire que l'on rencontre dans la structure névrotique. C'est dire aussi que tout Sujet pris dans le langage rencontre un jour le Réel : l'impossible à dire, l'impossible à symboliser. Il s'agit d'une expérience éminemment singulière et subjective dont l'entourage n'a rien à dire, ni même à connaître. Il ne

## Archives incandescentes

s'en aperçoit même pas. Un exemple : un patient raconte qu'à l'âge de sept ans, il se trouvait sous un arbre immense et eut tout à coup le sentiment de sa finitude. « Je vais grandir et un jour je vais mourir… » De son immense angoisse, il ne dit rien à personne. Mais sa vie en fut bouleversée. Expérience banale de passage à la limite, de seuil, d'inscription d'un avant et d'un après, d'une historicité donc ; rencontre avec le Réel, la finitude de la vie. Si donc la rencontre avec le Réel produit une névrose traumatique élémentaire, c'est-à-dire du refoulement, que produit, par surcroît, l'effroi ?

## Déni et refoulement

La pratique auprès de patients ayant vécu des *situations effroyables* indique qu'ils sont aux prises avec du refoulement *et* du déni. L'effroi produit du déni *et* implique un réaménagement psychique radical des expériences antérieures. Quel est donc le refoulement qui peut s'opérer comme en parallèle du déni de l'effroi ? Et sur quoi porte-t-il ?

Le refoulement porte sur la question de la sexualité infantile, comme pour tout patient névrotique. Mais le clivage qu'a entraîné l'effroi dans le psychisme implique que tout retour de ce refoulé qui porte sur la sexualité infantile, avec ses effets de prise en compte de la jouissance, est un risque d'anéantissement pour le sujet, d'où les symptômes qui touchent au corps et à la sexualité et qui peuvent perdurer dans la honte et la culpabilité. Il y a en effet dans l'effroi quelque chose qui refuse la jouissance, et non, contrairement à ce qui s'énonce souvent, un trop plein de jouissance. C'est pourquoi le déni porte sur le moment de l'effroi qui est le trauma lui-même. La réactivité au moindre événement en témoigne et en est le symptôme[126].

Ce qui va œuvrer, à l'insu du Sujet est un refoulement massif qui portera sur la vie d'avant. Car ce que produit l'effroi c'est de faire du traumatisme une origine pour le sujet, origine qui paradoxalement, masque la question de la filiation et de l'énigme de l'origine.

Ma question est donc la suivante : ce déni de l'effroyable n'indique-t-il pas que le Sujet est confronté dans un premier temps, structurellement nécessaire, à un choix forcé, une alternative entre déni et folie ? Ce sont les symptômes qui vont venir dire ce qu'aucune parole alors ne peut énoncer.

# Clinique de l'effroi

Jorge Semprun dans son livre *L'écriture ou la vie*, dit très bien comment il a dû dénier le trauma, l'effroi du camp nazi de Buchenwald, pour pouvoir continuer à *être* dans la vie. Il recommença à écrire quinze ans après Buchenwald et c'est plus de quarante ans après son retour du camp qu'il écrit ce récit. D'où ce titre : *L'écriture ou la vie* ; alors que l'écriture est souvent perçue comme étant reliée à la vie. Avant la guerre Jorge Semprun se destinait à l'écriture. Voici comment il relate l'abandon de l'écriture après le camp : « Je me débattais pour survivre. J'échouais dans ma tentative de dire la mort pour la réduire au silence : si j'avais poursuivi, c'est la mort, vraisemblablement, qui m'aurait rendu muet[127]. » Ainsi le rappel de l'effroi, par l'écriture pour Jorge Semprun ou par un discours venant d'un autre, dans le debriefing tel qu'il est *opposé*, à mon sens, au mouvement du psychisme, souligne-t-il la faille dans le sujet, lequel ne peut continuer à vivre que s'il est dans le déni. En effet, tout traumatisme est immédiatement doublé d'une volonté de méconnaissance, non seulement pour le traumatisé mais aussi pour l'entourage. D'où l'impossible articulation entre le vécu de celui qui a rencontré l'effroi et le discours de ceux ou celles qui ont été spectateurs, voire témoins.

## Clinique de l'effroi

Pour l'analysante dont il sera question ici, lorsque le Réel s'est manifesté à nouveau sous les auspices de la répétition, alors une demande d'analyse est devenue manifeste. Elle commence son analyse une douzaine d'années après un attentat à la bombe dont elle a été victime adolescente. Cette femme a vécu son enfance en Algérie. Comme l'on sait aujourd'hui, à l'époque où se déroule ce conflit, il n'était pas question de la « Guerre d'Algérie », ni de la « Guerre d'Indépendance » mais des « Événements d'Algérie », une simple « opération de police » pour le gouvernement français.

Qu'est-ce que recouvrait ce mot *événement* ? Connoté à du presque rien, il plongeait ceux qui le vivaient dans un présent infini, toujours en train d'advenir, sans être jamais nommé pour ce qu'il était : une guerre. On peut donc dire aujourd'hui que pendant cette période de la Guerre d'Algérie, le corps social a fonctionné dans la dénégation en faisant d'une guerre un événement soit du *ce n'est rien*, refoulant les signifiants de la guerre et la nommant mensongèrement. *Ce n'est rien, mais ça advient*. Lorsque *ça advient*, qu'est-ce que produit

## Archives incandescentes

le fait que la violence vue, entendue, parlée et donc fantasmée devienne réalité sur le corps propre d'un Sujet ? Il est notable que ce soit au moment où elle n'était pas angoissée, où elle se sentait heureuse et vivante, que l'effroi l'a rattrapée, douze ans après. Et c'est à partir de ce point de rencontre avec l'effroi que cette femme venait parler et demander une analyse. L'angoisse, dit-elle lors de la première rencontre, lui était devenue familière et nécessaire, « une seconde nature ». Elle vivait avec, depuis l'explosion, raconte-t-elle.

Le mot « explosion », lorsqu'elle le prononça, commença à faire émerger la chaîne signifiante qui la conduisit au mot imprononçable jusqu'alors « attentat ».

« Il y a dans l'angoisse quelque chose qui protège contre l'effroi[128] », écrit Freud, justement parce que l'angoisse est une préparation à affronter un danger. Le qui-vive de l'angoissé se manifeste par l'attente. L'angoisse est incontestablement en relation avec l'attente d'un danger, comme si paradoxalement, la survenue du danger pouvait justifier son attente. Provoquer un désastre est sans doute moins catastrophique que de le subir. Elle dit d'elle que ce qui la caractérise est sans doute cette impulsion de détruire lorsque les choses qu'elle s'acharne à bâtir deviennent trop belles.

Voici donc ce qui l'amène à l'analyse : elle a rencontré l'homme de sa vie, elle est heureuse. Ce soir là elle est seule. Elle ne ressent aucune angoisse. Elle a pris un bain ; elle a allumé une veilleuse – ce qu'elle fait rarement – contrairement à sa mère qui chaque vendredi soir allume une veilleuse pour le shabbat. Elle a placé la veilleuse dans sa chambre et est allée faire la vaisselle du dîner. Tout est calme. Soudain, elle entend un bruit qu'elle reconnaît tout de suite comme étant le *bang* d'un avion. Elle s'étonne d'avoir à peine sursauté. Mais elle ne sait pourquoi, elle se dirige vers sa chambre pour vérifier que la veilleuse est toujours allumée. Elle raisonne une légère anxiété. « Ce n'est rien » se dit-elle. Elle retourne à la cuisine. Et elle chute.

Lorsqu'elle émerge de cette syncope, elle est sur le sol, incapable de se relever et dans l'oubli de l'instant qui vient de s'écouler ; elle se traîne devant la porte de l'appartement voisin ; on l'étend sur un lit où elle demeurera plusieurs heures en tremblant.

# Clinique de l'effroi

**Fragments d'analyse**

« Je me suis souvenue dans mon corps qui tremblait » dira-t-elle. Elle sait qu'elle a été rattrapée par l'effroi d'une nuit de son enfance. Cette nuit où elle a été victime d'un attentat à la bombe, l'une de ces bombes au plastic posées par l'OAS qui faisait régner alors la terreur dans les derniers mois précédant l'indépendance de l'Algérie.

C'est donc cette syncope qui signe qu'*un jour, quelque chose a eu lieu*. Là encore, paradoxalement, c'est en s'absentant qu'elle tente de se rejoindre, de rejoindre son histoire. « Au retour, après la syncope, écrit Catherine Clément, c'est le monde réel qui, subitement, semble étranger[129] ». Ce que cette analysante avait vécu de relative quiétude malgré l'angoisse depuis quelques années devenait brusquement un mensonge ou une illusion.

Après avoir été évoquée par elle lors des entretiens préliminaires, douloureusement mais comme d'une faille dont il est difficile de parler vraiment, cette question du traumatisme, loin d'être envahissante dans la cure, s'est révélée particulièrement absente, silenciée[130], ne surgissant que par moments, dans une sorte de « pétrification de la pensée et du corps » et, disait-elle, lorsqu'elle tentait de décrire ce qu'elle venait de traverser, « particulièrement du visage et de la bouche ». C'est dire que le traumatisme s'inscrit dans le réel du corps et qu'il est inutile de vouloir en forcer le sens car ce serait au risque d'un passage à l'acte suicidaire. C'est dire aussi que l'effroi confronte le sujet de façon abrupte au *non-sens*, ce dont tout un chacun est le plus souvent préservé par les processus de refoulement.

« C'est contre le silence de l'analyste que se fait la parole du sujet, contre le silence de l'analyste, c'est-à-dire en prenant appui contre[131]. » Tout au long de la cure, les moments où surgissait cette pétrification de la bouche et du visage signaient la présence de ce Réel, de cet impossible à dire. Pierre Delaunay, faisant référence à l'hallucination négative dont parle Ferenczi, emploie ce mot « absurde » dit-il, « d'émotion négative : il s'agirait, de cette sorte d'émotion tout à fait bizarre qui consiste en l'absence totale d'émotion. C'est tout aussi étrange qu'une représentation qui se caractérise par l'absence totale de représentation, ou qu'une trace qui se caractérise de ce qu'elle ne laisse pas de trace[132]. »

Ce n'est que plus tard, alors que ce symptôme de pétrification de la pensée et du visage semblait s'éloigner, qu'elle apportera d'abord les éléments transmissibles de cette histoire, cadre

**Archives incandescentes**

partageable et nécessaire mise à distance, histoire dont elle dit que c'est « l'histoire racontée ». Puis, cherchant sa parole dans la cure, elle y retrouvera la trace de ce suspens, de ce blanc, où gît sa question, trace qu'elle pourra repérer dans le souvenir d'un cri ou dans sa supposition. « Je crois que j'ai crié... » s'interroge-t-elle.

**« La réponse est sans mémoire. La question seule se souvient[133]. »**

La rencontre avec le Réel met en question le rapport du sujet à la croyance. L'histoire racontée, dans la mesure où elle est portée par la voix de l'autre, est plus crédible ou devient elle-même support de la crédibilité des faits. Qui croire ? Que croire ? Face à cette possible vacillation, il est donc plus facile de parler d'une histoire racontée que de dire ce qui s'est passé pour soi, sans faire intervenir l'imaginaire de l'autre ou des autres. Lorsqu'elle put supporter de se souvenir des faits tels qu'elle-même les avaient vécus, elle approchera de ce point de réel : le cri.

Quels sont les trois temps logiques de ce parcours entre l'assujettissement au discours de l'autre et l'assomption d'une parole singulière et créatrice ? Premier temps : le discours familial. Deuxième temps : son propre discours sur ce qu'elle a vécu. Troisième temps : la supposition du cri qui va faire bord au Réel comme la margelle fait bord au puits. Elle ne le gomme plus, elle le reconnaît.

Le discours familial semblait être surtout celui de sa mère. « Mon père, dit-elle, ne parle jamais de cela ». Ce discours familial, imaginaire envahissant, est celui qui semble dire tout sur l'événement, la mettant hors-sujet dans le discours de l'autre. C'est un discours clos et sans surprise, comme un rituel. Que tout soit dit par un autre permet aussi de masquer le silence effroyable dans lequel circule celui ou celle qui a rencontré l'effroi.

« C'était un vendredi soir, ma mère avait allumé la veilleuse pour le Shabbat. » Elle poursuit : « Ma mère raconte que j'étais dans ma chambre après avoir pris un bain. Elle dit que mes cheveux propres ont protégé ma tête lorsque je suis tombée dans le trou, que ma sœur était au fond de l'appartement avec mes parents. Mon frère était absent, hébergé en ville par une tante. On craignait depuis quelque temps le mitraillage des voitures pendant les déplacements. »

« Lors de l'explosion, j'ai cru devenir folle, lui dit encore sa mère, je t'ai crue morte. Ton père te cherchait et est tombé dans le trou. Ta sœur éteignait les allumettes que j'éclairais pour te retrouver.

# Clinique de l'effroi

Elle avait peur du gaz. » Et sa mère conclut : « On a eu de la chance, malgré le souffle de l'explosion, la veilleuse est restée allumée. »

Lorsqu'elle pourra supporter de se souvenir des *faits*, elle racontera que c'était en hiver avant le dîner. Elle venait de prendre un bain – le bain est connoté, dans la cure, au registre du sexuel et de sa découverte. Ses parents et sa sœur se trouvaient dans la chambre des parents. Son frère, plus jeune, était absent.

Elle rejoint sa chambre et s'installe à son bureau. Puis elle se lève pour consulter un dictionnaire posé au bas du lit. Elle est penchée sur le livre. Puis, un blanc, qui semble contenir non pas le souvenir d'un bruit mais d'un tremblement. Elle parle de l'odeur et du goût des gravats dans la bouche alors qu'elle est ensevelie sous les décombres plusieurs heures. Elle sera transportée à l'hôpital après le couvre-feu. Elle se souvient que plus tard, elle ne supportait pas d'entendre sa mère raconter l'histoire et d'autres personnes se lamenter et la plaindre.

En séance, il lui revient qu'elle s'était déplacée de son bureau à son lit pour vérifier un mot dans un dictionnaire et que c'est alors que se produisit l'effondrement. Elle associe « lorsque j'ai été conduite à l'hôpital, dans une immense salle des urgences remplie de blessés, se trouvait à côté de moi un petit garçon de cinq ou six ans ; j'entendrai toujours la plainte de cet enfant dans mes oreilles, seul, sanguinolent, il appelait sa mère en arabe, et personne n'était là pour lui répondre. J'aurais voulu bouger, mais je ne le pouvais pas. »

C'est donc par le détour d'une identification à cet enfant blessé qu'elle doit passer pour commencer à parler d'elle. Car, dans les décombres, bouger, elle ne le pouvait pas non plus ; et pendant ces heures où, dit-elle, elle s'est préparée à mourir, elle a eu le temps de rompre avec Dieu. Elle s'interroge alors sur le temps qu'elle a passé ensevelie sous les décombres et il lui vient l'expression « heures interminables ». Dans la reconstruction après-coup, elle passe donc d'un Réel indéfini à une temporalité qui s'énonce dans le « il y a » ou le « il était une fois ». Elle ne peut approcher cette temporalité qu'après avoir parlé de l'enfant qui pleurait dans la salle des urgences, car le trauma est hors-temps. Selon Françoise Dolto, le traumatisme est une perte de la croisée du temps et de l'image du corps ; la perte du croisement du temps et de l'image anéantit l'identité. Pourvu qu'on y survive psychiquement, la violence traumatique en tant qu'*abus de pouvoir* indique la limite d'un avant et d'un après.

### Archives incandescentes

Quelques semaines après l'attentat, elle demandera à son père de l'accompagner « pour voir ce qui reste de l'appartement » : l'immeuble de quatre étages est éventré au niveau des chambres attenantes à l'escalier. Sa chambre n'existe plus. Seul le dernier étage et le palier de celui-ci sont suspendus dans le vide où demeure, intact, le luminaire de sa chambre.

En séance, elle se souvient d'une visite chez une voisine relogée après l'attentat. « Lorsque j'ai voulu dire comment cela avait été pour moi, personne n'écoutait plus et alors je me suis sentie vide, sans consistance. » Elle associe : ce sentiment de n'être ni entendue, ni écoutée, la renvoie à une autre scène, lorsqu'elle avait quatre ans, scène à caractère sexuel, bien antérieure donc à sa rencontre avec l'effroi lié à l'attentat, scène située au moment de la naissance de son frère. Ainsi sera abordée, en parallèle, une problématique œdipienne avec la levée du refoulement qui l'accompagne.

Le troisième temps logique sera la supposition du cri. Alors qu'elle évoque sa supplique au ciel quand elle réalise qu'il ne s'agit pas d'un cauchemar, lui revient le souvenir de ce qui l'a précédée : un cri. Ce cri, dont elle s'approche à peine, est peut-être le paradigme de la question qui se souvient, dont parle Edmond Jabès.

### Un temps de suspens

Certains silences sont plus violents que le cri. Jacques Lacan, passant du traumatisme au « troumatisme » a voulu nous faire entendre cette dimension du silence qui hurle. Dans un excellent article, Armando Cote, psychanalyste au Centre Primo Levi, lieu de soin accueillant des personnes ayant été victimes de la torture, écrit « Le cri fait le gouffre où le silence se rue, dit Lacan, il est cet infranchissable creux marqué à l'intérieur de nous-même, et dont nous pouvons à peine nous approcher[134]. »

Il importe donc ici de revenir sur ce *temps de suspens* qui dura douze années, entre la rencontre avec l'effroi et la cure. Après l'attentat, elle avait développé quelques symptômes repérables : la peur du noir, un clignement nerveux des yeux et un sentiment de panique à tout bruit imprévu. Mais la sensation de pétrification et le sentiment de déréalisation dès que tout était trop tranquille étaient invisibles pour les autres. Elle avait repris ses études rapidement, un bras en écharpe, puis avait quitté l'Algérie cinq mois plus tard, après une autre nuit de dévastation que connut la ville d'Alger. Une nouvelle explosion ayant arraché les fenêtres de l'appartement où ils étaient hébergés, ses parents se décidèrent à l'exil. De ces derniers mois vécus en Algérie, il ne restait donc qu'une histoire racontée, version définitive, semblait-il, jusqu'à cette prise dans le Réel que constitua cette syncope douze ans plus tard. Un trou se produisit alors dans l'Imaginaire, auparavant clos sur lui-même.

Comment entendre ce temps de suspens ? Il y aurait sans doute à interroger cette question du côté des effets de l'exil et de ce qu'il permet de déplacements dans l'élaboration psychique après-coup. Le refoulement est-il plus actif à la préadolescence qu'à l'âge adulte ? « La résistance par dénégation dépend d'un type de refoulement qui se situe entre le retour symbolique du refoulé et son retour dans le réel. Nier, c'est désirer refouler. Le détour minimal par la négation apparaît nécessaire à la constitution du sujet[135] » écrivent Pierre Thèves et Bernard This dans leur article sur la dénégation. Dans le déni, il y a du désir, et c'est pourquoi il importe de le respecter. En d'autres termes : pour se reconstruire une identité, elle avait dû sans doute, non seulement subir, mais accepter, souhaiter, le *n'en parlons plus* équivalent à *il n'est rien arrivé d'autre que ce qui a été énoncé*. La négation « permet l'activité de la pensée », écrivent plus loin ces mêmes auteurs, « mais elle constitue aussi la parole comme pression de désexualisation, le sexe comme ce qui, pour être parlé, doit d'abord être dénié. » Or il est notable que dans le contexte où se produit la syncope, se retrouvent des signifiants majeurs de la situation de la scène traumatique prise dans le discours mythique : le bain, la veilleuse allumée, le bruit violent qui fait effraction.

Juste avant la syncope, ce qui fait alors non-sens, c'est l'impulsion, le mouvement d'aller voir si la veilleuse est encore allumée. Lorsqu'elle se déplace donc comme pour vérifier douze ans plus tard la parole de sa mère et qu'elle conclut « ce n'est rien », on peut entendre que, dans la négativité du discours, apparaît l'articulation de la mort et de la parole. C'est alors qu'elle chute.

Ainsi le traumatisme entraîne une sorte de collage, comme point à point, entre une fantasmatique œdipienne banale dans laquelle l'énigme de la sexualité est concernée, avec cet événement catastrophique impossible à penser et vécu paradoxalement comme une transgression. Tout le travail de la cure dans le transfert a consisté à opérer un décollage de ces différents plans pour permettre au Sujet de retrouver une historicité qui ne se fonde plus fantasmatiquement

**Archives incandescentes**

sur cette origine traumatique. Mais cela implique de la part de l'analyste, d'accepter que l'effroi puisse être un temps dénié avant d'être reconnu comme ce qui ne peut être saisi mais qui *ex-iste*. Cela implique aussi que l'analyste ne réduise pas la cure à un sens à retrouver mais accepte que le *non-sens* fasse partie, structurellement, des processus de subjectivation.

Comment cette patiente en a-t-elle rendu compte ? Au-delà du sens, avec la voix, elle a fait bord au trou du cri. Car, en place « d'objet a », le Sujet est *et* n'est pas celui qui s'entend crier. Et le cri est *et* n'est pas la bouche emplie de gravats et le souffle qui a produit cette rupture impensable.

Tel celui qui a regardé la tête de Méduse, une part du sujet demeure dans le *hors-temps* de l'effroi.

« Dans le cri, ce qui le fait différent, même de toute les formes les plus réduites du langage, c'est la simplicité, la réduction de l'appareil mis en cause. Ici le larynx n'est plus que syrinx. L'implosion, l'explosion, la coupure, manquent[136] » dit Jacques Lacan dans le Séminaire XII. Pour cette analysante, le souvenir du cri ou sa supposition est donc peut-être l'ultime tentative d'inscrire la « Chose » – *das Ding* – qui vient se rappeler alors comme ce qui ne cesse de s'oublier. Comment donc rendre compte de l'effroi ? Alors que le déni est une modalité nécessaire, la parole poétique comme tout autre acte créatif, tente de le subvertir. Au silence effroyable, vient répondre un autre silence qui n'est pas de fascination. C'est un silence sur fond de cri, un silence troué dans lequel *tout mot prononcé est subversif*.

# *L'Autre,*
## ou ma rencontre avec l'œuvre d'Andrée Chedid

La lecture d'auteurs qui ont vu leur histoire individuelle, non seulement bouleversée mais profondément modifiée par la grande Histoire à des âges différents, m'a permis d'interroger mon propre rapport à l'écriture à partir d'un traumatisme de guerre dont l'analyse était venue certes dévoiler le déni mais en maintenir un autre avant que mon écoute de patients victimes de traumatisme de guerre et l'écriture ne prennent le relais de l'analyse, ouvrant à un possible dévoilement.

Écouter, tout comme écrire, c'est accepter d'abandonner bien des pistes, se laisser porter par le mouvement même d'une parole. Dans le geste d'écrire surgit parfois une évidence comme l'est une interprétation en psychanalyse. Une écriture acceptant le *lâcher prise* a prévalu dans les premiers états de la rédaction des textes de cet ouvrage ; elle renvoie aussi au *lâcher-prise* dans l'écoute analytique à propos de laquelle Lacan disait qu'il fallait, pour l'analyste, accepter de ne pas comprendre.

Dans la littérature, la notion de *lâcher prise* évoque une fiction dont la lecture, voici bien des années, me bouleversa. Il s'agit du roman d'Andrée Chedid, *L'Autre,* dont je livre ici un résumé. Au petit matin, le vieux Simm et son chien traversent un village. Tout à coup, tout vacille, la terre tremble. Au milieu des ruines, des cris, des larmes, le vieil homme cherche à retrouver le jeune étranger avec lequel il a échangé un regard heureux quelques dixièmes de secondes avant le drame alors que celui-ci était penché à sa fenêtre dans la lumière de l'aube. Contre le fatalisme des sauveteurs, de toutes ses forces, avec intelligence, Simm veut retrouver celui que la terre a enseveli. Contre toute raison, il le localise, l'appelle, lui parle, lui permet de patienter sous les gravats alors que chacun des deux sait que rien n'est gagné. Dans ces échanges, Simm lui invente un nom et s'en invente un qu'il offre au jeune étranger. Lorsque les secours arrivent enfin, Simm explique simplement au chef des secouristes : « C'est ici que le cri m'a déchiré de haut en bas ! Pire qu'un poignard… » Puis il s'éloigne de celui dont il ignore le véritable nom.

**Archives incandescentes**

Un étudiant qui a suivi la scène de l'extraction du jeune homme par les secouristes la racontera à Simm demeuré à l'écart en évoquant « le cauchemar » que le vieil homme a sans doute traversé ces heures où, seul avec l'emmuré, il maintenait l'espoir qu'il reverrait le jour. Simm répondra à l'étudiant : « Non, ne crois pas cela… parfois c'était dur, mais j'ai vécu[137]… » Belle métaphore qui n'est pas sans évoquer la position de passeur de l'analyste. Mais ce texte d'Andrée Chedid m'a prouvé que la littérature elle-même contribue aussi parfois à permettre de tels passages.

Il arrive que les mots d'un poème, jetés dans un carnet comme un point de départ possible en même temps qu'un point d'évitement, puisqu'oubliés aussitôt que posés, ressemblent peu à peu à l'œil du cyclone auquel on tente d'échapper au fil d'une écriture qui devient tourbillonnante. De même, lorsqu'en 2003, il m'a été demandé d'écrire un texte pour un livre d'artiste en compagnie de six autre femmes psychanalystes, c'est encore ce texte d'Andrée Chedid qui est venu soutenir mon élaboration. Je ne pense pas qu'il existe une écriture féminine ni une manière féminine d'occuper la place de l'analyste. C'est à mon sens l'expérience de la perte qui vient toujours pour un Sujet, quelque soit son genre, remodeler son rapport au monde, aux autres et au désir. C'est ce dont je tentais de parler dans ce texte de 2003 intitulé *Il y aurait trois scènes et un objet : sa perte inscrit le temps de l'envers*[138]. Il évoque trois scènes à rebours qui dévoilent le creusement de ma question quant à l'articulation entre écriture, psychanalyse et littérature.

Lire, écrire, écouter, ouvrent des passages insoupçonnés pour l'analyste lui-même. L'écriture d'un essai, plus proche de l'écriture universitaire que littéraire, n'a-t-elle pas la fonction du souvenir-écran, celle de dire et masquer tout à la fois ? En ceci on pourrait alors y repérer la fonction du transfert sous ses aspects d'ouverture et également de fermeture c'est-à dire de résistance quant au surgissement d'une vérité inouïe. Or pour tout analyste il demeure des vérités subjectives qui tentent de se dire dans le mouvement même de sa pratique. C'est en ceci que le fait d'occuper une place d'analyste provient d'un désir qui fait symptôme. N'est-ce pas ce point que François Gantheret met en évidence dans son ouvrage *La nostalgie du présent – Psychanalyse et écriture* lorsqu'il évoque le scandale qu'a pu provoquer dans une assemblée d'analystes le fait que ce qu'il présentait comme un cas clinique était en fait une fiction ?

## Clinique de l'effroi

« Devant un parterre d'analystes, j'ai soutenu que le seul mode de transmission de l'expérience de l'analyse ne pouvait être que de fiction[139] » écrit-il. Et le mot d'imposture circula à son encontre dans l'assemblée. Mais n'était-ce pas une façon peu conforme mais efficace d'interroger le *transfert de travail* ainsi que la possibilité de transmettre le tranchant de la psychanalyse ?

Sous son aspect d'ouverture, le transfert de travail met à l'œuvre différentes strates de « l'architecture humaine[140]. » Il est certain que c'est à partir d'un transfert de travail qu'ont pu s'élaborer pour moi ces difficiles questions : entre histoire individuelle et Histoire collective, quels liens et quel hiatus ? C'est à partir de lui également que l'écriture sous la forme d'essais m'est d'abord apparue comme un mode de transmission afin de nouer ces questions qui, in fine, s'avèrent communes au poète, à l'écrivain et au psychanalyste.

François Gantheret témoigne aussi dans son ouvrage que le fait de s'appuyer sur une fiction pour transmettre l'expérience analytique n'évacue en rien la place centrale de la cure dans les élaborations théorico-cliniques. Pour ce qui me concerne, il ne m'a été possible de mettre à jour dans certains textes littéraires, de nommer les différents fils qui composent ce tramage très serré des modalités de l'écriture à partir du traumatisme pour un auteur, qu'après une élaboration à partir de la cure et de ma pratique clinique de psychanalyste d'enfants, d'adolescents et d'adultes. C'est en écoutant ceux pour lesquels le traumatisme individuel a été provoqué par un événement historique ou qui se sont interrogés sur les ruptures dans l'Histoire en soulevant un coin de l'histoire familiale traumatique que j'ai pu entendre ce qui se tramait pour certains analysants dans le passage par l'écriture au moment de leur cure, et que je me suis intéressée à l'écriture littéraire d'auteurs ayant écrit à partir d'un traumatisme.

Cette recherche a mis à jour diverses interrogations : la modalité d'écriture – poésie, essai, nouvelles ou roman – qui s'impose à l'auteur à tel ou tel moment de sa vie a-t-elle à voir avec l'âge du traumatisme et avec la capacité qu'a eu le sujet à le symboliser ou pas ? Qu'en est-il du rapport que l'auteur entretient avec son écriture au fur et à mesure qu'il avance dans son œuvre et dans son âge ? Par ailleurs, une figure de style nommée *métalepse*, secondaire dans la littérature classique, puis de plus en plus prégnante dans la littérature contemporaine, rend-elle compte au plus près, dans la narration, d'un

## Archives incandescentes

double mouvement propre aux effets de ce type de traumatisme qui vient additionner l'histoire individuelle à la grande Histoire ? Ce double mouvement pourrait être énoncé comme suit : déni par autrui d'une part, et chez le sujet, symptôme d'effondrement psychique et de déréalisation venant dire quelque chose du trauma dénié par l'autre.

Pour un Sujet, si toute réalité est pétrie d'Imaginaire, si la narration concerne la tentative de nouage de l'Imaginaire avec le Symbolique, les faits traumatiques, eux, sont du registre du Réel en ce qu'ils concernent essentiellement le corps et la pulsion. C'est ce dont rend compte, au plus près, le poème avec ses fulgurances comme ses limites pour le Sujet qui l'écrit.

Une psychanalyse, si elle ne fait pas l'économie d'interroger le traumatisme, ne peut faire l'impasse sur le Réel produit dans le corps par les faits traumatiques. Mais afin de ne pas faire du trauma une origine et permettre que ce qui a été dénié dans un premier temps s'inscrive pour le Sujet, le passage par l'écrit, qu'il soit poème ou narration évoquant l'histoire du Sujet, va ouvrir à un au-delà qui est une forme de l'impossible, que le texte vient présentifier.

« Souvent les gens vous demandent d'où vient ce que vous écrivez, écrit Michel Butor. […] la première réponse c'est que nous ne savons pas d'où vient le texte, et cela est tout à fait normal, puisque, si nous avons la passion d'écrire, c'est que nous avons à dire quelque chose qui n'était pas encore dit, qui était presque impossible à dire ». Puis Michel Butor conclut : « L'origine du texte est ce que vous pouvez trouver dans le texte lui-même[141]. »

C'est ainsi que j'invite le lecteur à aborder les textes qui suivent.

## *L'ennui*

*Ont-ils jamais pensé à lui demander ce qu'elle avait pu vivre, souffrir, espérer, désespérer, ou mourir, dans ce réduit bétonné, entièrement rempli de son corps et des gravats à l'odeur âcre, inoubliable, reconnaissable entre toutes ; les jambes coincées, la bouche tuméfiée, hurlante, pâteuse, tendue en un cri, les doigts écrasés, attestant seuls que la vie, encore, habitait ce corps; le ventre absent, mort, inexistant, comme la poitrine, comme les bras, disparus, évaporés, avec le bruit stupéfiant, autant que le silence qui a suivi, l'espace d'une seconde – peut-être – l'espace de temps qu'il faut pour que la pensée entende le cri et reconnaisse que – ce cri – c'était bien le sien, celui d'elle, celle-là – la même ? – qui, à peine une seconde – non ! – quelques dixièmes de seconde avant, écrivait, attablée à son bureau, dans la chambre.*

*Ont-ils jamais osé imaginer cette impossibilité à croire – croire, simplement – en la réalité de l'événement ?*

*En elle, dans ce tombeau en ruine, une phrase sans cesse renouvelée : « Pourquoi ? Pourquoi ? Qu'ai-je fait ? Ô Dieu ! Pourquoi ? »*

*Pourquoi ce Dieu, celui de son père et de sa mère, celui qui avait soutenu ses désirs et ses rêves d'enfant, ses vœux du soir – pour que la paix revienne, au-dedans et au-dehors – pourquoi ce Dieu l'avait-il punie ? De quoi ? Ou à la place de qui ?*

*Croire en la réalité de l'événement, c'était déjà ne plus croire. Ce ne pouvait être vrai, c'était un cauchemar, ou alors l'effet d'une croyance vacillante, ou encore de la haine de Dieu, ou bien l'espoir – peut-être – que ce cri avait encore quelque chose d'humain puisqu'il allait être entendu.*

*Puis peu à peu – malgré l'appel – le sentiment qu'elle pourrait rester là, y perdre la vie, l'espoir de vivre avant même d'y perdre la vie ; que tout cela était si proche et si lointain de ce qu'elle avait imaginé depuis des semaines, comme si elle le savait, qu'elle l'avait prévu, que sa peur l'avait prévenue et qu'elle n'avait pas voulu l'écouter.*

*Plus tard, elle croirait infailliblement à son intuition, à sa vérité, étrange voyance en l'avenir, sorte de lucidité qui témoigne de la synthèse des éléments épars.*

**Archives incandescentes**

Un coin de ciel bleu au milieu des nuages : elle roule sur le chemin à vive allure... elle pense à sa vie, elle fait la guigne au Tout-puissant...
Et elle respire enfin.

*Et puis, ils l'ont écrasée, encore, avec le poids de leurs mots et de leur chagrin, avec leurs phrases toutes faites, clichés lancés à la face du monde pour ne pas approcher de leur vérité, ne pas envisager leur culpabilité, comme elle avait retourné la sienne dans tous les sens, pour comprendre, au fond de son trou, pourquoi elle était là et où elle avait failli ?*
*Mais, qui ne faillit pas ?*
*Même remis de leurs émotions, afin de mieux enterrer cette chose immonde faite de violence et de pulsions primaires, faite du théâtre où l'on se regarde bouger, parler, pleurer, gémir, même remis de leurs émotions, ils n'ont pas su lui dire « Où en es-tu, toi, où es-tu ? »*

*Bien sûr, ils ont voulu la consoler. Elle a cru à leur peur, à leur chagrin.*
*Ils ont su cacher les miroirs pour qu'elle ne craigne pas son image déformée, ils ont rabroué le visiteur importun qui, sans ambages, a déclaré que l'événement était une preuve supplémentaire, si nécessaire, qu'il était désormais inutile de croire en une quelconque divinité. Ils l'ont reconduit à la porte, fermement et poliment, bien sûr.*
*Un jour, ils lui ont acheté une jupe et un cardigan. C'est ainsi qu'elle a repris le chemin de l'école – des habits qui piquaient, pas de ceux faits main, des habits aux couleurs inattendues, sombres, comme un uniforme, avec un liseré jaune au bord d'un camaïeu de brun. Ainsi, au moins, elle s'est sentie être une autre. Longtemps, elle a cru que c'était dû à ses vêtements neufs et rêches.*

*Elle n'était plus la même. Longtemps, elle n'a pas pu dire en quoi elle était différente.*

*Cette histoire n'était plus la sienne : avec leurs paroles, leurs exclamations, et leurs silences dont elle se sentait exclue, ils avaient créé un mythe et forgé en eux l'incompréhension de ce qu'elle allait devenir. Ils avaient su la plaindre, et eux, à travers elle.*
*Ils n'avaient pas su taire – pour un moment – l'effroi qu'avait été pour eux aussi l'événement. Aussi avaient-ils tenté de le recouvrir, toujours*

## Clinique de l'effroi

des mêmes mots qui font les histoires closes, afin que tout soit dit, enfin, très vite, et qu'on n'en parle plus. Le reste devait demeurer secret. Puis, lorsqu'ils se sont tus, c'était trop tard : leurs paroles avaient occupé le vide sans lequel nul ne peut méditer.

*Total devint le malentendu.*
*Sans doute était-il présent bien avant l'événement. Simplement, elle n'y avait pris garde !*

*De tout cet avant – avant qu'elle ne se vive dans un malentendu – il ne lui reste que des lambeaux, resurgissant, plus tard, dans ces apparitions brutales, au milieu d'une phrase, d'une rêverie ; paysage aperçu un jour. Mais jamais elle n'a pu retrouver ces lieux qui, en elles, ont touché à son incomplétude.*

Lumière de Mahelma, jeux dans les herbes hautes, froid glacial d'un hiver enneigé, une carriole, un cheval, un camion en panne, des chants dans les rues au soleil de l'été, main dans la main avec quelques aînées, le pot à lait que l'on fait tourner, sentiment de bonheur… Et surtout cette odeur de ferme… odeur d'étable et d'écurie, caquetage des poules, chaleur d'un accueil, langueur des jours sous le sirocco brûlant…

C'était quand elle savait chanter…

*Elle se souvient encore : lorsque la radio s'est tue, il a été interdit de rire. Est-ce là, peut-être, qu'a débuté le malentendu, et avec lui, l'interdit des élans et du plaisir d'elle-même ? Elle avait presque cinq ans. Son grand-père venait de mourir. La guerre avait commencé.*

Depuis, elle court après le bonheur : cette lumière perdue de Mahelma déserte, silencieuse, cette respiration des jours et des nuits, et celle des saisons, un chemin au bout duquel l'on va, une lumière derrière un carreau, comme une éternité ; des gravats devant la terrasse, avant que l'herbe ne repousse, quelques morceaux de briques, trésors du terrain vague…

Depuis, si elle préfère l'ennui aux intrigues de cour, c'est peut-être que l'ennui a le goût du bonheur[142].

# Histoires d'exils, entre deux rives…
## …et deux oublis

# Les archives incandescentes

> « *Oui, je suis ce murmure,*
> *comme toi aussi tu es ce murmure,*
> *pourtant l'un toujours séparé de l'autre,*
> *de chaque côté de cela qui murmurant*
> *ne dit rien, ah rumeur dégradante* » –
> « *Merveilleuse* » –
> « *Ne disant rien que : ça suit son cours.* »
>
> Maurice Blanchot
> *Le Pas au-delà*[143]

### De l'autre rive

Le 1er novembre 1954 débute l'insurrection armée en Algérie. Dans les gorges de Tighanimine, un autocar est attaqué. Il y a deux victimes européennes : un couple de jeunes instituteurs, Guy et Janine Monnerot, venus de la métropole pour instruire les enfants du bled[144]. L'homme est tué, sa femme survivra. Ce même jour de la Toussaint, une trentaine d'attentats ont lieu : récoltes incendiées, gendarmeries attaquées… On compte sept morts dont la plupart sont des musulmans, visés pour avoir pactisé avec la France, dont le caïd Hadj Sadok qui se trouvait dans le car où voyageaient les deux instituteurs. La Toussaint Rouge n'aura que peu d'écho dans la presse métropolitaine mais marquera le début d'une guerre qui va durer huit ans.

Cette même année, Laurence Bataille entreprend un voyage en Algérie pour participer à une aventure théâtrale. Elle est la fille de Sylvia et Georges Bataille, et la belle-fille de Jacques Lacan. Elle a alors vingt-quatre ans. Au printemps 1958, tout en poursuivant ses études de médecine, elle participera à un réseau d'aide au FLN. Elle sera emprisonnée pour ses activités politiques en mai 1960 et relâchée six semaines plus tard, après un non-lieu obtenu par Maître Rolland Dumas. Alors qu'elle est en prison, Lacan lui apporte les feuilles dactylographiées de son séminaire *L'Éthique de la psychanalyse*, un commentaire sur la révolte d'Antigone contre Créon. « Antigone est

**Archives incandescentes**

une tragédie, et la tragédie est présente au premier plan de notre expérience, à nous analystes[145] », disait Lacan lors de ce séminaire de 1960.

La tragédie évoque la destinée de l'homme et sa confrontation avec les dieux. Mais il existe des tragédies dont la particularité est qu'elles soient nouées avec une catastrophe dans l'Histoire. Leurs effets sont présents dans la culpabilité inconsciente qui habite, et submerge parfois, les descendants de ceux qui les ont vécues. Cette culpabilité précède et détermine l'acte, elle se manifeste en creux dans les actes du Sujet. Lorsque quelque chose de cette histoire tente de s'inscrire, c'est toujours dans la souffrance et le dépassement, c'est-à-dire aussi, dans la transgression.

La psychanalyse elle-même est née d'une transgression. Pour Freud, le véritable enseignement vient du patient. Lorsque Jacques Lacan énonce à propos de la résistance qu'elle est toujours du côté de l'analyste, il ne dit pas autre chose que ceci : qu'est-ce que l'analyste ne veut pas entendre ou ne *peut* pas entendre ? C'est pour appréhender ce qui se passe entre lui et son patient que Freud se forge une théorie qu'il situe lui-même comme appartenant à l'ordre de la fiction. Il découvre alors dans son travail clinique que c'est le transfert qui est la résistance, en ce sens que le transfert est bien ce qui est à situer *entre*, dans *un écart* entre le dire du patient et l'écoute de l'analyste, espace qui n'appartient ni à l'un, ni à l'autre, mais qui, les concernant l'un et l'autre dans leur rapport à l'inconscient, permet que la cure se poursuive avec les effets de voilement et de dévoilement que suppose une parole adressée.

Cette autre fiction qu'est *Le roman familial des névrosés*[146] est cette part de la psychanalyse la plus vulgarisée qui fait dire à certains parents que leur enfant « fait son œdipe » comme ils parleraient d'une maladie dont il s'agirait de se défaire. Or, comme l'écrit Suzanne Ginestet-Delbreil dans son livre *La terreur de penser*[147] : « L'enfant caractériel ou insomniaque, même s'il ne le formule pas avec des mots, pose la question de son être au monde. » C'est dire que les choses sont plus complexes que la seule question œdipienne telle qu'elle est vulgarisée.

L'homme est un être de langage qui n'est pas seulement pris dans un *roman familial*, sauf à élargir cette notion. Il est pris, à travers ce roman et la question de sa place, dans ce que l'on nomme *la culture*, si l'on veut bien entendre par-là le bain de langage spécifique propre à

## Histoires d'exils, entre deux rives... ...et deux oublis

une époque, certes, mais aussi à une Histoire et à ses non-dits, c'est-à-dire aux *trous de mémoire*.

Les secrets de famille font partie de ces *trous de mémoire*, par exemple suicide, acte violent qui a entraîné une sanction pénale soigneusement cachée en un voyage imaginaire ou encore quelque autre événement traumatique dans l'histoire familiale. Lorsqu'un Sujet affronte l'interdit de dire et pose des questions dans le cadre familial quant à ces secrets, ce n'est jamais sans angoisse, car parler, dans ce cas, c'est transgresser. Il en est de même dans la sphère sociale : parler peut être équivalent à transgresser les codes ou les non-dits qui soudent un groupe.

En effet, certains événements traumatiques vécus par des sujets impliquent le collectif d'une façon bien plus élargie que la sphère familiale : « l'autre guerre » dont parle Jacques Hassoun, pour nommer la Shoah en est l'un de ceux les plus difficiles à penser. Mais il y a aussi ces guerres oubliées : abolition de la citoyenneté française aux Juifs d'Algérie sous le gouvernement de Vichy ou encore ces guerres déniées comme l'a été la Guerre d'Algérie. Lorsqu'un Sujet s'y est trouvé pris, comment, pour lui-même, se nouent de façon névrotique différents temps de l'Histoire ? Et comment ses descendants peuvent-ils *faire histoire* d'un événement dont la transmission, dans le discours familial et social, a été plus ou moins muette ? Telles sont les questions qui se posent pour les psychanalystes dans leur pratique la plus quotidienne. Ces questions peuvent aussi participer de ce qui cause le désir d'occuper la place de l'analyste, puis de la tenir dans le tranchant de ce que l'on peut appeler, avec Jacques Lacan, *La subversion du sujet et la dialectique du désir*[148].

En 1938, Jacques Lacan publie, dans l'Encyclopédie Universelle, un texte intitulé *Les complexes familiaux*. « Le psychanalyste, écrit-il, peut-il prétendre guérir l'homme de ses défaillances psychiques sans le comprendre dans la culture qui lui impose les plus hautes exigences[149]. » Et plus loin : « Le sublime hasard du génie n'explique peut-être pas seul que ce soit à Vienne – alors centre d'un État qui était le *melting-pot* des formes familiales les plus diverses [...] – qu'un fils du patriarcat juif ait imaginé le complexe d'Œdipe. » Dans ce texte, Lacan indique que ce qu'il appelle « la grande névrose contemporaine » a pour détermination principale « la personnalité du père, toujours carente en quelque façon, absente,

## Archives incandescentes

humiliée, divisée ou postiche. » Ainsi pose-t-il dès l'abord la question du père comme au fondement de la structure du Sujet, en insistant sur le nouage avec la culture, c'est-à-dire sur les inscriptions institutionnelles.

« Fabriquer le lien institutionnel, c'est l'œuvre de la généalogie, qui fait tenir le fil de la vie, rappelle au sujet son assignation dans l'espèce, procure à la société son matériau vivant. L'étude de ce lien conduit à mettre en rapport le biologique, le social et l'inconscient, à reprendre sur cette base l'observation de la fonction juridique, qui, dans son essence consiste à produire artificiellement[150] le nouage de ces trois indices humains[151] » écrit le juriste et psychanalyste Pierre Legendre. Entendons bien le caractère artificiel de ce nouage : il s'agit d'un forçage. Un père est celui qui nomme et reconnaît un enfant pour le sien. La déliaison de ces « trois indices humains » peut révéler la faille dans laquelle un Sujet se tient.

La question se pose de savoir comment un homme peut tenir pour son enfant une place de père lorsqu'il a été lui-même confronté à la négation de son existence en tant qu'être humain – c'est la douloureuse question posée par leurs enfants aux rescapés des camps de la mort nazis[152] – ou lorsqu'il a été en butte à l'exclusion d'une communauté humaine, politiquement décidée – ce fut le cas des citoyens français d'origine juive en Algérie sous le régime de Vichy– ou à l'exclusion de fait, mais déniée dans le discours social – tel est le cas des Harkis arrivés en France en 1962[153].

Ce qui fait alors problème est le nouage entre la Loi symbolique et le juridique, avec la difficulté psychique de soutenir le paradoxe suivant : le juridique, qui devrait représenter la Loi symbolique qui instaure l'humain-parlant, contrevient à ses fondements même du fait de la mise en place de lois scélérates qui prônent et légitiment l'exclusion.

Ce détour par l'Histoire et par le fondement du droit pour un sujet donné, permet de saisir, dans la clinique, en quoi les symptômes d'un Sujet peuvent venir recouvrir une douleur et un questionnement qui ont partie liée avec l'Histoire. Cette douleur et ce questionnement sont, certes, ceux de tout sujet qui s'interroge : *Qui parle ? À qui ? De quel lieu ?* Et encore : *Que veux-tu ?* Mais lorsque les fondements institutionnels sont impliqués et ont participé du traumatisme, l'analyste qui éluderait la dimension de l'Histoire – c'est-à-dire celle qui rend compte de la dimension institutionnelle et du lien social – prend le risque de soutenir ce phantasme : *cela n'a pas eu lieu*.

Or, lorsqu'un événement est dénié, les effets du déni apparaissent sous la forme la plus mortifère qui soit : la violence contre l'autre ou contre soi-même ; dans un équivalent tragique, quelqu'un ne doit pas exister. Cette affirmation inconsciente – *quelqu'un ne doit pas exister* – fait entrer le Sujet dans le domaine de l'arbitraire, y compris pour ce qui le constitue comme être vivant, c'est-à-dire la parole, support du symbolique.

Lorsqu'un autre se situe en position de dire le vrai sur le vrai pour un Sujet, celui-ci ne sait plus que dire ni penser et demeure muet dans une pétrification de la pensée : un blanc qui va bien au-delà du malaise et se présente sous la forme d'un bloc atteignant parfois le corps lui-même. Cette pétrification de la pensée indique, pour l'analyste, quelque chose quant au savoir inconscient du Sujet. En effet, comme l'énonce Alain Didier-Weill, « le paradoxe dans lequel est le sujet qui ne parle pas, parce qu'il « ne sait pas quoi dire », tient à ce que le fait même de se poser cette question signifie que, en fait, il sait inconsciemment ce qu'il redoute de dire : il le sait, car, vivant sous le regard de l'Autre, qu'il n'oublie pas, il est amené à parler en s'observant, pour ne pas énoncer le lapsus que le regard attend *déjà* de lui[154]. » C'est en cela que l'attention de l'analyste à l'énigme de l'Histoire, comme étant à l'état de trace pour un Sujet, vient autoriser le dépliement du traumatisme dans un aller-retour entre l'histoire individuelle et l'histoire collective, et leur articulation signifiante.

**Les archives incandescentes**

Les « archives incandescentes[155] » ont parfois pour effet un symptôme invalidant : l'incapacité de toute production professionnelle ou créative que les médecins appellent « dépression ». Il arrive que cette dépression ait tous les aspects d'une mélancolie à laquelle l'entourage ne comprend rien puisque, dit-on, jusque-là, tout allait bien malgré les épreuves traversées.

Je vais ici déplier l'histoire d'un homme qui avait environ cinquante ans dont j'ai eu à connaître le drame à la fin des années 1970. Il est arrivé en France à l'été 1962, exilé de sa terre natale alors qu'il avait une quarantaine d'années. Cette rencontre m'a enseigné sur l'échec des prises en charge exclusivement médicamenteuses qui écartent toute écoute de la dimension inconsciente. Elle m'a fait aussi

## Archives incandescentes

envisager une écoute psychanalytique qui prend en compte la dimension historique de la vie d'un Sujet. Cette écoute implique, comme le dit Jacques Lacan, de demeurer curieux des disciplines qu'il nomme « affines de la psychanalyse ».

Il est à noter que depuis cette rencontre clinique déjà ancienne, j'ai entendu nombre d'analysants dont l'histoire algérienne traumatique occultée a été le creuset d'une symptomatologie que l'analyse de leur histoire personnelle ne suffisait pas à dépasser.

Voici l'histoire de cet homme, M. A. Z. Lorsqu'il quitte son pays, à l'été 1962, dans toutes les villes et les villages d'Algérie se fêtait l'accession à l'Indépendance. Il avait été hospitalisé dans l'année qui suivit son arrivée en France. Puis son état s'était stabilisé. À cette époque, une mélancolie ou alors une pathologie liée à son *origine ethnique*, avait été envisagée par un psychiatre qui avait prescrit des électrochocs et une cure de sommeil. Ce psychiatre s'appuyait alors sur une conceptualisation de l'École d'Alger qui avait pour chef de file le psychiatre Antoine Porot dont les théories ont fait florès jusqu'en Europe très tardivement. Il théorisait un « primitivisme », rapporté aux « peuplades inférieures », et l'opposait à la « mentalité civilisée ». En 1969, on lit encore dans un article d'Henri Aubin, lors de la réédition du *Manuel alphabétique de psychiatrie,* sous la direction d'Antoine Porot : « La mentalité du primitif est surtout le reflet de son diencéphale alors que la civilisation se mesure à l'affranchissement de ce domaine et à l'utilisation croissante du cerveau antérieur[156]. »

Son psychiatre, imbu des théories pseudo scientifiques de l'École d'Alger, n'avait à aucun moment évoquée une concomitance entre cette *mélancolie* et le traumatisme de l'exil lors de sa première hospitalisation de M. A. Z. Mais l'eut-elle été, l'exil suffit-il à lui seul à entraîner un tel tableau clinique ? Lorsqu'il est à nouveau hospitalisé dans les années 1970, son médecin évoque une « dépression grave » car toute activité professionnelle lui est devenue impossible. Un événement mineur est noté : une dispute avec un membre de la famille. Pour son entourage, il semble peu envisageable qu'un tel événement ait pu provoquer un cataclysme si violent qu'il lui faille à nouveau être hospitalisé. C'est alors que j'ai croisé sa route. Il lui fallut longtemps pour passer de la sidération à la demande, bien du temps avant d'avoir le courage d'exhumer ces *archives incandescentes* et de les circonscrire avec des mots. C'est qu'il y a superposition et entrecroisement de multiples strates déposées à l'état de traces dans le psychisme, et qui un jour viennent se manifester de façon si brûlante qu'elles sidèrent, figent le sujet dans la mélancolisation.

Toutefois, il importe ici de souligner que tout récit produit par un analyste est une reconstruction ainsi que la tentative de faire émerger un Sujet dans le récit. Celle-ci témoigne donc essentiellement du transfert de l'analyste à la clinique et à la théorie. Elle indique aussi son rapport à l'écriture en tant que celle-ci permet, pour celui qui se risque au récit, que se trace en retour, et pour lui-même, un sillon inédit. Car, comment rendre compte dans un récit, des différents niveaux qui s'entrecroisent, de ce foisonnement propre à l'intersection brouillonne de l'histoire la plus subjective et de l'Histoire qui, comme la mort, ne fait aucun cadeau ni aucune concession mais se manifeste inexorablement sans qu'on ait à devoir lui reprocher en rien les embûches qu'elle a mises sur notre chemin ?

Tentant de mettre en lumière l'articulation entre l'histoire personnelle et familiale telle qu'énoncée par cet homme, l'Histoire collective ainsi que les hypothèses intergénérationnelles, je me suis appuyée sur trois éléments méthodologiques que j'ai eu à cœur de tresser dans le récit qui va suivre. Quels sont ces trois brins ?

Le premier est historique : l'Algérie, en tant qu'entité géographique et politiquement repérable, a été créée de toutes pièces par la colonisation française qui débuta en 1830. L'Algérie française vit sa fin en 1962 après huit années d'un conflit dont de nombreux ouvrages rendent compte dont ceux de Benjamin Stora[157] et de Michel Ansky[158] qui font référence.

Le second est une réflexion à partir des travaux du juriste Pierre Legendre sur la filiation.

Le troisième est constitué des éléments biographiques nécessaires à ce qui est à considérer comme un récit à prendre comme asymptotique, au sens où l'entendait Victor Hugo lorsqu'il parlait de la science : « La science est l'asymptote de la vérité. Elle l'approche sans cesse et ne la touche jamais[159]. »

## Une histoire d'exil

M. A. Z. arrive donc en France en 1962, quelques jours après l'indépendance de l'Algérie. Sa famille l'y a précédé de quelques mois car il est enseignant et a dû terminer l'année scolaire à son poste, à Alger. C'est un instituteur très bien noté qui fait ce métier comme un sacerdoce. Laïc et républicain, il sait que la misère et le mépris dans

## Archives incandescentes

lesquels ont été tenus la grande majorité des algériens ont entraîné leur révolte puis la guerre, que l'on qualifiait d'une litote – les « Événements d'Algérie » – au moment où il débarque dans le port de Marseille. En Algérie, ayant longtemps enseigné dans les villages de l'intérieur, il n'a jamais tu ses opinions à ce sujet. Dans le contexte de folie meurtrière qui précéda l'indépendance, ses propos sont inadmissibles pour les tenants d'une Algérie française. Il échappe à un attentat perpétré par l'OAS dont il se sort avec une légère blessure à la tête.

Il s'installe en France dans une ville où il a été nommé par décision de l'Éducation Nationale. Dès la rentrée scolaire de 1962, il poursuit ses fonctions. C'est un homme actif qui résiste au découragement lié au racisme anti-pied-noir de l'époque ou à l'indifférence. Il tente de reconstruire sa vie. Quelques mois plus tard, il est inspecté. L'inspecteur, en convergence avec des instructions du ministère de l'Éducation Nationale, décide de revoir à la baisse les notes attribuées aux enseignants venant d'Afrique du Nord au prétexte que leurs notes auraient été surévaluées en Algérie.

C'est un homme de gauche. Le syndicalisme est pour lui un lieu d'appartenance fort. Il se bat donc sur le plan syndical avec énergie et conviction. Mais cette affaire fait monter la tension entre enseignants venus d'Algérie et leurs collègues de France puisque la notation contribue au choix quant à l'affectation dans tel ou tel établissement. Au sein même du syndicat où il militait en Algérie et où il a continué à adhérer en France, il est violemment pris à partie pour ses origines algériennes et désavoué dans son combat. Une bousculade s'en suit, ébauche d'une violence longtemps contenue. Il quittera le syndicat après cette altercation.

Lorsque quelques temps plus tard la décision de diminution sensible de sa note est avalisée par l'Inspection Académique, il encaisse le choc sans en parler à son entourage sinon à sa femme, mais peu à peu son état se dégrade puis empire : il est prostré et ne parle plus à personne. Il sera finalement hospitalisé et lui seront prescrites une cure de sommeil et une médication à laquelle il se raccrochera. Lorsqu'il sortira de la clinique, son statut de malade sera devenu un rempart qu'il opposera à toute demande venant de ses proches. Mais il soutient sa place d'enseignant comme seul lieu de reconnaissance important pour lui car c'est « le lieu où il s'est épanoui » dira-t-il plus tard.

## Histoires d'exils, entre deux rives... ...et deux oublis

Cet élément déclenchant – la diminution significative de sa note professionnelle – recouvre bien sûr tout un réseau de signifiants divers qui appartiennent au discours de M. A. Z. Je me suis attachée à en dégager quelques-uns que je livre d'emblée – blessure (à la tête), note, exclusion, honneur, laïcité, travail – qui évidemment sont asymptotiques de sa vérité et qui apparaîtront dans leur entrecroisement au fil de mon propos.

Au début des années 1970, il est donc à nouveau hospitalisé alors que se pose pour lui l'éventualité d'un départ en retraite. Tout se passe comme si son parcours professionnel tenait lieu de commémoration, puisque chaque aggravation de son humeur, plus ou moins importante entre l'hospitalisation de 1962 et celle-ci, a été liée à un changement dans sa vie professionnelle, y compris favorable pour lui comme si tout changement, tout mouvement, était potentiellement dangereux.

### L'Histoire

Revenons pour un instant à l'Histoire et écoutons ce que dit Benjamin Stora dans son ouvrage *La gangrène et l'oubli* à propos de cette période de 1962 : « Le « peuple pied-noir » est alors perçu sur le mode de l'uniformité, dans certains milieux de la gauche française et dans la mouvance gaulliste. Le basculement de l'été 1962, marqué par le départ massif d'un million de personnes, encourage ce type d'analyse : une communauté entière, sans distinction d'origine sociale, politique, culturelle, s'arrache à sa terre natale. Se renforce l'image de l'homogénéité des « pieds-noirs » [...] image qui continue d'habiter largement les esprits, de nos jours encore. »

Il ajoute : « Mais la réalité historique est toute autre. L'examen attentif de son déroulement bouscule les schémas, les idées reçues qui s'érigent en stéréotype. Le « peuple pieds-noirs » d'Algérie était en fait un peuple mosaïque : par la diversité de ses origines sociales [...] par la variété de ses origines géographiques [...] par le foisonnement de ses idées politiques (les républicains fortement imprégnés de l'idéologie laïque de la IIIe république s'opposant aux droites conservatrices) [...] par l'importante hiérarchisation sociale. » Plus loin, il précise le fait qu'« en 1954, 72% des Français d'Algérie ont un revenu inférieur de 15 à 20% au niveau moyen métropolitain[160]. »

Ainsi, lorsqu'en 1962, date de l'Indépendance de l'Algérie, M. A. Z. arrive en France, il fait partie, pour les métropolitains, des *pieds-*

## Archives incandescentes

*noirs*, Français d'Algérie, qu'on nomme aussi les *Rapatriés*, mot qui implique une idée de retour vers une patrie que lui ou ses ancêtres auraient quittée un jour. Au niveau sémantique, en France, il est un *pied-noir* et lorsqu'il habitait en Algérie, il était considéré comme un *européen*. Bien que laïc, il était pourtant repéré par ses collègues d'origine européenne comme différent d'eux car Juif d'Algérie.

Mais de fait, il est français et se réclame de son appartenance à la République. En effet, le décret Crémieux, datant du 24 octobre 1870, a naturalisé de façon collective 37 000 personnes, et parmi elles ses grands-parents, 40 ans après le début de la colonisation française, colonisation d'une terre où vivaient ses ancêtres depuis plusieurs siècles. M. A. Z. n'est donc pas un *pied-noir*, ni un *Rapatrié*, sinon au sens administratif du terme, pas plus qu'il n'était *européen* en Algérie. Dans l'exil, il est sans nomination qui puisse correspondre pour lui aux signifiants de son histoire.

Tentant lors d'une émission de radio de faire entendre quelque chose de la complexité des enjeux liés à la guerre d'Algérie et à ses conséquences sur les êtres, Benjamin Stora, lors de la sortie de son ouvrage *Les trois exils, Juifs d'Algérie*, disait avec force que « la réalité historique n'est donc pas si simple[161] » qu'on le pense de ce côté-ci de la Méditerranée. Elle n'est pas simple non plus sans doute pour qui l'a vécue et veut faire œuvre d'historien. Benjamin Stora raconte comment, accompagné de son fils, il s'était enfin rendu pour la première fois depuis l'indépendance de l'Algérie à Khenchela, petite ville de l'Est algérien d'où vient sa famille paternelle et comment est née alors l'idée de son livre, entre mémoire et histoire.

« Les Juifs sont présents sur la terre algérienne depuis des millénaires, au moment où les Phéniciens et les Hébreux fondent Annaba, Tipasa, Cherchell, Alger », écrit Benjamin Stora dans *La Gangrène et l'Oubli*. D'autres encore sont arrivés de Palestine « et se mêlant aux berbères ils forment des tribus dont l'une sera dirigée par la mythique Kahina, cette femme des Aurès, morte à la fin du V$^e$ siècle, les armes à la main contre les cavaliers arabes. Plus tard, fuyant l'Inquisition au XV$^e$ siècle, les Juifs d'Espagne s'installent en Afrique du Nord, emmenant leur culture raffinée et leur savoir-faire, mais également l'élite des rabbins qui devaient unifier les lois du mariage, des successions, des usages [162]. »

Toujours d'après Benjamin Stora, en 1830, lorsque les Français débarquent dans la baie de Sidi-Ferruch, les Juifs d'Algérie sont

## Histoires d'exils, entre deux rives… …et deux oublis

organisés en « nations » : la communauté compte 25 000 personnes, la plupart étant très pauvres. Leur pauvreté les distinguait des Juifs francs, installés au milieu du XVIIe siècle en Algérie, plus particulièrement sur la côte, ou des Juifs portugais qui, quant à eux, étaient entrés en contact depuis longtemps avec les autorités consulaires européennes et étaient considérés comme de précieux auxiliaires, sur le plan commercial et sur celui des rapports diplomatiques avec les représentants de l'Empire Ottoman à Alger.

L'organisation intérieure des communautés lors de la colonisation française est celle établie au XVe siècle. Les communautés possèdent leurs tribunaux rabbiniques et leurs magistrats qui règlent la vie religieuse et civile. À leur tête, un chef de la « nation juive » désigné par le dey[163] et dénommé « *mokadem* » administre au nom du dey et perçoit les impôts et les taxes. En dehors des mariages, divorces, héritages et donations, tous les autres différends et les affaires pénales dépendent des *cadis*[164] musulmans.

Ainsi donc, lors de la colonisation française, si dans les grands centres urbains et dans les ports la présence des Juifs francs avaient permis d'élever le niveau général des Juifs indigènes, dans les villages de l'intérieur régnait la misère, l'ignorance et la peur, raconte Benjamin Stora.

Pierre Legendre, dans *L'inestimable objet de la transmission* écrit : « L'humanité doit être clairement définie « *comme le vivant-parlant* » [...] Chaque fois que la mise généalogique pour un sujet est perdue, *la vie ne vit pas*. Tel est l'enjeu à l'échelle sociale : écraser la vie ou la faire vivre, car il ne suffit pas de produire la chair humaine, encore faut-il l'instituer[165]. » Pour ces Juifs algériens dont la situation misérable et ghettoïsée frappe les observateurs du XIXe siècle, qu'est-ce donc qui instituait du *Sujet humain*, sinon le rapport au religieux et à ses traditions dans la mesure où le religieux était ce qui, dans la société ottomane de l'époque, était reconnu sous le vocable de « nation juive » ?

On peut lire dans un autre ouvrage de Pierre Legendre *Les enfants du Texte* : « Européennes, ou non, antiques ou industrialistes, les sociétés humaines ont affaire à cette nécessité, universellement partagée : qu'elles doivent indéfiniment *enfanter le sujet*. La conservation de l'espèce passe par la conservation du sujet[166]. » Aussi, dans une période de l'Histoire où se produisent des basculements majeurs quant aux références symboliques d'une communauté

**Archives incandescentes**

humaine, comment la vie va-t-elle s'instituer ? Ces moments de bascule sont les circonstances de l'Histoire où la référence ancienne fait place à une nouvelle qui invente un rapport inédit à l'autre. Ce ne sont pas obligatoirement des conjonctures guerrières ; l'événement que nous avons vécu en 1989, avec la chute du mur de Berlin, en est un exemple. Ce qu'il entraîna fut la transformation des représentations les plus subjectives et leur nomination ou leur impossible nomination.

Peut-on dire que ces moments de bascule concernent l'espace de représentation qui rend possible l'échange ? Les représentations sur lesquelles se fonde une société participent de la mise en place d'un Sujet en tant que *vivant-parlant*. Ces représentations incluent la représentation symbolique du principe différenciateur : c'est-à-dire, pour Pierre Legendre, l'idée du « Père » qui préside aux lois de fonctionnement de la cité. Ces lois supposent que dans un même espace des éléments hétérogènes peuvent cohabiter. Pour les Juifs algériens, l'idée du « Père », ce *principe différenciateur* dont parle Legendre, incluait, du temps de la présence turque, le religieux et le rapport au Livre, et ce, dans une dépendance juridique au régime turc sous la tutelle duquel ils vivaient durement.

Au contraire, dans les représentations françaises se dégagent deux notions majeures issues de la Révolution française : le droit du sol – et non le droit du sang – qui dicte l'accession à la nationalité ; et le fait que si tous les droits sont acquis au citoyen en tant qu'individu, aucun ne l'est en tant que membre d'une « nation », soit d'une minorité ethnique ou religieuse[167].

La première notion pose d'emblée la question de l'incohérence entre cette équation coloniale : l'Algérie c'est la France, dont parle Benjamin Stora, et l'inégalité de fait entre « indigènes » et « citoyens français ». La seconde notion est celle qui a présidé à la naturalisation des Juifs d'Algérie qui abandonnent leur statut de « nation » au sens religieux du terme – ce qu'on appelle le « statut personnel » – pour acquérir la citoyenneté française. Cela vaut d'être souligné car les Juifs d'Algérie devancent, en 1870, pour ce qui était encore une *communauté*, ce qui fera loi en 1905 en France : la séparation de l'Église et de l'État.

De ce point de vue, pour eux, un moment de bascule a lieu donc entre 1834 et 1870, c'est-à-dire dans une période de 36 ans ; ce qui, à l'aune d'une vie d'homme, est peu ou prou ce qu'il faut de

## Histoires d'exils, entre deux rives… …et deux oublis

temps pour passer de l'enfance à l'âge mûr et qui va les faire passer de l'état de « nation » et « d'indigènes » à celui de « citoyens français » ayant individuellement des droits et des devoirs. Quelles en seront les étapes marquantes ? L'ordonnance de 1834 qui réduit la compétence des tribunaux rabbiniques[168] ; en 1842, les tribunaux rabbiniques sont supprimés[169] et en 1870, le décret Crémieux fait des Juifs algériens des citoyens français. C'est la fin de toute référence à la « nation » juive et c'est l'intégration politique. « Quarante années suffisent pour constituer une génération-tournant, celle qui connaît deux vies : une enfance judéo-arabe, un âge d'homme français[170] », écrit André Chouraqui dans *La Saga des Juifs d'Afrique du Nord*, cité par Benjamin Stora[171].

L'intégration culturelle qui a commencé pour certains d'entre eux avant 1870 se poursuivra de façon variable selon le lieu géographique. Dans les grandes villes, la modernité est une conquête ; dans les villages de l'intérieur, des communautés conservent farouchement leurs particularismes et les familles se déchirent sur la façon d'accepter ou de refuser le *diktat*. Mais quoi qu'il en soit de ces différences, la naturalisation contribuera à les détacher de la communauté musulmane dont ils partagent pourtant toujours nombre de coutumes, évoque encore Benjamin Stora. Pourtant il est à noter que certaines de ces familles juives de l'intérieur du pays qui fuiront l'Algérie en 1962 et qui vivaient dans une grande simplicité et une extrême pauvreté à l'égal de leurs voisins musulmans se trouveront hébétés par la découverte de la modernité française lorsqu'elles arriveront sur le sol français. Des analysants dont les parents n'ont jamais pu apprendre correctement le français et sont restés dans les marges du mode de vie occidental en ont témoigné.

Dès 1871, le décret Crémieux souleva de vives polémiques en Algérie parmi les militaires qui voulurent le faire abroger : « L'élément indigène, arabe ou juif, ne peut prétendre à une influence quelconque dans les affaires politiques du pays » affirmait le gouverneur-général Gueydon. « Derrière l'antisémitisme, écrit Benjamin Stora, se profile la peur du *péril arabe* » qui donnera toute sa mesure au siècle suivant où se développera le discours raciste de l'École de Psychiatrie d'Alger.

En 1897, l'Algérie connaît une vague de persécutions. À Alger, le bilan d'un pogrom qui dura une semaine fait état de deux morts et d'une centaine de blessés. Cent quarante établissements tenus par des

**Archives incandescentes**

Juifs sont démolis et pillés. La police intervient mollement et les faits sont applaudis par la population d'origine européenne qui élira un an plus tard Édouard Drumont, célèbre leader antisémite, député d'Alger. À Constantine, en 1898[172], Emile Morinaud révoque les employés municipaux juifs et décide d'exclure des listes d'indigence et des hôpitaux ces français de trop fraîche date ; on envisage le renvoi des enfants juifs de l'école primaire. Quatre villes ont élu des maires d'extrême droite : les villes de Mustapha, Alger, Oran et Constantine.

Dans le même temps, le gouvernement français qui se débat avec l'affaire Dreyfus prend nettement position contre le caractère illégal des mesures adoptées par les conseils municipaux en Algérie à l'encontre des citoyens français d'origine juive, réaffirmant les principes républicains d'égalité des citoyens devant la loi, et aux élections suivantes ces villes seront perdues par l'extrême droite. Nous sommes en 1902.

**Récit d'une histoire familiale tressée à l'Histoire**

Revenons à M. A. Z. et à son histoire familiale prise dans les soubresauts de l'Histoire algérienne et mondiale.

Son père est d'une famille pauvre. Il naît français dans les dix ans qui suivent la promulgation du décret Crémieux. À l'adolescence il subit la vague d'antisémitisme de 1898. En novembre 1914, il combat lors d'une expédition navale franco-anglaise dans le détroit des Dardanelles avec à ses côtés des combattants dits « indigènes », musulmans d'Afrique du Nord. Cette opération, tentée pour contraindre la Turquie à la paix et établir une liaison avec la Russie, se soldera en 1915 par la perte d'un tiers de la flotte engagée. Il survivra à ce naufrage. De retour en Algérie, il dépassera ses angoisses en menant une vie de vieux garçon noceur. Poussé par sa famille, il se mariera quelques temps après son retour de la Grande Guerre et aura un fils, puis trois autres enfants. Il mourra alors que son fils est retenu dans un camp. Les circonstances de ce décès et l'empêchement du fils à assister aux obsèques de son père seront racontées plus loin.

M. A. Z. naît dans les années qui suivent la fin de la première guerre mondiale. Il a une dizaine d'années lorsqu'un grand organe de presse, *Le petit Oranais*, journal quotidien du Docteur Molle, député-maire d'Oran, exhibe déjà dans son en-tête la croix gammée. Pourtant le national-socialisme n'est pas encore arrivé au pouvoir en Allemagne.

## Histoires d'exils, entre deux rives… …et deux oublis

Tout comme celle de son père, son adolescence se déroule dans un climat politique virulent qui voit la montée du fascisme avec ses thèses antisémites : le 5 Août 1934 a lieu le pogrom de Constantine qui meurtrit la communauté juive d'Algérie. Ce pogrom fait des dizaines de morts et de blessés, hommes, femmes et enfants. La troupe, l'arme au pied, n'intervient pas. Quant au gouverneur, il n'assistera pas aux obsèques des victimes. Ce pogrom, méconnu aujourd'hui, occulté par ceux qui l'ont vécu, entraînera la rupture définitive de la communauté juive avec les politiciens de droite et son soutien massif aux candidats du Front Populaire, ce qui ne sera pas sans conséquences pour les Juifs lors de la Seconde Guerre mondiale sous le gouvernement Pétain.

Rendre responsable de la misère une minorité, c'est ce que les propagandes d'extrême droite ont toujours fait. Rendre les Juifs responsables des effets de la colonisation sur une terre où ils ont vécu depuis des siècles ainsi que les rendre responsables du statut inique des « indigènes », tel est le caractère *national-socialiste* des thèses fascistes en Algérie entre les deux guerres !

Dès 1932, du matériel de propagande faisant de la France une « *nation juive* » arrive depuis l'Allemagne en Afrique du Nord. Et en 1937, un de ces tracts affirme : « La France protège le Juif. L'Allemagne l'enferme, le pourchasse, et confisque ses biens. Si vous n'étiez pas les esclaves de la France, vous pourriez agir de même. »

Pour mémoire, l'armée allemande envahit l'Autriche en 1938. En automne de cette même année, Jacques Doriot, le chef du fascisme français déclare lors de la séance de clôture du congrès de son parti[173] : « Nous avons lancé le mot d'ordre de l'abrogation du décret Crémieux parce que la masse des Juifs faisant bloc avec les partis de gauche risque de faire perdre la souveraineté politique aux français coloniaux, aux hommes de l'Empire, aux descendants des conquérants. » Cette année 1938[174], à Sidi-Bel-Abbès, le conseil municipal décide d'exclure des listes électorales quatre cents personnes qui ne pouvaient fournir le document attestant la déclaration faite soixante-huit ans plus tôt par ses ascendants de l'abandon de leur appartenance à la « nation juive ». Ces quatre cents personnes étaient pourtant nées françaises et de parents français dont certains étaient anciens combattants.

À 18 ans, M. A. Z. poussé par sa mère qui souhaite le voir sortir de la misère, envisage de devenir enseignant, tandis que son père s'y oppose violemment, jetant parfois livres et cahiers par la

## Archives incandescentes

fenêtre. Dans un tel contexte familial et politique, son projet est à entendre comme un espoir d'émancipation, un désir de se distancer d'un père aimé mais auquel il ne peut s'identifier. Ce projet signe aussi un attachement aux lois de la République à un moment où elles sont contestées par le discours social dominant en Algérie.

Elles le sont, on vient de le voir, de facto vis-à-vis des Juifs mais également vis-à-vis de toute modification du statut des musulmans « indigènes ». En effet, ceux-là mêmes qui veulent abroger le décret Crémieux, refusent brutalement le projet Blum-Violette envisagé par le gouvernement français. Ce projet prévoyait l'octroi du droit de vote aux anciens combattants « indigènes » musulmans et aux certifiés musulmans de l'éducation nationale tout en les autorisant à conserver leur « statut personnel », c'est-à-dire les coutumes incompatibles avec le Code Civil.

À la veille de la Seconde Guerre mondiale, le jeune homme est admis à l'École Normale. Il y est étudiant pendant une année et se prépare à une carrière dont il sait qu'elle se déroulera pour une grande partie dans les villages reculés d'Algérie. Mais en 1940, avec ses coreligionnaires, il est renvoyé en application des lois raciales.

### Les effets de silenciation des traumatismes parentaux

C'est dans la sphère familiale d'abord que se déploient les effets d'un traumatisme parental, c'est-à-dire dans le quotidien de l'enfant. À cet égard, le livre de Jean-Claude Snyders, *Drames enfouis*, dont le père, survivant d'Auschwitz, avait des colères telles que son fils parle de lui comme d'un « géant furieux », est éclairant : « Parce qu'un tout petit se croit, dit-on, au centre du monde, s'imaginant que tout ce qui se manifeste autour de lui ne peut avoir d'autre origine que lui-même, et qu'il constitue la cause des émotions agréables comme des plus terribles, j'ai cru sans doute, à cette époque lointaine, que j'étais responsable de cette souffrance que je voyais se manifester devant moi. Il fallait donc que j'aie commis quelque faute véritablement horrible, pour que ce soit produit un mal aussi grand[175]. » De la sorte, pour l'enfant, la culpabilité inconsciente vient prendre la place d'une parole paternelle qui manque. Elle est intimement liée au non-dit, quant aux dangers auxquels le père a été confronté du fait de l'Histoire. Il en est ainsi à chaque fois que la silenciation d'un parent vient verrouiller chez l'enfant toute capacité de comprendre les enjeux de sa propre vie.

### Histoires d'exils, entre deux rives… …et deux oublis

Le désir de réussite sociale et d'émancipation de M. A. Z. encore jeune homme qui décide de passer le concours de l'École Normale en ces temps troublés, se joue à bas bruit dans une transgression quant au désir d'un père qui ne veut ni ne peut le reconnaître comme son fils s'il accède à une profession qui, parce que référée explicitement à la laïcité, précisément l'éloigne des fondements religieux familiaux. Or, c'est au prétexte de ces fondements religieux décrits comme diaboliques dans leurs conséquences par les tenants de l'extrême-droite que l'antisémitisme se répand en Algérie depuis des dizaines d'années.

**Les faits historiques et leurs conséquences sur les personnes**

Le 17 octobre 1940, le décret Crémieux est abrogé par décision du ministre de l'Intérieur, Marcel Peyrouton. Cette abrogation concerne l'ensemble des Juifs d'Algérie hormis les combattants de la guerre. Le texte de loi d'octobre 1940 qui abrogeait le décret Crémieux, plaçait, individuellement, les Juifs algériens sur le même pied que les « indigènes musulmans ». Or, selon une loi de 1919, les « indigènes musulmans » pouvaient acquérir la nationalité française à titre individuel selon des conditions précises : être âgé de 25 ans, être monogame ou célibataire, résider depuis deux ans en Algérie et avoir servi dans l'armée ou être titulaire d'une décoration militaire. Tous les hommes de religion juive de plus de 25 ans pouvant prétendre à cela, la loi du 11 octobre 1940 avait suspendu cette procédure raconte Michel Ansky. C'est dire combien le gouvernement de Vichy avait décidé de ne laisser aucune échappatoire à ceux qu'il entendait exclure absolument. Les Juifs d'Algérie n'étaient donc plus *citoyens français* mais pas non plus *indigènes*, ils devinrent des apatrides sur le sol de leurs ancêtres, sans autre nom que *Juif*[176].

Pour le père du jeune homme qui était ancien combattant pour avoir servi la France lors de la Première Guerre mondiale, la déchéance de la nationalité était une humiliation extrême mais venait donner raison à ceux qui dans son histoire familiale avaient mal auguré de l'abandon du statut religieux au profit de la République. Et, par un paradoxe dont l'Histoire en train de se faire est capable, comme aux temps de la domination turque, seuls les rabbins étaient à nouveau qualifiés pour représenter la communauté[177].

Cette même année 1940, une interdiction d'exercer frappera les fonctionnaires d'origine juive puis les professions libérales ; un

**Archives incandescentes**

*numerus clausus* draconien entraînera le renvoi de l'école publique de 98% des enfants juifs. M. A. Z. participera alors à la création d'écoles privées à destination des enfants exclus de l'école. Une solidarité active se mit rapidement en place dans la communauté malgré les privations et les difficultés quotidiennes afin que les enfants puissent bénéficier d'une scolarité. Dans le même temps était mise en oeuvre la politique d'aryanisation des biens juifs[178], qui réduisit de plus en plus la possibilité de survie de ces écoles privées.

**L'Histoire d'une résistance méconnue**

Fin 1942 a lieu le débarquement américain en Algérie. Il sera l'œuvre d'une alliance étrange entre d'une part ce que l'on appela « le groupe des cinq », et d'autre part la résistance populaire algérienne qui, les uns et l'autre, sans se connaître, souhaitaient un débarquement américain. Qu'est-ce que le groupe des cinq ? Ce sont cinq personnalités antisémites et antiallemandes qui donc, au titre de cet antisémitisme, se félicitaient de la mise en place du statut des Juifs en Algérie et qui, au titre de leur sentiment nationaliste, ne pouvaient accepter la soumission de l'État français à l'Allemagne nazie. En liaison avec les Américains, ils s'occupèrent des préparatifs diplomatiques et stratégiques du débarquement allié qui eut lieu en novembre 1942. Quant à la résistance populaire, en ce qui concerne la ville d'Alger, elle était une résistance de la jeunesse juive à laquelle vinrent s'adjoindre quelques jeunes citoyens français qui ne pouvaient accepter la soumission au régime de Vichy. Elle était composée d'une centaine de partisans. Ainsi, « la Résistance algérienne n'était pas le fait de mouvements ou de partis politiques. Née d'initiatives personnelles, elle [...] fut conçue et conduite en fonction d'un but précis […] : l'insurrection, en liaison avec l'éventuel débarquement allié[179] » écrit Michel Ansky.

C'est ainsi que d'une façon étrange, l'initiative de l'insurrection d'Alger était due à André Achiary et le colonel Jousse, républicains et démocrates, ses préparatifs diplomatiques à des personnalités d'extrême droite et royalistes et quant à l'opération elle-même, elle fut l'oeuvre de la jeunesse résistante, principalement sous la direction d'un jeune homme de 23 ans José Aboulker et d'un capitaine en congé d'armistice, ami de la famille Aboulker : Alfred Pilafort, qui mourut lors de l'insurrection.

## Histoires d'exils, entre deux rives… …et deux oublis

L'on pourrait penser que la victoire de la Résistance en novembre 1942 avec le débarquement américain aurait entraîné le retour immédiat des Juifs dans la citoyenneté française et l'interruption des mesures discriminatoires liée au régime de Vichy. Il n'en fut rien. Les lois raciales continuèrent à être appliquées pendant une année encore puisque ce n'est que fin 1943 que le décret Crémieux fut remis en vigueur. En effet, l'amiral Darlan puis le général Giraud après le débarquement allié renforcèrent le dispositif administratif raciste contre la population juive et mirent en place l'internement en « camps de pionniers » des jeunes gens de confession juive susceptibles de servir dans l'armée.

Après le débarquement allié, des résistants de la jeunesse juive furent déportés dans des camps où étaient déjà internés plus d'un millier de Juifs étrangers qui s'étaient engagés dans l'armée pour combattre contre l'Allemagne et qui furent envoyés par le régime de Vichy dans ces camps disciplinaires après l'armistice. Le procès des tortionnaires du camp d'Hadjerat M'Guil, qui furent condamnés à la peine capitale en mars 1944 révéla l'horreur dans laquelle vécurent les détenus, Juifs, communistes et démocrates.

### Le récit d'une histoire individuelle, du jeune homme à l'homme mûr

Revenons une fois encore à la dimension d'un Sujet soumis aux aléas de l'Histoire collective : M. A. Z. sera « interné » en 1943 dans un « camp de pionniers » puisqu'il n'est toujours pas restauré dans la citoyenneté française alors qu'il est pourtant en âge d'être incorporé dans l'armée. Ces camps, moins durs que les camps disciplinaires dont il est question plus haut, ont été créés « afin que les Juifs ne soient pas combattants car ça leur servirait pour réclamer des droits plus tard[180] », écrit le général Giraud dans une circulaire. Néanmoins, les vexations et le travail de force y sont de rigueur. Sous son administration, et deux mois après le débarquement américain sur les côtes algériennes qui change la donne politique en Algérie, « le nombre de camps et de détenus s'est accru à partir de janvier 1943 […] avec la mobilisation de nouveaux conscrits, *Juifs indigènes* exclus des unités combattantes et dont le statut officiel était celui de *pionniers israélites* » écrit Norbert Belange[181].

Cette même année 1943, le père du jeune homme a une altercation avec un de ses coreligionnaires. Le litige concerne le caractère sacré d'un rituel religieux. Cet homme pieux ne supporte pas une malversation sur la fabrication d'un aliment essentiel : retenons que ce qui fait lien social pour les Juifs d'Algérie à cette période, tout comme à l'époque de la domination ottomane, c'est le religieux. Lors de cette altercation il est blessé à la tête sans trop de gravité mais il mourra quelques semaines plus tard alors que son fils est « interné » en camp. Il meurt donc sans avoir recouvré sa citoyenneté. Son fils ne pourra assister à ses obsèques. Il retournera contre lui-même le reproche de son père et tout comme lui prendra la voie du silence quant aux faits traumatiques de son existence.

M. A. Z. aura du attendre six mois encore après l'arrivée du général De Gaulle en Algérie qui a remplacé, en tant que représentant de la France Libre, le général Giraud et rétablira fin 1943 les Juifs d'Algérie dans leur citoyenneté. Quelques mois après le décès de son père, il embarquera après être redevenu citoyen français afin de participer au débarquement allié en Provence.

À la fin de la guerre, le jeune homme revient d'Europe après la victoire des alliés sur le nazisme et se mariera deux ans après la guerre. Il exercera pendant vingt ans d'abord dans les villages de l'intérieur de l'Algérie puis dans une grande ville. Il sera décrit par sa femme comme un homme tourné vers l'avenir jusqu'à ce que l'Histoire ne le rattrape lors de cet attentat au cours duquel il fut légèrement blessé à la tête. Hospitalisé, il s'évanouit quelques heures plus tard, sans que la blessure elle-même puisse expliquer cette absence. Il reprendra rapidement ses fonctions d'enseignant, quelques mois avant l'indépendance, puis quittera l'Algérie sans idée de retour. Suivra cet épisode anodin au regard de ce qu'il avait précédemment vécu : une diminution de sa note professionnelle. Se déclenche une dépression grave, invalidante, alors qu'il a une quarantaine d'années. Quant à son mutisme sur son histoire personnelle, celui-ci rejoindra et redoublera le mutisme historique quant à la situation des Juifs d'Algérie pendant la période de Vichy.

Après le débarquement américain de 1942 fut mise en place pour la première fois la conscription de 150 000 musulmans qui furent appelés à participer à la libération de la France. Ferhat Abbas[182] demandera alors l'assurance que les musulmans qui vont soutenir le camp de la liberté ne se voient pas ultérieurement « privés des droits et des libertés essentielles dont jouissent les autres habitants de ce pays[183]. »

### Histoires d'exils, entre deux rives… …et deux oublis

Au lendemain de la Seconde Guerre mondiale l'attitude du gouvernement français aura des conséquences historiques majeures. En effet, pour les soldats de confession ou d'origine juive – d'abord dégradés de leur statut de citoyens français et finalement admis au combat pour la liberté – comme pour les soldats d'origine musulmane dits *indigènes* – qui ont combattu pour vaincre le nazisme – la fin de la Seconde Guerre mondiale va révéler l'écart impossible à réduire entre les statuts des uns et des autres, du fait du refus du gouvernement d'entendre la juste revendication des patriotes algériens.

En mai 1945 est fêtée partout en Algérie la fin des hostilités et la victoire des Alliés. À Sétif, le 8 mai, les partis nationalistes algériens veulent donner à cette journée une valeur symbolique et vont appeler à des manifestations pacifiques afin de rappeler leurs revendications patriotiques. Alors que ce 8 mai 1945 des heurts ont lieu entre policiers et nationalistes, des émeutes s'en suivent et provoquent d'abord des massacres d'Européens dans les régions de Sétif et Guelma qui feront plus d'une centaine de morts et autant de blessés. L'armée française réprime ces émeutes dans des proportions considérables durant plusieurs semaines. Les chiffres avancés par les historiens varient entre 8000 et 45000 victimes.

En novembre 1954, soit une dizaine d'années à peine après la période de Vichy et la Libération, débutent les « Événements d'Algérie », qui seront considérés officiellement, jusqu'à la fin du XX$^e$ siècle, comme une simple « opération de police » et non pour ce qu'elle est : une guerre.

De même, pour l'homme que je rencontre au milieu des années 1970 alors qu'il a environ quarante-cinq ans, l'attentat dont il fut victime est nommé par son épouse « l'accident » tandis que l'évocation de cette période de sa vie plonge M. A. Z dans un mutisme douloureux. Tout se passe comme si, pour lui, quelque chose devait s'effacer : le Sujet lui-même, sa parole, ce qu'il a vécu, mais également l'histoire car les éléments de son histoire personnelle seront d'abord transmis par sa femme, lui-même restant dans l'impossibilité et/ou l'interdit de dire quoi que ce soit, y compris de formuler une plainte. Sa vie est réglée par l'importance de la prise de médicaments ayant toutes les caractéristiques d'une conduite addictive hélas favorisée par la médecine.

## Archives incandescentes

### L'Histoire qui ne s'écrit pas

À propos des suites de la guerre d'Algérie Benjamin Stora écrit : « En France, dans l'imaginaire collectif, la guerre finie, on s'efforcera d'en effacer les traces sanglantes, réelles. Aucune commémoration ne viendra [en] perpétuer le souvenir[184]. » Ainsi, cette guerre qui, dans le discours social, n'a pas eu lieu, n'a pas non plus fini. C'est ce que l'on pourrait appeler un trou dans le Symbolique. Ce qui fait trace serait donc cette nécessité intrapsychique de commémorer par le symptôme quelque chose qui n'est pas symbolisé. Telle est la répétition liée à la pulsion de mort.

La question posée par la controverse Freud-Ferenczi à propos du traumatisme est toujours actuelle écrit Suzanne Ginestet Delbreil. « Y a-t-il représentation refoulée ou absence de représentation ? ». Si l'on ne peut mettre en doute qu'il y a refoulement dans l'hystérie ou la névrose obsessionnelle, dit-elle, « les conduites addictives, les phénomènes psychosomatiques, les manifestations psychotiques, ne peuvent être appréhendés en terme de représentation. [...] Dans ces pathologies, c'est le processus même de la représentation qui est atteint par le trauma. [...] Chez nombre de ces patients, on ne peut retrouver un trauma dans leur vie propre. [...] Cependant, ils n'en sont pas moins traumatisés, et présentent un tableau clinique évoquant ceux décrits par Ferenczi. » Et, ajoute-t-elle, « quand il y a eu trauma, [...] le travail de la cure sur ce trauma le plus récent, et le plus accessible, ne suffit pas à faire disparaître les manifestations pathologiques. Ce trauma se présente comme la répétition de traumas plus anciens que l'on peut repérer dans les générations antérieures. L'effet de sommation noté par Freud se joue sur plusieurs générations[185]. »

### Tramage de l'Histoire et de l'histoire d'un sujet, quelques paradoxes

Je vais donc tenter de décrypter ces effets de sommation transgénérationnels dans l'histoire de M. A. Z. Du point de vue des choix paradoxaux, on peut repérer : le religieux ou la laïcité, la loi mosaïque ou les lois de la République, la guerre dont on ne parle pas dans l'univers familial pour le père et qui n'est pas nommée dans le discours social pour le fils, la question de l'éthique concernant le religieux pour le père et le professionnel pour le fils. Ces termes opposés sont les signifiants liés à l'institution et au Sujet, signifiants qui traversent l'histoire commune du père et du fils sur des versants

## Histoires d'exils, entre deux rives... ...et deux oublis

antagonistes. Du point de vue des identifications inconscientes, la blessure à la tête, suivie d'une amnésie, viendra marquer une identification inconsciente massive du fils au père mort. En outre, le dessaisissement d'une identité citoyenne par l'arbitraire fasciste avait été leur expérience commune. Elle semble se rejouer pour lui dans l'arbitraire représenté par l'inspecteur de l'Éducation Nationale lors de son arrivée en France : c'est au moment où il devient un « pied-noir », un parmi d'autres, non repéré socialement dans sa spécificité historico-familiale, c'est-à-dire au moment où pourrait s'accomplir un de ses désirs, celui d'être un parmi d'autres semblables, que se rejoue pour lui l'arbitraire au niveau professionnel. La cruauté du monde vient donc renforcer une culpabilité inconsciente liée à la transgression qu'est le désir d'être différent du père, de le surpasser, de le récuser.

Dans *Totem et Tabou*, Freud écrit : « Le père mort devint plus fort qu'il ne l'avait jamais été de son vivant... en vertu d'une situation psychique bien connue des psychanalystes : l'obéissance après-coup[186]. » Comment, tout en préservant son indépendance, obéir à son père, tel est le paradoxe auquel chaque sujet est confronté et pour lequel il se trouve donc forcé d'inventer une solution.

### Le dépassement du paradoxe

Un autre paradoxe dans l'histoire de M. A. Z concerne la question du religieux et de la laïcité qui rejoint celle de la judéité de ces hommes et ces femmes qui, bien que laïcs, ont été persécutés en Europe en tant que Juifs.

Freud, à la fin de sa vie, alors qu'il est en exil à Londres, termine le manuscrit de *L'Homme Moïse et la religion monothéiste*[187]. Il demandera à sa fille, Anna, d'en lire un passage lors du congrès de Paris qui eut lieu en 1938 et où se retrouvèrent nombre d'analystes chassés de leurs pays par la montée du nazisme. Freud avait toujours été interpellé par la figure de Moïse. Voici ce qu'en dit l'historien Yosef Yerushalmi, dans son ouvrage remarquable *Le Moïse de Freud* : « S'il est vrai que Freud s'est, à diverses époques de sa vie, identifié à la figure de Moïse, au moment précis où il compose *L'Homme Moïse et la religion monothéiste*, il s'identifie aussi à plusieurs reprises avec Rabbi Yokhanan Ben Zakkaï, l'architecte du judaïsme après la destruction du Second Temple[188]. »

**Archives incandescentes**

Qui est Rabbi Ben Zakkaï ? Celui qui, loin de sombrer dans le désespoir lors de la destruction du Second Temple, s'attacha non pas à ériger un autre lieu de culte mais demanda de pouvoir créer une école dans la ville de Yavné. Ainsi, mettant le travail sur le texte au centre de ses préoccupations, il choisit la transmission au lieu du rituel. Si Vienne est la Jérusalem de la psychanalyse avant la guerre, dit Yosef Yerushalmi, Freud lance ce message au congrès de 1938 à Paris : ce qui a sauvé le judaïsme peut sauver la psychanalyse.

En 1938 les ouvrages de Freud sont brûlés sur la place publique par les nazis. La question de savoir pourquoi le judaïsme est né, qui préoccupe Freud avec son travail sur Moïse, va avec cette autre : pourquoi la haine se focalise-t-elle sur lui ?

Mais qu'en est-il, pour Freud, de la judéité ? Freud l'a toujours définie par la négative, exprimant ici ou là qu'il n'est pas juif par religion, ni du fait d'une appartenance nationale. Yosef Yerushalmi y voit un parallèle avec la démarche des théologiens du Moyen Âge qui ont essayé de définir Dieu par ce que Dieu n'est pas et il ajoute : « Force est de constater que la façon dont Freud surmonte le sentiment de culpabilité qu'il a éprouvé dans l'Église de Saint-Pierre-aux-Liens représente une indéniable victoire psychologique. En écrivant *L'Homme Moïse et la religion monothéiste*, non seulement il obéit enfin à son père et se replonge dans l'étude de la Bible, mais grâce à l'interprétation qu'il en donne, il parvient à préserver son indépendance. [...] Autrement dit, si le passé nous maintient dans sa sujétion, il est aussi ce dont nous nous nourrissons. [...] Devenir adulte, selon Freud, c'est [...] accueillir le retour du refoulé, accéder à une autre perception de la réalité, de sorte que nous n'ayons plus à récuser notre père mais puissions enfin tenter d'établir avec lui de nouvelles relations, sur un autre plan[189]. »

Tel fut le génie de Freud qui sut se tenir dans l'invention d'une parole par une écriture dont l'adresse à l'Autre ne s'est jamais démentie. Certains qui n'y parviennent pas, faute d'une écoute, peuvent indéfiniment répéter, dans la maladie, ce qui les accapare, au sens premier de « retenir en payant un acompte ». Ceux-là en payent le prix : celui de la violence retournée contre eux-mêmes.

**Le double reflet de la trace**

Des archives incandescentes, il ne reste parfois qu'une trace sur le corps ou bien cette trace est inscrite dans les passages à l'acte

## Histoires d'exils, entre deux rives… …et deux oublis

d'un Sujet lorsqu'il est soumis aux aléas d'une transmission plus ou moins muette. Ce second récit en témoignera : il est des passages à l'acte qui, sous les aspects d'une désobéissance que l'on aurait vite fait d'appeler aujourd'hui délinquance, sont un appel à la parole, la parole sur l'histoire familiale mais aussi un dire qui soit autorisé dans le social puisque reconnue comme appartenant aux signifiants de l'Histoire commune.

Il s'agit d'un adolescent d'une quinzaine d'années que j'ai reçu vers la fin des années 1980. Il était accompagné de sa mère. Elle le décrit comme caractériel et violent. Elle ne le comprend pas : « Ça lui prend, c'est une crise, il devient fou, et ça lui passe ! » Ce qui motive la consultation est pourtant le débordement dans le social : son père venait de lui trouver un travail en apprentissage chez un garagiste. Il a saccagé la confiance du patron quelques jours avant la signature du contrat alors que ce projet semblait lui convenir et qu'il était particulièrement apprécié. Puis il a fugué, ce qui se produit pour la première fois. Mais, ajoute la mère, « c'est aussi la première fois que son père s'occupe de lui, pour lui trouver un emploi. »

L'adolescent écoute, muet, buté. Toutefois il accepte que je le reçoive seul. Il restera longtemps dans un silence rageur avant de lâcher son mépris pour son père, le décrivant comme inexistant ou faible. Il ne souhaite pas revenir me parler pour le moment, mais accepte que j'écrive à son père pour lui proposer une rencontre. Puis il m'avertit que celui-ci ne se rend jamais aux rendez-vous. Je lui dis alors que lui seul peut, s'il le désire vraiment, demander à son père de venir me rencontrer. Sans doute ma remarque lui aura-t-elle indiqué qu'il pouvait être Sujet de cette relation à son père et non victime passive de sa pseudo-faiblesse, et il aura su l'en convaincre puisque je recevrai cet homme une semaine plus tard.

De l'entretien avec M. M, dont j'appris qu'il était un Harki exilé en France depuis 1962, je garde le souvenir précis d'un homme hanté par une guerre qu'il a faite dans le camp des vaincus, le propulsant, à son corps défendant de l'autre côté de la Méditerranée lors de l'indépendance de l'Algérie. Il y a laissé toute sa famille qu'il n'a jamais revue et dont il ne parle jamais. Au bord des larmes et dans un état de tension extrême, il tente d'articuler quelques mots qui ne pourront être qu'allusifs, entrecoupés de silences renvoyant à un savoir tu dans le corps social, mais que j'étais supposée ne pas ignorer, puisqu'il tentait de m'en adresser quelques bribes. « J'étais comme

## Archives incandescentes

fou » évoque-t-il de cette période de la guerre et des horreurs qu'il a traversées. Puis : « Je ne suis ni d'ici, ni de là-bas. Là-bas on ne veut plus de moi, je suis interdit et ici je n'ai pas ma place. »

Il me dira sa difficulté à être père, comme si les repères identificatoires avaient eux aussi étés balayés par l'exil, la défaite, le sentiment de trahison et de honte. À ses enfants, nés en France, il n'a jamais parlé de cette histoire. C'est un homme essentiellement silencieux et travailleur qui n'est jamais violent avec sa famille et souhaite que ses enfants réussissent à l'école. À l'entrecroisement de l'histoire privée de cet homme et de l'Histoire, déniée par le discours social, quelque chose s'évoque d'un non-dit.

Il est à remarquer que c'est justement au moment où son père s'occupe de lui que l'adolescent fugue. Comme si cet acte trop longtemps attendu permettait au fils d'interpeller enfin le père et de le déloger de son silence. Par son passage à l'acte intempestif, l'adolescent indiquait à son père, installé dans le temps présent et indéfini de sa mélancolie, qu'il existait. Mais il mettait aussi en acte, pour lui-même, cette phrase du père : « je ne suis ni d'ici, ni d'ailleurs ». Ce faisant, il relançait par là la question de sa propre généalogie – c'est à dire aussi celle de son père – traître à ceux qu'il a quitté, plus jamais revus, ni nommés, pour lesquels il s'est absenté de toute parole. Cet homme était également étranger pour ceux qu'il a suivi puisqu'aucune commémoration n'a eu lieu depuis 1962 jusqu'à la décision qu'en prit Jacques Chirac en septembre 2001 : rendre hommage officiellement aux Harkis après quarante années de silence. Dans cet hommage, il évoque le moment de l'Indépendance et les massacres de 1962 visant les Harkis abandonnés en Algérie par l'armée française. Pour mémoire, ce n'est qu'en 1999 que Lionel Jospin formule, lors d'un discours devant l'Assemblée Nationale, que les « Événements d'Algérie » ont bel et bien été une guerre. Jusqu'alors, rien n'avait officiellement eu lieu et donc rien ne pouvait servir d'ancrage symbolique dans le discours social pour celles et ceux qui l'ont vécue.

Une question s'impose donc : quel est le prix à payer, et par qui, lorsqu'un non-dit social valide un déni dans l'histoire familiale ? Dans *Variante de la cure type*, voici ce que dit Lacan à propos de la parole : « Cette parole qui constitue le sujet en sa vérité lui est à jamais interdite, hors de rares moments de son existence où il s'essaie à la saisir […] Elle parle cependant partout où elle peut se lire en son être, soit à tous les niveaux où elle l'a formé. Mais si cette parole est accessible pourtant, c'est qu'aucune vraie parole n'est seulement parole du sujet, puisque c'est toujours à la fonder dans la médiation à un autre sujet qu'elle opère et que par là elle est ouverte à la chaîne […] des paroles où se réalise dans la communauté humaine, la dialectique de la reconnaissance[190]. »

Pour cet adolescent, tout se passe comme si, hors la reconnaissance, le passage à l'acte était le seul appel qui puisse être entendu. Il est notable que son appel est entendu par son père parce qu'il implique le social qui est le lieu même où se redouble le déni de sa propre histoire. S'intégrer, et ne pas faire parler de soi, tel semble être le souhait de ce père. De cette histoire, il me parlera sans doute parce que, pour moi qui l'écoutais, cette histoire et ce statut si particulier des Harkis ne m'étaient pas inconnus et qu'il perçut une adresse possible à une souffrance honteuse.

Quelle est donc cette histoire ? « Dans l'urgence de juin 1962, écrit Benjamin Stora, les grands oubliés de cet exode précipité sont les musulmans pro-français, ceux que l'on désigne sous le vocable de Harkis. » En effet, un télégramme du ministre d'État Louis Joxe rappelle au haut commissaire, le 16 Mai 1962, « que toutes les initiatives individuelles tendant à l'installation en métropole des Français musulmans sont strictement interdites[191]. » « Français musulmans » indiquant par là que, pour Louis Joxe, représentant de la République Française, la République était divisible !

Ceux qui se retrouvent en France en 1962 sont ceux qui faisaient partie d'un « plan général » ou ceux qui avaient bénéficié d'un soutien, celui-là même que conteste Louis Joxe dans sa circulaire de mai 1962. D'origine paysanne, les Harkis sont perçus par l'Algérie indépendante comme des traîtres à abattre – ce qui se fera, parfois sous les yeux de l'armée française encore présente en 1962 – et perçus par les français comme de zélés serviteurs d'une guerre honteuse qui ne dit pas son nom, une guerre à laquelle ils ont « collaboré » (avec toute la connotation péjorative que ce terme a en français). À noter qu'ils ne font pas l'objet d'un article dans l'Encyclopédie Universalis et font tout juste l'objet de quelques lignes dans le Robert : « Militaires indigènes d'Afrique du Nord qui servaient dans une milice supplétive (une harka), aux côtés des Français », sans aucune allusion à la guerre, ni à l'Algérie !

### Archives incandescentes

Pour un Sujet qui a vécu un traumatisme, *faire histoire* consiste, non pas à oublier l'oubli mais à pouvoir accueillir le souvenir comme lui-même porteur d'une histoire qui a bien eu lieu. Car, lorsque l'Histoire concerne de façon traumatique mais inconsciente un Sujet, il y est tout entier assujetti. Pour un descendant de ceux et celles qui sont restés dans le silence, *faire histoire* procède alors de la mise à distance d'un objet intériorisé, le trauma parental. En effet, structurellement, son rapport au monde, sa capacité d'invention et de création dépendent de son rapport à l'objet comme perdu. Dans les situations de silenciation imposées par le traumatisme parental tout se passe comme si le rapport à *l'objet en tant qu'il est perdu à jamais* était perverti par cette présence non dite et opaque du trauma parental.

Au moment du stade du miroir se constitue la schize du Sujet, c'est-à-dire le moment constitutif de la division subjective. Dans le séminaire *L'Angoisse*[192], Lacan fait de « l'objet a » un reste purement logique de la division subjective, qui n'est justement pas un objet tangible, un objet partiel, mais ouvre l'enfant en devenir à la possibilité d'abstraction car il est le représentant d'un ailleurs grâce auquel les signifiants qui vont nommer les choses vont pouvoir jouer entre eux. Or le trauma parental viendrait présentifier cet objet intangible lui-même et occupant toute la place, il condamnerait le descendant à se situer de façon prioritaire par rapport à *l'objet trauma*, lui laissant peu de place pour faire glisser d'autres représentations les unes par rapport aux autres.

D'où ces forçages afin que quelque chose puisse s'énoncer, soit sur le versant du symptôme – comme l'ont montré l'histoire de M. A. Z et celle de cet adolescent – soit encore sur un versant de sublimation – il faut alors passer par le fait de dénoncer ce qui ne se dit pas et que chacun pourtant sait ; il faut accepter de transgresser en quelque sorte l'interdit de dire. Alors que dans le symptôme, on assiste à un passage à l'acte mortifère, dans la sublimation, il s'agit d'un acte symbolique et subjectivant. Est-ce ainsi que l'on peut entendre le mouvement des enfants de Harkis dans les années 90 qui ont contribué à faire bouger le discours social, ou bien encore au début de ce XXIe siècle, la série d'ouvrages de témoignage de la condition des Harkis et de leur famille[193] ?

# « Ça suit son cours »

> *La parole doit sa force,*
> *moins à l'incertitude qu'elle marque,*
> *en s'articulant, qu'au manque, à l'abîme,*
> *à l'incertitude inventive de son dit.*
>
> Edmond Jabès
> *Le Livre du dialogue*[194]

Certains événements traumatiques impliquent le collectif : la Shoah, les guerres reconnues ou déniées, ou bien encore ce que l'on appelle le terrorisme dont les attentats racistes sur des civils ou sur des symboles sont une des formes. Lorsqu'un sujet s'y trouve pris, comment peut-il *faire histoire* de cet événement sous deux versants, celui de sa parole et celui de son rapport au discours social ? Pour qu'il échappe aux conséquences mortifères de ce trauma, est-il nécessaire, indispensable, qu'il y ait prise en compte, reconnaissance de cet événement dans le discours social ? Sinon à quel autre choix forcé se trouve-t-il acculé ? Et comment ce sujet pourra t-il en transmettre quelque chose afin de rendre compte de l'interpellation lancinante des fractures de l'Histoire dans sa réalité psychique ? Comment produira-t-il de la temporalité alors que précisément, le trauma est hors-temps et que tout repère est défaillant ? La pratique psychanalytique nous montre que le trauma n'est dépassable que s'il est mis au travail sur les deux registres, celui de l'intime et celui du collectif.

Mais comment un collectif peut-il énoncer ce qui fait trauma dans le collectif lui-même sinon à reconnaître que ce qui est en jeu a essentiellement partie liée avec la question de la filiation et la façon dont la culture se situe dans son rapport à la mort et au meurtre symbolique du père. C'est ce qu'énonce Pierre Legendre dans *Le crime du caporal Lortie – Traité sur le père* : « Que savons-nous du meurtre ? Telle est l'interrogation inlassablement à reprendre dans les sociétés post-hitlériennes[195]. » Quant à Daniel Sibony, il nous renvoie à l'éthique. « Il y a les évènements qui se sont passés et il y a ceux qui ne passent pas ; et quand ce qui s'est passé – les camps de la mort – ne passe pas, alors les deux versants de la mémoire, ceux du rappel et de l'appel, se rejoignent en cette arête tranchante où le rappel fait acte, et fait appel à l'actuel, à l'éthique la plus quotidienne[196]. » Si l'actuel se joue dans nos « sociétés post-hitlériennes » du côté de la haine de l'autre et du trauma, il « ne peut se laisser réduire à un traumatisme qui envahirait l'expérience[197]. » Il y a donc nécessité d'une élaboration qui implique les dimensions subjective et institutionnelle. C'est une responsabilité pour les analystes de mener cette réflexion.

À cet égard, en juillet 1990, après la profanation du cimetière juif de Carpentras, il nous a paru vital d'organiser dans les deux mois après ce passage à l'acte sur les morts, le colloque *la Loi, les Mots, le Silence*[198], à un moment où le déchaînement médiatique était tonitruant et a correspondu à une perte des indicateurs de la vie et du désir. Il répondait à la nécessité impérieuse pour quelques personnes de faire acte par une parole, de témoigner de la trace d'un trauma. Celui qui venait d'avoir lieu sans qu'on n'en connaisse encore les auteurs, venait en effet redoubler celui qui avait eu lieu lors de l'extermination des Juifs d'Europe et des Tziganes par les nazis. Un colloque – une parole publique – fait lien social, à charge pourtant à chacun d'en repérer l'articulation signifiante dans sa propre histoire. C'est donc aussi en cela qu'entre psychanalyse en intention – celle de la cure – et psychanalyse en extension – celle qui implique un transfert de travail dans un lien social inventif – « ça suit son cours[199] ».

Dans *Variante de la cure type*, Lacan avance à propos de la parole : « Cette parole qui constitue le sujet en sa vérité lui est à jamais interdite, hors de rares moments de son existence où il s'essaie à la saisir […] Elle parle cependant partout où elle peut se lire en son être, soit à tous les niveaux où elle l'a formé. Mais si cette parole est accessible pourtant, c'est qu'aucune vraie parole n'est seulement parole du sujet, puisque c'est toujours à la fonder dans la médiation à un autre sujet qu'elle opère et que par là elle est ouverte à la chaîne […] des paroles où se réalise dans la communauté humaine, la dialectique de la reconnaissance[200]. »

« Ça suit son cours », ça tente de s'inscrire, d'où l'adresse à l'analyste et la possibilité de *faire histoire* afin que le trauma s'organise en un récit qui ne voilerait pas son énigme.

« Ça suit son cours » et tout se passe parfois comme si, hors la reconnaissance par un discours social qui réintègrerait le sujet dans la « communauté humaine », la rencontre de *la Chose*, le visage de la

## Histoires d'exils, entre deux rives… …et deux oublis

Méduse – cet autre nom du Réel – le forçait du côté de la parole créatrice et artistique pour délimiter un bord au Réel et qu'ainsi s'inscrive cette reconnaissance d'une dette à la vie.

« Ça suit son cours » et une création artistique ou littéraire, ou encore l'impulsion donnée pour qu'un collectif mette au travail la question refoulée ou déniée dans le social, sont les différentes figures de la sublimation qui tente d'inscrire et de transmettre une articulation incertaine entre histoire personnelle et Histoire.

*Ça* se murmure… Parfois, c'est le silence qui vocifère.

*Ça* suit son cours… autrement dit, *ça* se transmet ; *ça* tente de s'inscrire. Alors *ça* apparaît : passage à l'acte parfois dont on peut se demander quel lien cet acte entretient avec la culpabilité inconsciente et qui se manifeste en creux dans les agissements.

*Ça* tente de s'inscrire, alors *ça* apparaît dans une construction délirante tant il est vrai que dans le délire se loge une part de la vérité du sujet.

Si *ça* pousse toujours et si cette poussée s'organise en récit, c'est qu'il y a enfin possibilité d'une symbolisation pour faire bord au Réel.

*Ça* tente de s'inscrire, d'où l'écriture…

## *La Chose*

*que dix années surviennent*

*et que meure l'oubli*

*qu'un drap soit étendu pour que*

*par transparence*

*l'on devine encore de quelle méditation*

                *la Chose surgirait*

*un drap pour le soleil*

*un autre pour la pluie*
                *suave…*

*Les Temps épars* [201]

L'au-delà du silence

# Le Réel, énigme ou limite ?

**Entre deux estimes**

« L'estime », en langage maritime, c'est l'évaluation de la route parcourue. Mais c'est aussi le sentiment qui attache de la valeur à quelque chose ou à quelqu'un. Or, ce que l'on entend de plus en plus dans une pratique privée ou institutionnelle et de façon *explicitement formulée* est une demande d'estime, non pas du côté du narcissisme secondaire mais plutôt du côté de l'humanité du Sujet qui prend parole. Aussi, dans l'après-coup d'une rencontre qui prend en compte la polyphonie du mot « estime », est alors établi, pour le Sujet, le constat du caractère subjectivant de cette rencontre. Dans les institutions de soin, qu'un professionnel attache de la valeur à ce qui n'en a presque plus dans les rapports sociaux censés faire lien entre les personnes – la parole d'un sujet et *a fortiori* sa souffrance – semble aujourd'hui, pour certains, absolument improbable.

En effet, la seconde acception du mot « estime » est l'évaluation de la route parcourue. Les questions qui se posent alors dans la rencontre sont : Quelle valeur attacher à ce parcours ? Sous quel angle appréhender cette route ? Est-ce sous l'angle de l'individu, du collectif c'est-à-dire du lien social, dans le nouage des deux, ou au contraire dans l'interpellation réciproque de l'un et l'autre, individu et collectif ? C'est l'individu ou son groupe d'appartenance qui sont objets d'exclusion, de ségrégation et de racisme mais c'est le Sujet qui souffre puisque toute exclusion le renvoie à sa division subjective. Alors n'est-ce pas le Sujet et lui seul qui peut dire, dans un après-coup, la route parcourue, qu'elle ait été parsemée de joie ou de peine, de chagrin ou d'allégresse ? L'interpellation réciproque du Sujet et du collectif est le chemin qu'emprunte l'analyste lorsqu'il entend dans la souffrance de celui qui s'adresse à lui qu'elle a partie liée avec l'Histoire.

Dans mon expérience, l'Histoire vient s'inscrire, depuis le début de ma pratique analytique et institutionnelle, dans une dimension institutionnelle et culturelle, soit dans *le* politique. « Je considère », écrit Jacques Hassoun dans *l'Obscur objet de la haine*, « que le symbolique relève constamment de la narration[202] ». Aussi, me

**Archives incandescentes**

semble-t-il, ceux qui, dans le social, sont aux prises avec une haine qui exclut toute symbolisation, rencontrent-il parfois dans la littérature une narration qui leur permet de penser l'expérience haineuse à laquelle ils sont confrontés. Certains analystes rendent compte par une narration de leur expérience de clinicien, passant de l'essai à la nouvelle et parfois au roman. C'est le cas par exemple de Claude Pujade-Renaud, de Jean-Baptiste Pontalis ou encore de Lydia Salvaire.

Dans ce passage se travaille l'articulation du Sujet et du collectif à partir de ce qu'enseigne la cure. Mais comment rendre compte de ce qu'enseigne la dynamique collective d'un lieu institutionnel de soin ou de recherche ? Je vais donc tenter, dans les textes qui suivront, de faire narration en entrecroisant ce qui, de ma place, de ma position subjective, m'interpelle dans le collectif. Je le ferai en prenant appui sur la littérature, dont Freud faisait le constat que les écrivains savent dire en peu de mots ce que les psychanalystes mettent tant d'énergie à mettre en évidence, sur l'expérience d'un cheminement avec *Le Point de Capiton* et avec des lieux de soin psychique où la dimension institutionnelle d'un collectif soignant est reconnue et travaillée.

**L'altérité**

Le mot « altérité[203] » – qui implique et la diversité et l'altération – est d'abord un terme philosophique. En psychanalyse, c'est du statut de l'altérité qu'émanent la genèse et les effets du signifiant constitutif de l'inconscient pour Lacan. L'altérité est le point d'appui sur lequel se déroule une analyse. Ce petit autre qu'est l'analyste en personne renvoie structurellement à l'Autre, trésor des signifiants, pourvu que l'analyste ne s'imagine pas qu'il pourrait être celui qui sait le vrai pour l'analysant, pourvu qu'il n'imagine pas qu'existe la vérité, le vrai sur le vrai.

Racisme, xénophobie, ségrégation, sont des notions du discours social. C'est pourquoi il importe pour un psychanalyste de repérer de quelle place il parle lorsqu'il aborde publiquement un phénomène repéré dans le discours social. Cette remarque est liée au statut même de la psychanalyse qui inclut le psychanalyste dans l'émergence de l'inconscient. En cela, sa position est radicalement différente de celle du sociologue, du philosophe ou du politologue. L'on n'est pas « psychanalyste », mais « on a, du psychanalyste, la pratique » disait Lacan. Plutôt qu'une profession, la psychanalyse est

### L'au-delà du silence

une pratique qui est corrélée à son dispositif. Quant au lien social, il n'est présent dans la cure qu'à partir du discours qui s'y déploie.

Si l'analyste sait que la supposition de savoir qui lui est attribuée par l'analysant fait partie intégrante du transfert, il ne peut ignorer que celui-ci est le cœur de l'expérience analytique elle-même dans laquelle il est inclus en tant que Sujet. Il ne peut méconnaître non plus que, comme le disait Jacques Lacan dans son séminaire *Quatre concepts fondamentaux de la psychanalyse* « là où il n'y a pas d'analyste à l'horizon, il puisse y avoir, proprement, des effets de transfert exactement structurables comme le jeu du transfert dans l'analyse[204] ». D'où cette question qui m'occupe à l'orée des textes qui suivent : peut-il y avoir de « l'analyse » dans le champ social ? Ou, plus exactement, peut-il y avoir, dans le champ social, des effets de discours repérables comme symboligènes ?

De là se déduit une question majeure : lorsqu'un analyste intervient publiquement, intervient-il pour donner une opinion sur un sujet de société, comme le ferait tout citoyen, ou bien pose-t-il en intervenant dans le débat public un *acte* au sens analytique du terme ? Un acte qui l'implique comme Sujet, certes, mais qui du fait qu'il est entendu à partir d'une place de « sujet supposé savoir » pourrait produire du Symbolique, soit une possibilité ou une autorisation à cerner un Réel, et non pas un discours du Maître, pour *au moins un* qui l'écoute. Comment et pourquoi intervenir publiquement sur tel ou tel thème dit « de société » puisque l'expérience de ces dernière années montre que la parole publique des analystes dans les médias produit souvent un effet de collage identificatoire ?

Pour tout Sujet, poser un acte implique quelque chose de l'ordre d'une transgression. Et ce qui spécifie l'acte n'est pas le fait qu'il concerne un événement qui se déroule dans le champ social ou dans celui plus intime de la cure. Ce qui le spécifie comme engagement d'un Sujet c'est que celui-ci s'y inscrit et que cette inscription même est symbolisante pour lui et a un effet de passage. À ce titre, la valeur de cet acte est liée à ce qu'il met en jeu au regard de la Loi symbolique. De l'opinion à l'*acte* il y a donc la distance qui sépare l'explication de l'interprétation comme *acte créatif*. Et l'on sait bien que celle-ci ne se programme pas.

Aussi il m'est apparu que ce qui fait écart entre une simple opinion citoyenne, que l'on doit se garder d'émettre d'une place d'analyste, et un *acte analytique* porté par un psychanalyste qui se

## Archives incandescentes

risque alors à une parole publique, concerne l'interrogation quant à la haine lorsqu'elle se déploie dans le discours social vis-à-vis d'un groupe assigné à une place qui l'exclut ou le réduit à l'état d'objet, hors dimension humanisante de la parole. En deux occurrences c'est ainsi que j'ai décidé de soutenir une parole publique. La première, dans les années 1980, alors que l'extrême droite pesait de plus en plus dans le discours social et soutenait des thèses négationnistes, et la seconde, à partir de 2002, lorsqu'il devint évident que le discours politique prenait pour cible l'inventivité du Sujet au profit de la norme évaluable à l'aune de critères statistiques. Le point culminant, dans ce second cas, fut le discours d'Antony en 2009, où un président de la République stigmatisa les schizophrènes en les mettant dans une équation intenable puisqu'ils devenaient à nouveau, comme au XIXe siècle, de potentiels criminels à enfermer, cette fois dans une camisole chimique.

Une équation intenable et mortifère, pour un individu ou pour un groupe, procède toujours du fait que le mode de pensée politique qui veut l'enfermer se résume à une logique du ou/ou alors que l'inconscient procède d'une toute autre logique.

### Le Réel, Énigme ou Limite ?

Le Réel, énigme *ou* limite ? – Serait-il plus judicieux d'écrire : Le Réel, énigme *et* limite ? *Et, ou*, ces deux termes mis en perspective renvoient à la problématique du langage dans son rapport à la parole, laquelle représente l'engagement du Sujet dans le discours.

S'appuyant sur la logique symbolique, Lacan, dans un séminaire où il traite de l'opération d'aliénation/séparation développe cette question du « ou », du côté d'un « vel aliénant ». « Ainsi, dit-il, si nous choisissons l'être, le sujet disparaît et tombe dans le non-sens, nous choisissons le sens et le sens ne subsiste qu'écorné de cette partie de non-sens qui est à proprement parler […] l'inconscient. » Et il ajoute : « ce « ou » aliénant n'est point une invention arbitraire, une vue de l'esprit, il est dans le langage. » Pour illustrer cette affirmation il propose l'exemple suivant : « La bourse ou la vie ! Si je choisis la bourse, je perds les deux, si je choisis la vie, j'ai la vie sans la bourse, à savoir une vie écornée. Je vois que je me suis fait suffisamment comprendre[205] ! » ajoute-t-il, railleur.

Puis il donne cet autre exemple : « La liberté ou la mort, dans les deux cas, j'aurai les deux ! Chose curieuse, dit-il, dans les conditions où on vous dit « la liberté ou la mort », la seule preuve de la liberté... c'est justement de choisir la mort, car là, vous démontrez que vous avez la liberté du choix. » Ceci n'est sans doute pas sans évoquer quelques paradoxes, figures de l'impossible que l'on rencontre dans certaines cures de sujets pris, comme nous l'avons vu, dans des époques historiques troublées ou totalitaires, mais aussi le paradoxe de ces adolescents qui se suicident pour enfin faire entendre leur vérité de Sujet alors qu'ils sont pris dans des conflits de loyauté impossibles à faire entendre par leur entourage[206].

Les deux conjonctions « et/ou » renvoient donc bien sûr à la logique et au paradoxe comme faille dans une logique cartésienne. Le fait que la psychanalyse comme les sciences modernes soient traversées par les deux axes du langage et de la logique permet un dialogue entre les psychanalystes et les scientifiques, pour peu qu'ils n'omettent pas que cette confrontation d'idées, de pensées, de références les renvoie à la polysémie des termes qu'ils emploient dans chacune de leurs disciplines. Mais comment parler ensemble à partir de champs différents ? Cela entraîne que l'on accepte une pensée analogique. Faut-il s'en défendre ou au contraire s'en réjouir en n'oubliant pas combien les sociétés totalitaires refusent et combattent l'hétérogène. Dans un petit texte intitulé *Un éléphant, ça trompe* ? le mathématicien Alain Maruani écrit : « N'est-il pas temps de voir le pullulement brouillon des analogies non point comme un simple jeu de langage, mais plus audacieusement, comme des éléments de vérités locales que l'on pourrait essayer de recoller ensemble (ce que les mathématiciens appellent l'algèbre homologique) ou plus audacieusement encore, comme un élément de l'expression de la même activité, humaine[207]. »

Cette idée que le local pourrait rendre compte d'une partie non encore visible dans la totalité est tout à fait enrichissante. Pour faire un pas de plus, examinons ce qu'en dit un autre scientifique, physicien, Basarab Nicolescu : « L'analogie est essentiellement liée à la recherche, à l'observation de faits semblables dus à des lois différentes. Est-ce qu'il n'y a pas un autre instrument de travail, celui de l'isomorphisme, en tant que recherche des lois qui sont les mêmes, tout en produisant des faits différents aux différents niveaux de réalité, aux différents niveaux d'intégration de la matière ? » Puis il précise qu'il entend le mot « matière » en tant que « matière-énergie-espace-temps », qu'il accole dans un souci de simultanéité qui nous

## Archives incandescentes

interroge, nous analystes, et sur la notion de temps *et* sur la possibilité de postuler une stabilité des lois à une très longue échelle de temps.

Qu'en est-il du temps pour la psychanalyse ? L'inconscient ignore la contradiction et le temps. Pour un psychanalyste, « Réel » et « hors temps » sont-ils synonymes ? Le Réel se soustrait à l'appel du langage. Il est ce qui prend au corps, entre trauma et phantasme, et dont vous ne pourrez jamais, réellement – c'est le cas de le dire ! – témoigner. Pour échapper au hors-temps, celui du cri ou du vide silencieux, être dans le Réel sa propre énigme, telle est peut-être l'une des issues données au Sujet. À moins que l'on ne postule, avec Gérard Pommier, un Réel qui se constituerait sur un rejet premier, fondamental, sur la capacité intrinsèquement humaine de refuser, de dire non, de rejeter *au-dehors*, et permettant dans un même mouvement que du *dedans* se constitue. « N'est-il pas fréquent que le hurlement du nourrisson ne corresponde à aucune demande précise, même pas celle de la présence ? écrit-il dans son ouvrage *Qu'est-ce que le Réel ?*, et il ajoute : « le cri du nourrisson est moins le signe d'un besoin que le signe d'un exil qu'il préfère à la dépendance ». Ainsi, conclut-il : « Les cris témoignent pour la dignité de la négation[208] », et c'est de cette négation radicale que se constitue le refoulement originaire.

C'est de ce point aussi que s'enclenche le désir de savoir et de découvrir ce qui nous meut en tant qu'humain. À qui l'on refuse même de crier et de crier son refus, que reste-t-il ? Aux déportés du camp d'Auschwitz qui, face à l'incompréhension du traitement monstrueux qu'ils subissaient, demandent à un SS, « Pourquoi ? », la réponse cinglante, définitive, fut « Ici, il n'y a pas de pourquoi[209] ». C'est ce que rapporte Primo Levi dans son livre majeur *Si c'est un homme*. Au *Lager*, il n'y a pas de question à poser, rien à raconter, telle est l'injonction déshumanisante. La plus sûre façon de briser psychiquement un être est de lui ôter tout droit au questionnement, toute possibilité de dire « non », qui est l'essence même de l'homme. Au *Lager*, pas de ou/ou, pas de logique non plus, sinon celle de la destruction, et seulement le règne de l'arbitraire le plus fou.

Le témoignage de deux jeunes allemands, un frère et une sœur, Hans et Sophie Scholl, nous est parvenu récemment en traduction française. Il s'agit d'une correspondance retrouvée et publiée en Allemagne en 1984. Il a fallu plus de vingt ans pour qu'elle soit disponible en français. Écrites entre 1937 et le 17 février 1943, veille de l'exécution par le régime nazi des deux jeunes gens alors âgés de 22 et 21 ans, ces lettres « donnent un rare aperçu de la révolte d'esprits juvéniles contre la servitude volontaire[210]. » De juin 1942 à juillet 1943, ils distribuèrent, avec les autres membres du groupe « La Rose Blanche », six tracts. Les premiers furent envoyés par la poste à des intellectuels, des écrivains, des enseignants, et les deux derniers, diffusés à plus de six mille exemplaires, furent distribués plus largement. Ils sont un véritable appel à la résistance en Allemagne. « Sur le plan culturel, on est frappé, à la lecture de cette correspondance, par le goût de Hans et Sophie Scholl pour la littérature étrangère et les livres interdits », écrit Pierre Emmanuel Dauzat. C'est sur leur foi chrétienne qu'ils s'appuient pour refuser l'extermination des Juifs par Hitler et leur ravalement au rang de sous-hommes, mais c'est avec Lao-Tse qu'ils tentent de convaincre dans le dernier tract qui leur valut la guillotine. La dernière lettre de Sophie Scholl est adressée à son amie Lisa Remppis. Elle y raconte son émotion à écouter une pièce de Schubert sur son gramophone. La veille, elle avait été surprise par un appariteur à jeter des tracts depuis le hall de l'Université. Elle sera arrêtée le 18 février et décapitée quatre jours plus tard.

Ainsi la résistance – au sens politique du terme – de ces deux jeunes gens va-t-elle avec la joie de vivre plutôt qu'avec la plainte ou un désir mortifère. Est-ce à dire que toute résistance à l'oppression implique une éthique de vie et se fonderait sur ce qui l'a, alors un jour qu'il était enfant, propulsé non vers le plaisir immédiat mais vers la capacité à être présent à la vie ? C'est ce que semble nous dire Edmond Jabès qui écrivit à la mémoire de Max Jacob, un autre résistant martyrisé, ses *Chansons pour le repas de l'ogre* : « ... parce qu'il y a peut-être une chanson liée à l'enfance qui, aux heures les plus sanglantes, toute seule défie le malheur et la mort[211]. »

La petite chanson est du côté de la voix qui rassure, qui rassure ceux qui restent, et luttent avec des mots, contre l'oubli, des mots qui ancre (encre) le Sujet dans le temps et la mémoire, dans le temps de l'absence. « L'absence, dit Pierre Fédida, est peut-être l'œuvre de l'art[212] ». L'art qui œuvre à cerner l'absence, le Réel de l'absence.

La psychanalyse, quant à elle, si elle est source de vérité, l'est aussi de sagesse. « Toute sagesse est un gay savoir, nous dit Lacan.

**Archives incandescentes**

Elle s'ouvre, elle subvertit, elle chante, elle instruit, elle rit. Elle est tout langage. Nourrissez-vous de sa tradition, de Rabelais à Hegel. Ouvrez vos oreilles aux chansons populaires, aux merveilleux dialogues de la rue… Vous y recevrez le style par quoi l'humain se révèle dans l'homme et le sens du langage, sans quoi vous ne libérerez jamais la parole[213]. »

Hélas, les dialogues de la rue ne sont pas toujours merveilleux. Mais ils donnent en effet le « sens du langage », révèlent la plurivocité des mots et parfois la férocité inouïe avec laquelle ils sont véhiculés. C'est ce qu'Albert Cohen racontera au soir de sa vie dans un ouvrage qui fut magnifiquement porté au théâtre *Ô vous, frères humains*[214].

## *Ô vous, frères humains*
## Albert Cohen et le retour du refoulé

> *Il est en nous un lieu*
> *qui ne peut être touché*
> *où personne ne viendra*
> *où seule la douleur*
> *peut parler*
>
> **Jean Louis Giovannoni**
> *Ce lieu que les pierres regardent*[215]

En 1996, ma rencontre avec un texte d'Albert Cohen fit ressurgir une image oubliée, celle d'un texte lu sur un mur d'une ville du Midi dans les années 1970.

Né à Corfou en 1895, il émigre à 5 ans à Marseille où ses parents décident de se rendre après un pogrom. Durant la Seconde Guerre mondiale, de nationalité suisse, il s'occupera de réfugiés fuyant le régime nazi et suspendra son travail d'écrivain. Il mourra en 1981 à Genève. C'est en 1972, à 77 ans, qu'il publie *Ô vous frères humains*, qui sera adapté et mis en scène en 1996 par Alain Timar au théâtre des Halles à Avignon, à un moment politique où les thèses révisionnistes faisaient florès dans une partie de l'opinion publique gagnée par la propagande de l'extrême droite. C'est à cette date que je découvre ce texte.

### Ô vous, frères humains

On est en 1905. Albert Cohen a dix ans et fait la découverte de ce que la judéité provoque de sarcasme pour un autre qu'il ne connaît pas mais que pourtant il admire, un camelot dans les rues de la ville. Celui-ci jette à la cantonade des sarcasmes dont Albert Cohen ne pouvait imaginer qu'ils puissent exister. Pourtant, le camelot ne s'adresse pas à lui. C'est donc en tant que témoin qu'il perçoit l'injure. « Sans le camelot et ses pareils en méchanceté, ses innombrables pareils d'Allemagne et d'ailleurs, il n'y aurait pas eu les camps

**Archives incandescentes**

allemands et le peuple décharné de mes frères encore vivants dans leur couche de bois, léthargiques à peine remuants qui attendaient en leurs guenilles rayées[216]. »

C'est cette expérience fondatrice qu'il raconte dans *Ô vous, frères humains* alors que, tout comme Aharon Appelfeld, il est devenu un homme âgé lorsqu'il commence la rédaction de son livre. Il écrit : « Si ce livre pouvait changer un seul haïsseur, mon frère en la mort, je n'aurais pas écrit en vain» ; et il poursuit : « De cette immense folie des singes savants, […] je n'en reviens pas et n'en finis pas de n'en pas revenir. Et tout en clamant depuis des siècles leur amour du prochain, [ils] continuent à adorer la force sous tous ses masques. »

Le metteur en scène avait choisi d'éclater ce texte magnifique en trois narrations portées par trois acteurs. Ainsi, la division intime de tout homme aux prises avec la question de sa vérité et de l'énigme de la haine était-elle soutenue sur scène avec justesse. Je n'ai pas le souvenir de l'acteur qui prononçait les mots qui suivent car ils m'ont littéralement sauté au visage. « Et tout en jouant à aimer leur prochain ils continuent à haïr, et *déjà*[217] sur les murs d'Aix-en-Provence, en l'an de grâce mil neuf cent soixante-dix, ont été inscrites ces nobles paroles : Que crève la charogne juive et revienne l'heureux temps du génocide ! » On pouvait y entendre la trace d'une haine qui semblait revenir d'un autre âge.

Ces derniers mots, en effet, je les avais *déjà* rencontrés. En les entendant prononcés sur scène, j'éprouvai un collapsus de la pensée et une sensation brûlante au visage alors que s'écoulait encore le texte magnifique et la force vitale des acteurs. Tout à coup l'ouïe et le visage ne font plus qu'un. Le retour du refoulé concerne toujours le corps. Retour fulgurant : oui j'avais bien lu ces mots de haine sur un mur à Aix-en-Provence. C'était en effet en 1970 alors que j'étais étudiante. Ce qui me revint alors dans une fulgurance, entendant ces mots plus de vingt cinq années plus tard, n'est pas un souvenir, mais une sensation physique, un état du corps : en fait un silence, un silence qui va au-delà de la stupéfaction. « Ce silence qui hurle[218] » fit interprétation quant à certains de mes engagements entre le politique et l'Histoire.

À la question de Philippe Nemo : « Comment commence-t-on à penser[219] ? » Levinas répond que « cela commence probablement par des traumatismes ou des tâtonnements auxquels on ne sait même pas donner une forme verbale : une séparation, une scène de violence, une brusque conscience de la monotonie du temps. » Il dit encore : « Le Tu ne tueras point, est la première parole du visage. » Il est courant dans la clinique d'entendre combien le visage témoigne au niveau sensitif de ce qui se produit d'indicible, d'impensable, pour un Sujet qui tente d'aborder un élément traumatique de son histoire ; comme si la trace du traumatisme se trouvait concentrée sur cette unique surface à nue. Il y faut alors le support du « silence qui parle[220] » dans l'adresse à l'analyste et dans sa présence. Ce n'est que dans un troisième temps qu'une parole peut parvenir à la surface afin d'inscrire quelque chose qui soit transmissible et partageable.

En 1970 « déjà », comme le dit Albert Cohen, était écrit qu'il pouvait être obscène pour certains que l'on soit vivant parce que juif. Ce « déjà » dans le texte de l'auteur est étrange. On s'attendrait à *encore*. Mais l'on voit combien est juste l'adverbe *déjà* qui donne toute sa force à l'impossible qui subsiste au-delà de toute raison comme un impensable qui nous invite à entendre l'affirmation de Pierre Legendre nommant les sociétés occidentales, « post-hitlériennes ». Après la Shoah, l'exclusion d'un groupe du simple fait de son appartenance ethnique, religieuse ou d'un quelconque particularisme – dont les malades mentaux qui firent partie des êtres à supprimer sous le régime hitlérien – ne doit ni ne peut plus être pensé de la même manière désinvolte qu'avant la rupture « bouchère[221] » dans l'Histoire. Ce « déjà » nous montre aussi que, bien des années avant la Seconde Guerre mondiale, l'expérience de l'enfant humilié par le bonimenteur portait en germe cette mutation de la méfiance raciste ou xénophobe envers un autre différent, en une haine impossible à juguler.

**Un engagement**

Dans les années 1970, alors que j'étais étudiante, c'est probablement dans le militantisme politique – comme seul moyen de ne pas *ahurir l'espoir* – que pour moi ont été refoulés ces mots de haine ainsi que ceux qui avaient parcourus mon enfance pendant la Guerre d'Algérie. Mais dans ce militantisme d'extrême gauche, la référence au nazisme se situait du côté du slogan « CRS SS » plus que d'une réflexion sur l'Histoire toute proche qui œuvrait de façon insu chez les jeunes gens que nous étions. Ce slogan en attestait-il ? Dans les groupuscules gauchistes que je côtoyais, il n'était pas question de s'intéresser à la question de l'extermination des Juifs d'Europe mais plutôt aux mouvements politiques internationaux qui œuvraient

**Archives incandescentes**

depuis 1917 pour la transformation de la société en un monde plus juste ainsi qu'à la chute des empires coloniaux. Pour certains d'entre nous, dont j'étais, la question féministe était fondamentale ; pour d'autres, la lutte écologique et contre les centrales nucléaires commençait.

Ne pas étudier cette Histoire tragique du milieu du siècle alors que nous avions l'ambition de nous politiser et de comprendre le monde dans lequel nous vivions, était-ce, vingt cinq ans après l'impensable de la Shoah, une banalisation du mal ou un refoulement massif ? Dans ces années là, dans la société, au-delà des mouvements gauchistes politisés, pas de travail non plus sur la mémoire, avec une folle certitude sans doute, – ou une foi ? – ce passé était bel et bien passé.

Michel Fennetaux, dans un texte de 1986 intitulé *Trajectoire*[222], évoquait son « itinéraire et celui de quelques autres psychanalystes : nous sommes en effet quelques-uns, écrit-il, à être nés autour des années 40, à avoir été des « militants », parfois très engagés, et à nous être tournés vers l'analyse et l'Ecole Freudienne de Paris autour des années 65-70 ». Dans ce texte, il spécifie le militantisme comme étant de l'ordre de la foi et le militant comme « l'homme d'une foi au nom de laquelle il fait le sacrifice de tout-lui à la Cause », son consentement à cette cause étant un signe d'aliénation. Quant à l'organisation qui sous-tend cette cause, elle tient toujours à sa disposition un personnage qui fait figure de Père-Idéal dont « on ne cesse pas de ne pas parvenir à administrer la preuve qu'on est le digne fils ou la digne fille, et dans le cas extrême, le seul enfant légitime. » Il ajoute : « Cette figure du Père-Idéal a d'autant plus de puissance surmoïque que les pères réels ont eu moins de consistance symbolique. » L'impuissance de la génération de ces pères réels devant la montée des fascismes, sa complaisance, voire sa collaboration tacite ou active au génocide antisémite, ont produit en héritage pour la génération suivante une culpabilité « qui est la face visible et imaginaire de ce qui fut un *fading* des Noms du Père : une inconsistance symbolique. » Il conclut que, vu sous cet angle, « le militantisme a fourni [à ceux qui ont été des militants] des implants de symbolique. » Si donc l'on suit Michel Fennetaux, pour certains, le militantisme est venu pallier ce trou dans le symbolique, l'absence de narration de ce qu'avaient été pour leurs pères ces années de guerre et de meurtre de masse.

# L'au-delà du silence

Quant à moi, je découvrais en 1996 que, face au souhait de mort explicitement formulé sur le mur de la ville *déjà* en 1970, la question du judaïsme et du destin des Juifs lors de la Seconde Guerre mondiale s'était refoulée dans le militantisme suivant en cela la voie d'un modernisme dont j'ignorais ce qu'il recouvrait. Albert Memmi, dans son livre *L'Homme dominé* paru en 1968, consacre un chapitre à Freud intitulé *la judéité de Freud* : « À la question posée au Juif moderne par l'histoire, écrit-il, Freud répond : la judéité est à la fois négative et positive ; la condition juive doit être à la fois refusée et acceptée. […] C'est d'abord en refusant le judaïsme qu'on assume le mieux sa judéité. Il n'y a là aucune contradiction, ou alors c'est la contradiction même de l'existence juive. […] Il existe une véritable tradition du refus. Freud a exactement décrit et vécu ce drame du Juif moderne[223]. »

Il me fallut tout ce chemin, cette *estime,* entre 1970 et 1996, pour parvenir à en comprendre quelque chose qui surgit comme une interprétation à l'écoute d'une pièce de théâtre à partir d'un texte majeur de la littérature.

La voie du militantisme des années 65-70 m'interpelle à double titre. D'une part il semble bien que se pose au quotidien aujourd'hui pour chaque citoyen qui refuse le chemin de la compétition et de la haine de l'autre dans la cité, comme sur les lieux de travail, quelque chose qui pourrait bien relever d'un engagement dans un acte politique et dont on pourrait se demander si son nom est militantisme, repolitisation de la conscience citoyenne ou encore refus. D'autre part les questions de l'engagement d'un Sujet dans un collectif sont concomitantes du hiatus qui existe entre la notion de Sujet – sujet de l'inconscient – et celle du collectif. C'est pourquoi elles font partie d'une réflexion nécessaire quant au rapport des analystes aux institutions analytiques dans lesquelles ils sont inscrits ou dans lesquelles ils travaillent.

Au-delà d'un acte de militantisme politique au sens classique du terme, un engagement est la mise en débat dans la sphère sociale de ce qui est occulté, de ce qui révolte. Un texte littéraire signe parfois un engagement ; ainsi en a-t-il été pour Albert Cohen face au désastre de la répétition de la haine, il a tenté alors d'inventer par cet acte créatif un chemin pour dire la meurtrissure et la honte de l'enfant encore présentes tant d'années après dans le vieil homme.

### Archives incandescentes

L'expérience de la cure montre combien, pour certains sujets, roman familial et Histoire sont étroitement mêlés. C'est pourquoi les analystes doivent travailler et réfléchir sur ces notions du discours social : racisme, xénophobie ou ségrégation. Qu'ont-elles de particulier ? Elles ne sont pas seulement du registre de la sociologie ou de la politique, elles sont, comme en creux, du registre de ce qui touche à l'éthique du Sujet. Elles en sont le palimpseste tant il est vrai que le petit d'homme se construit avec les motions agressives qui lui permettent de se forger une identité. Même effacée par l'éducation, l'agressivité infantile peut resurgir dans les actes les plus quotidiens démontrant en cela cette trace première. Face à ces motions agressives, le travail permanent de la culture fait acte de civilisation en introduisant le petit d'homme dans la dimension d'une parole qui prenne en compte *l'altérité* ; il doit se poursuivre car rien n'est jamais acquis puisque l'être humain est pris dans une division subjective. C'est pourquoi si *l'altérité* est au fondement même de la clinique analytique, le rappeler n'est pas formuler une opinion, fut-elle citoyenne, mais énoncer ce qui fonde le Sujet et que Lacan formule ainsi : « Je suis semblable à celui qu'en le reconnaissant comme homme, je fonde à me reconnaître pour tel[224]. »

### Actualité du racisme et du rejet

Lorsqu'Albert Cohen écrit *Ô vous, frères humains*, il relate sa propre expérience d'enfant « l'âme matraquée » par le rejet et qui, voyant la haine dans les yeux de l'autre, s'est découvert « maudit d'étrangeté » dans un pays adopté et aimé ; c'était au début du XE siècle qui connut trente cinq ans plus tard l'impensable de l'extermination. Mais son expérience d'enfant accablé par des paroles haineuses, à un moment où l'on n'imaginait pas ce qui s'est produit dans le tournant du siècle, est probablement transposable aujourd'hui aux enfants issus de l'immigration, ou à ceux qui, n'étant pas français, sont reconduits à la frontière en passant par d'ignobles camps d'internement en les arrachant parfois à l'école républicaine où ils sont pourtant accueillis.

Au-delà des faits, la levée d'un tabou dans le discours social – celui de la haine de l'autre différent, haine parfois de la plus petite différence – a été l'une des actions les plus pernicieuses de l'extrême-droite dès les années 1980, a tel point qu'une quinzaine d'année plus tard, en 1998 on pouvait lire dans une tribune libre : « Il était une fois une dame plutôt sympa, elle tient en ville un petit magasin, elle fait des pizzas, très bonnes. Ce matin là je m'apprête à sortir de la boutique en mâchouillant, je croise deux gamins d'origine convenue, la casquette à l'envers. Bref l'uniforme qu'affectionnent les *serial killers*. J'ai le temps en me retournant de saisir un regard apeuré ; la dame a vraiment peur parce que je sors et qu'elle va se retrouver seule avec eux. Les deux gamins sont très calmes, presque timides. Ils réclament deux pizzas. Quelle mouche la pique ? Elle bredouille affolée devant le plateau rempli : « Des pizzas, y en n'a pas. » Je reste la main sur la poignée de la porte, il passe quelque chose de très douloureux dans la boutique, les gamins honteux, elle reste pétrifiée, je reste abasourdie. On est visiblement quatre à penser à toute vitesse, tous piégés par quelque chose qui pèse des tonnes. Je réalise qu'elle réalise qu'ils réalisent, bref, que nous réalisons tous... Deux mots glissés par un gamin à l'autre dans un souffle : « laisse tomber ».

Il arrive parfois des choses tellement improbables qu'elles vous laissent muet... Dehors les gamins rejoignent leur classe, une fille porte une caméra vidéo, la prof dirige les prises de vue. L'incident ne sera pas porté à l'écran, ils sont aussi restés muets[225]. »

Lors d'une conférence à propos du texte d'Albert Cohen, joué par sa compagnie devant des lycéens, le metteur en scène Alain Timar racontait la déstabilisation et le véritable questionnement d'une adolescente au comportement ouvertement raciste récitant jusqu'alors les litanies prônées par l'extrême droite, régulièrement entendues dans son milieu familial. Le choc du texte avait été tel pour elle, rapportait-il, que son questionnement justifiait à lui seul qu'il se soit affronté à la difficulté de la mise en scène d'un texte narratif. N'est-ce pas ce que vise l'interprétation en psychanalyse que de produire un effet de surprise qui fasse nouage et mette en travail un sujet, faisant pièce à la fascination ou à la stupéfaction muette qu'entraîne le discours idéologique qui soutient les motions de haine ?

En 1976, Jacques Ruffié, professeur au Collège de France, publie *De la biologie à la culture* dans lequel il écrit clairement : « Chez l'homme, les races n'existent pas[226]. » En mai 1990, on pouvait lire, dans le journal Libération, un texte de Bernard Herzberg, professeur de Biophysique à Paris *Racisme, le législateur au piège des mots*[227]. Il y rappelait les positions de François Jacob, prix Nobel de médecine, auteur de *Race, science et pseudoscience*. Pour François Jacob, le concept de race est « un concept flou qui dit un peu n'importe quoi. Au lieu

## Archives incandescentes

du concept de race, les biologistes utilisent de plus en plus le concept de population. » Aussi Bernard Herzberg s'étonnait-il que la formule du texte fondateur de la législation antiraciste, voté en 1972, et les textes suivants (jusqu'en 1987), reprennent le terme de race ou de racial. « Pourquoi, écrivait-il, les rapporteurs de la loi disent-ils « discrimination raciale », là où il s'agit de « discrimination raciste » […] pourquoi, alors que les doctrines racistes n'ont pas de fondements scientifiques, entretenir l'imaginaire raciste au travers de mots inscrits dans les lois destinées à réprimer ses effets ? » Et il conclut : « Certains diront que ce n'est qu'une affaire de mots. Oui, tout juste une affaire de mots, autant dire de politique. »

Le terme de « racisme » apparaît au début du XXe siècle avec les théories pseudo scientifiques qui ont fait le lit du nazisme. Il ne se soutient que de l'idéologie, d'un discours entraînant *de fait*, et *de droit* parfois dans l'Histoire, la ségrégation, autre nom de la ghettoïsation ou de l'*apartheid*, qui, autrefois appliquée aux Juifs, a vu son emploi concerner par exemple les noirs américains. Ghetto, apartheid, ségrégation, sont des conséquences politiquement légitimées de l'idée de race ou d'exclusion d'un groupe entier[228]. À cet égard, le mot « apartheid » pourrait-il concerner la ségrégation sociale à laquelle sont assujetties légalement les femmes dans certains pays ?

Alors que le mot « xénophobie » laisse supposer un conflit avec quelqu'un dont la présence sur un territoire commun est contestée, les termes de « racisme » et de « ségrégation » indiquent la prégnance de l'idée de hiérarchie, l'annulation du conflit interpersonnel au profit de la nécessité politique de considérer l'autre comme inférieur. Le point ultime de cette logique a été la volonté nazie d'extermination de ces prétendues « races » dites inférieures – les Juifs et les Tziganes – et de ceux que ce régime considérait comme des « dégénérés » – les homosexuels mais aussi les malades mentaux.

« Que crève la charogne juive et revienne l'heureux temps du génocide ! » était-il écrit sur le mur de la ville. Une « charogne » est un cadavre d'animal en décomposition. Les mots « ségrégation » et « race » ont en commun de s'employer en zoologie. Le corollaire de la « race » est toujours dans ce cas la « pureté ». La recherche des caractères héréditaires les plus performants implique de « séparer du troupeau » l'un des éléments, soit d'opérer une « ségrégation ». Appliqués aux humains, ces termes témoignent de la réification à laquelle un pouvoir soumet un groupe afin d'exclure de son humanité chaque individu qui le compose.

Jacques Hassoun, en 1990, disait dans une intervention intitulée *Répétition et Rupture*[229] : « Enlever à un groupe d'individus la possibilité d'occuper certaines fonctions dans la justice, le corps médical ou professoral, après les avoir isolés, tout cela était vieux et banal. Sous toutes sortes de régimes il y a eu des minoritaires qui ont été exclus. Mais ce qu'il y a eu de nouveau dans le nazisme, c'est que des gens se sont trouvés marqués d'un insigne du fait de leur nom. On ramenait le patronyme à du biologique. »

Aussi, aujourd'hui, on ne peut qu'être inquiet du déferlement d'un discours opératoire, des explications biologiques et génétiques des comportements humains, de la référence hégémonique au cognitivo-comportementalisme qui ramènent l'humain à un animal à dresser. Avec le retour des thèses de Skinner qui supportent la méthode ABA, il s'agit, via le scientisme et la statistique, de la mise à l'écart de la dimension métaphorique ainsi que du Réel comme la part qui échappe, de structure, à l'homme. Nommer c'est toujours traduire – et dans cette opération, perdre une once de ce que l'on voulait dire – donc humaniser.

## La haine est asymbolique

Lorsqu'il écrit *Ô vous, frères humains*, Albert Cohen est, je l'ai dit, un homme âgé : « Avant que tout impassible sur mon lit de mort je sois, […] il faut que j'écrive un livre utile, court ou long, on verra bien, et assez de romans. » prévient-il à l'orée de son texte. Et il termine par cette supplique : « Ô vous, frères humains, […] ayez pitié de vos frères en la mort, et sans plus prétendre les aimer du dérisoire amour du prochain […] bornez-vous, sérieux enfin, à ne plus haïr vos frères en la mort. Ainsi dit un homme du haut de sa mort prochaine[230]. » Non pas aimer, mais ne plus haïr, au moins ne plus haïr, de cette haine dont Jacques Hassoun fait l'hypothèse qu'elle peut être une jouissance de l'ignorance et dont il dit aussi « qu'elle n'est pas l'envers de l'amour, mais au contraire l'absence radicale de tout sentiment d'amour[231]. » J'ai encore en mémoire cette parole de Pierre Martin, psychanalyste de Montpellier, qui avançait, s'appuyant sur l'enseignement de Lacan, que l'envers de l'amour n'est pas la haine mais la séduction. C'est sans doute que l'amour et la séduction sont du côté de la narration. La haine au contraire est cette « impossibilité

**Archives incandescentes**

de refigurer l'expérience temporelle au nom d'un temps éternellement figé sur un meurtre premier et méconnu et sur des images détachées de toute narration[232] » écrit encore Jacques Hassoun.

Mais ne nous y trompons pas, si l'extrême droite aujourd'hui se veut policée c'est que nombre de ses thèses ont infiltré le corps social et que les enjeux politiciens ont permis la digestion de propos qui, au sortir de la Seconde Guerre mondiale, faisant scandale, entraînaient honte et déshonneur pour qui les proférait. Des tabous sur la définition même de l'humain sont levés depuis plusieurs décennies par le biais d'un scientisme que des scientifiques de renom contestent. Ainsi Axel Khan dans son excellent ouvrage *Et l'homme dans tout ça ?*[233] nous éclaire-t-il sur l'opposition entre une éthique qu'il appelle humaniste et qui s'appuie sur « les impératifs catégoriques Kantiens » et une éthique où prévaut l'approche utilitariste, prônée dans les pays anglo-saxons, mais qui peuvent tout à fait gagner la vieille Europe si l'on n'y prend garde.

**Pour une clinique du Sujet**

On comprend mieux alors les menaces que font peser sur *la clinique du Sujet* et sur la possibilité de penser le monde hors de normes préétablies, les orientations développées actuellement dans tous les domaines de la vie sociale – école, travail, justice, psychiatrie, médecine, etc. – qui s'inspirent du management et donc du comportementalisme. L'hégémonie de cette pensée opératoire est efficace car elle fait croire à des populations rendues apeurées, que l'humain pourrait être enfin objectivable et que le « risque zéro » existerait.

C'est le plus souvent parce que quelque chose qui paraissait stable jusqu'alors s'est effondré que quelqu'un fait une demande d'analyse. « J'ai besoin de parler et qu'on m'écoute. » me disait récemment un patient qui avait consulté un psychothérapeute cognitivo-comportementaliste durant cinq années et s'était décidé à prendre un rendez vous chez un psychanalyste. « Taisez-vous ! Écoutez-moi ! » fut l'injonction d'une de ses patientes à Freud. C'est ainsi qu'il accepta d'entendre ses patients à partir de l'association libre. Il est intéressant de faire ce constat : que ce soit pour la patiente de Freud, ou pour celles et ceux qui, submergés par trop de conseils, cherchent une écoute tout simplement, trouver une adresse est une nécessité humaine. Le nombre d'années annoncées par ce patient à consulter un comportementaliste pourrait porter à sourire du fait que la psychanalyse soit si souvent accusée de se situer dans une temporalité longue. Mais on voit bien aujourd'hui, à l'expérience, que cette temporalité longue ne tient pas à la psychanalyse elle-même mais à la réalité psychique et à son rythme. Hormis dans les cas où il s'agit d'un *habitus* à repérer et qui implique une simple guidance, on peut faire le constat d'une contre-indication de ces méthodes pseudo-brèves. Une guidance, c'est ce qu'ont toujours fait nombre de praticiens de la relation d'aide, nombre de psychologues cliniciens à l'écoute de situations personnelles, familiales ou professionnelles. Mais, repérant leurs limites puisqu'ils supposent la dimension de l'inconscient, ils savent adresser le patient pour une analyse lorsque ce qui est en jeu touche à des strates profondes ou au transgénérationnel.

En effet, certains événements liés au politique et au contexte social ont un effet dévastateur sur des Sujets car ils les confrontent à un impossible à penser, à symboliser. Mais ils sont *aussi*, si on les entend enfin dans leur interpellation de la dimension historique, une mise au travail pour qu'advienne enfin une articulation entre l'histoire individuelle et les traumatismes historiques. Dans le déni de l'historicité qui affecte les thérapies cognitivo-comportementalistes, on commence à repérer les dégâts provoqués par une telle surdité et par le déni de la dimension inconsciente, pour certains patients qui s'adressent à nous en seconde intention.

Pour la psychanalyse, *l'estime* qui évalue une route parcourue peut être le chemin qui mène du symptôme, de la honte et de la haine de soi à travers le questionnement sur les *origines*, à la question de la filiation et de la transmission symbolisante. L'analyste ne peut faire l'économie des bégaiements de l'Histoire ou bien ce pourrait être au risque de ne jamais permettre au Sujet de devenir acteur de son énonciation. Mais qu'en est-il dans le social ? L'existence de lieux où est interrogée cette « absence radicale de tout sentiment d'amour[234] » est fondamentale. Ainsi, après une rencontre publique sur la trace et la transmission, un participant qui n'avait pas de lien avec la psychanalyse jusque là nous adressa ce courrier : « Peut-être que la mémoire a besoin de se noyer dans l'oubli avant de surgir comme un esquif sur l'océan. Peut-être, comme le noyé qui refait surface au bout de trois jours, sous la forme d'un cadavre que l'on appelle mais qui ne répond pas, on peut mettre en doute la mémoire, mais lorsqu'elle se fait présente, elle devient redoutable. » Plus loin il écrit : « Merci pour

**Archives incandescentes**

l'occasion offerte de paroles à des néophytes de la psychanalyse […] C'est grâce à ces réflexions que j'ai pu (je me suis autorisé) à mettre un peu d'ordre dans mon chaos intérieur. »

Ces lieux d'inscription dans le collectif peuvent donc être des lieux de débat s'ils sont aussi inventifs et vivants que des œuvres littéraires ou artistiques. Gérard Wacjman parlant du film *Shoah*[235], de Claude Lanzmann, comme de l'œuvre du « siècle de l'Absence », écrit : « Ce film qui témoigne pour la vie, témoigne aussi pour l'art. Il serait tout de même insensé de se proposer de faire ce plaisir posthume aux nazis de penser liquider l'art de ses propres mains à cause d'eux, quand c'est précisément ce qu'ils rêvaient de faire[236]. »

*Prière aux vivants pour leur pardonner d'être vivants*

*Vous qui passez*
*bien habillés de tous vos muscles*
*comment vous pardonner*
*ils sont morts tous*
*vous passez et vous buvez aux terrasses*
*vous êtes heureux elle vous aime*
*mauvaise humeur souci d'argent*
*comment vous pardonner d'être vivants*
*[…]*
*Je vous en supplie*
*faites quelque chose*
*apprenez un pas*
*une danse*
*quelque chose qui vous justifie*
*qui vous donne le droit*
*d'être habillé de votre peau de votre poil*
*apprenez à marcher et à rire*
*parce que ce serait trop bête*
*à la fin*
*que tant soient morts*
*et que vous viviez*
*sans rien faire de votre vie*

**Charlotte Delbo**
*Une connaissance inutile*[237]

# L'au-delà du silence

## L'éthique du passeur ou témoigner pour la vie

Témoigner pour la vie, c'est ainsi qu'il faut entendre la *Prière aux vivants pour leur pardonner d'être vivants* qui conclut le recueil de poèmes de Charlotte Delbo déportée avec d'autres résistantes en 1942 à Auschwitz.

Pour un psychanalyste qui ne souhaite pas occulter la dimension sociétale il ne s'agit pas d'être militant au sens où l'entendait le XXe siècle, siècle des idéologies, mais de *faire quelque chose de cette vie qui est donnée,* soit de ne pas céder sur son désir, non seulement dans le transfert à l'écoute des cures des analysants – psychanalyse en intention – mais aussi dans la psychanalyse en extension. L'une ne va pas sans l'autre sauf à dénier une part essentiel du Sujet, celle qui, du fait du langage, nous lie à l'Autre, aux générations qui nous précèdent et donc à l'Histoire.

« Quand le passé revient de façon imprévisible, ce n'est pas le passé qui revient : c'est l'imprévisible[238] » écrit Pascal Quignard. N'est-ce pas ce que nous voudrions tant oublier, l'imprévisible, et avec lui, l'altérité dans sa dimension universelle ? Car sans imprévisible, pas d'altérité mais une radicalité objectivante. L'altérité se manifeste dans l'acte de création qui implique de se confronter à l'imprévisible. Cet acte ne prend pas obligatoirement le nom d'art, il n'est pas non plus forcément un acte solitaire tel le peintre en son atelier ou l'écrivain face à la page. Il peut être porté par cette *éthique du Sujet* qui peut se manifester hors du champ de la cure psychanalytique lorsqu'est fait crédit à un ou plusieurs d'un savoir insu et créatif et dont il leur appartient d'en faire quelque chose. C'est dans cette élaboration qu'a lieu l'interpellation réciproque – créatrice de l'individu et du collectif – et que quelque chose du Sujet peut scintiller.

Un exemple remarquable au cours de toutes ces années de rencontres publiques du *Point de Capiton* : le travail d'improvisation théâtrale rassemblant des adolescents de différents milieux socioculturels et origines géographiques de la région d'Apt. Portée par trois animateurs d'une Maison des Jeunes et de la Culture[239] où la population de Harkis est importante et où la mixité sociale n'avait pas cours, cette initiative a été particulièrement concluante. Ces adolescents affirmaient à la suite de cette expérience : « On n'est plus étranger les uns aux autres, car on a quelque chose à dire ensemble. » Il est remarquable que cette pratique théâtrale, qui ne craignait pas la confrontation, ait entraîné pour chaque adolescent l'autorisation et le

**Archives incandescentes**

désir d'employer un vocabulaire inédit pour certains, élevés pourtant dans leur langue maternelle, le français, et qu'ils n'utilisaient pas, tant il s'agissait jusqu'alors de correspondre à la norme du groupe y compris dans les codes d'appauvrissement de la langue.

Mais les psychanalystes sont-ils épargnés par la normativité du groupe du fait qu'ils font profession de faire advenir des Sujets à la parole ? Et comment peuvent-ils interroger aujourd'hui l'histoire de ces trente dernière années du point de vue de leur participation à une certaine normativité à laquelle ils ont contribué ou qu'ils n'ont pas su repérer ni contester ? N'est-ce pas cette tâche qui leur incombe afin de transmettre de façon vivante la psychanalyse ?

Comme le dit Olivier Sigrist [240], l'analyste doit à son éthique d'être un passeur. Mais dans le lien social, comment rendre compte de cette dimension du Sujet de l'inconscient ? Sommes-nous jamais garantis d'être des passeurs lorsque nous intervenons publiquement ? C'est dans ce dilemme entre faire silence – car nous savons bien les hiatus entre Sujet et collectif – et prendre le risque d'une parole publique, que nous nous trouvons à chaque fois que nous sautent au visage les monstruosités commises contre l'humain, les désubjectivations par voie légale, les accusations de dangerosité à l'encontre de ceux qui, schizophrènes, sont pourtant eux-mêmes victimes de leurs hallucinations[241].

Dans la dynamique ultra comptable des hôpitaux, certains lieux de soin psychique sont aujourd'hui un défi à la tentative d'uniformisation sous couvert d'adaptation dont sont victimes les sujets dont la souffrance psychique est de l'ordre de l'éclatement, du morcellement, du Réel. Je fais ici référence aux Ateliers de création artistiques initiés par René Pandelon à l'Hôpital de Montfavet dans le Vaucluse, au travail de l'équipe de Patrick Chemla au Centre Artaud de Reims et à celui de la Clinique de Saint Martin de Vignogoul dans l'Hérault portée durant des années par Hervé Bokobza. Ces lieux, et d'autres encore, qui résistent du fait d'une éthique portée par des équipes tout à la fois attentives à la dimension du Sujet de l'inconscient ainsi qu'à une notion d'hospitalité et de travail institutionnel savent mal se faire connaître dans un monde où le spectaculaire l'emporte sur le travail de fond.

Le lien social vivant est un kaléidoscope d'altérités mouvantes, et parfois émouvantes, c'est pourquoi il y a une mesure commune entre ce qui se joue dans le processus de création – qu'il soit littéraire, théâtral ou plastique – et ce qui est mis au travail dans la préparation de rencontres publiques, pourvu que ceux qui s'y emploient soient dans une réciproque estime avec ceux et celles qu'ils invitent à dire, intervenants et auditeurs. De tels lieux sont à préserver, à une époque où les protocoles contraignent les auteurs – y compris dans les publications en sciences humaines. Pour être publié dans des revues internationales, il s'agit désormais de correspondre à des normes protocolisées qui exclut la majorité des psychanalystes ainsi que nombre d'auteurs en sciences humaines qui refusent d'entrer dans le rang de la compétition évaluatrice. Les psychanalystes enseignant à l'université ne sont donc plus épargnés par le rouleau compresseur qui s'est mis en route dans les années 1995 pour la psychiatrie.

La vie humaine a ceci de paradoxal qu'elle est à la fois dans l'urgence absolue de l'instant qui compte pour un Sujet et dans une temporalité longue qui échappe aux décideurs de tout acabit imaginant pouvoir la contraindre. Les totalitarismes l'apprennent toujours à leur dépend. Faire cheminer cette parole d'Albert Cohen, écrite en 1972, rencontrée en 1996 et réinterrogée aujourd'hui, c'est aussi porter témoignage du vivant contre le meurtre, porter témoignage de l'altérité du monde contre *la dictature incantatoire* de l'uniformité qui, si elle n'a plus la figure du camelot, revêt les mêmes habits de haine et d'épouvante pour exclure les étrangers et les étranges fous.

## *L'au-delà du silence*

*Parfois le temps et le silence
perlent dans la suspension des jours
et prennent une couleur d'aurore*

*Parfois le temps et le silence
se jettent l'un contre l'autre
ahurissent le moindre espoir
et le rendent obscène*

*Parfois le temps et le silence
s'échappent dans un souffle
et fuyant les regards
prennent un parfum d'automne*

*Les Temps épars*[242]

L'écriture, promesse d'une inscription ?

# Suffit-il d'écrire pour inscrire ?

> *La parole transcrite, aux poignets de laquelle nous avons passé les fers, que nous avons naïvement cru fixer, conserve sa liberté dans l'étendue de sa pérennité nocturne. Liberté éblouie qui nous effraie et nous angoisse.*
>
> Edmond Jabès
> *Ça suit son cours*[243]

**Promesse de la Note bleue**

Alain Didier-Weill, dans un article paru dans le numéro 8 de la revue Ornicar[244], faisait une hypothèse qui rejoint ce que je tente de faire entendre dans *l'Oubli en abîme* à propos de cet enfant psychotique terrorisé sur le seuil, au moment de quitter le lieu de sa séance et pour lequel le signifiant « vivant » a produit un effet d'apaisement puisque *tout se passe comme si l'enfant appelle une parole portée par un désir*.

Mon hypothèse est que cet appel est appel non d'une parole discursive mais d'un désir qui sans doute vibre dans la voix. Il est la captation brutale par un Imaginaire qui fait coupure, tel qu'il apparaît dans la fonction de l'illusion lorsqu'une mère insuffle du vivant – sens et non-sens tout à la fois – là où il n'y a chez le nourrisson qu'un cri. La fonction de l'illusion allie désir et présence, acceptation de l'imaginaire et désir de mise en narration. Pour l'enfant psychotique le discours articulé qui lui vient aux oreilles est le plus souvent bruitage plutôt que signification symboligène. Pourquoi, de quelle manière certains mots viennent-ils faire, comme dans le cas évoqué, interprétation au point qu'une coupure s'inscrive corporellement dans le continuum terrifié de cet enfant ? Alain Didier-Weill écrit : « La nature de la Note Bleue avec ses voisines diachroniques mérite de nous retenir. » Il la situe comme la réalisation d'une promesse dont l'improvisation du musicien de jazz inspiré est porteuse. Il la conçoit donc non comme effet *d'après-coup* tel que repéré par Lacan dans le discours articulé, mais comme effet *d'avant-coup*. « En ce sens la Note Bleue, précise-t-il, n'est pas tant ce qui va donner, par effet rétroactif son sens au début de la phrase musicale : elle est la réalisation d'une promesse dont le discours antécédent était porteur : elle est la continuation, pourrait-on dire, du savoir supposé de la ligne diachronique. »

La pratique avec les enfants psychotiques implique de se situer dans une improvisation à laquelle le corps émotionnel participe. Elle situe l'écoute analytique du côté de la promesse. De quel ordre serait cette promesse ? Et à qui est-elle adressée ? Promesse d'une présence à soi et à l'autre que l'analyste adresse à ce point qui fait nœud en lui parce qu'énigmatique. Mais, comme pour le musicien, la possibilité d'improvisation s'accompagne d'un lâcher-prise mais aussi d'une expérience qui rend compte de la division subjective par laquelle il est travaillé, expérience tant de fois remise sur le métier, séance après séance.

Se supposer *vivant* est la chose qui semble sans doute la plus naturelle mais qui est aussi la plus difficile qui soit car elle implique que quelqu'un, un jour, vous ait transmis cette illusion de la vie comme *à venir*, sans cesse à construire, c'est-à-dire comme un mouvement interne suffisamment sécure. Cela implique qu'il vous ait fait cheminer dans son propre mouvement interne sans vous y noyer, ni vous en exclure radicalement. C'est d'ailleurs cette référence au mouvement psychique interne qui est mise à mal lors des atteintes traumatiques ou qui est révélée par le traumatisme. Le travail auprès d'enfants psychotiques s'appuie sans conteste sur ce mouvement psychique interne de l'analyste que Lacan nomme « la présence de l'analyste ». Comment définir la présence sinon du côté du vivant ? Le mot « présence » renvoie lexicalement à l'existence *et* au lieu tout à la fois. Être présent c'est exister en habitant un lieu. Ainsi se vérifie le nouage de la parole avec un lieu qui permette de faire corps vivant, corps non pas animé de mouvements, pris dans des actions, mais animé psychiquement et donc pouvant produire des actes. Au contraire de l'action, un acte est parole dans un contexte signifiant.

Alain Didier-Weill dans ce même article poursuit : « Si on voulait comparer une improvisation musicale à une architecture, on pourrait aussi dire qu'elle est soutenue par une poutre maîtresse dont la particularité serait de ne pas être encore là ; de n'être qu'à venir. » L'escalier en voûte sarrasine possède cette particularité. L'homme de

### L'écriture, promesse d'une inscription ?

l'art commence la voûte en brique à partir du sol en ne l'ancrant que sur un côté, puis il la poursuit tout en étant perché sur l'assise de ce qui sera l'escalier, assise qui le soutient au dessus du vide. Même en construction, la voûte sarrasine a une élégance discrète, simple trait de maçonnerie au dessus du vide. « Tout se passe comme si, poursuit Alain Didier Weill, dans l'improvisation, le créateur […] était appelé [par cette poutre maîtresse] et ne faisait que répondre à son appel. Cette formulation a l'intérêt de faire sentir que le musicien doit reconnaître le chemin qui le mènera au point précis où il a à s'abolir. » N'est-ce pas aussi ce qui se joue dans l'écriture du poème lorsqu'il échappe à la signifiance commune et vient faire entendre, un au-delà qui est promesse non d'un dit mais d'une inscription ?

D'une certaine façon, écrit Lacan, tout art se caractérise par une certaine manière, un certain mode d'organisation autour de ce vide[245]… » L'avant-coup qui participe à la création de la Note Bleue – que je prends ici comme paradigme de tout processus de création, aussi dérisoire paraisse-t-il à l'entourage – implique donc la soumission à ce mode d'organisation autour du vide *en même temps* que la présence au contexte, à ce qui fait signe et discours, afin qu'une parole émerge dans laquelle le moi s'abolit. Lorsqu'une telle parole surgit, elle a alors statut d'interprétation, créant la surprise pour le patient comme pour l'analyste.

### Suffit-il d'écrire pour inscrire ?

Y a-t-il dans l'acte d'écriture promesse d'une inscription ? Au sens étymologique du terme « Promettre » signifie « envoyer en avant, faire aller de l'avant » puis le mot a pris son sens actuel « d'engagement ». Il a donc laissé au mot « prédiction » cette part de certitude quant à l'aboutissement de l'action d'engager, d'envoyer en avant. Une prédiction fait intervenir les astres ou un au-delà théologique. On sait combien aujourd'hui le recours aux gourous, aux fondamentalismes religieux de toutes obédiences et aux soi-disant prédictions astrologiques sont le signe d'un malaise à vivre le monde et sans doute un questionnement sur le lien social et la transmission. Ces recours ont pour fonction de masquer une vérité subjective. On peut se demander si la techno science ne fonctionne pas aujourd'hui comme une croyance pour nombre de citoyens.

Une promesse, au contraire d'une prédiction, est un engagement qui repose sur une parole entre celui qui promet et celui

**Archives incandescentes**

qui reçoit. Elle se soutient de la parole donnée. Cette parole peut s'adresser à un autre sous une forme de contrat mais elle est, avant tout, parole qui, dans la division où se trouve le Sujet, l'engage vis à vis de lui-même. L'autre ne vient donc que soutenir cette parole et l'attester comme un *dit*. Une promesse met en œuvre le Symbolique, instance tierce en chacun de nous, névropathes du quotidien. C'est la raison pour laquelle une promesse non tenue à l'égard d'un autre entraîne culpabilité et angoisse lorsque cet autre disparaît, décède. Il n'est pas même nécessaire que cet autre ait été au courant de la promesse.

La promesse atteste donc de la division du Sujet. C'est dans cet écart entre *Je* et cet autre *étranger* à soi et en soi, dont parle le poète, que j'interroge les rapports entre l'écriture et l'inscription.

### Écrire, inscrire, transmettre

Les mots « écrire » et « inscrire » sont souvent donnés comme synonymes. Qu'est-ce donc que « l'écriture » ? L'origine étymologique du mot au XIe siècle renvoie à la matérialité originelle de la plupart des écritures, gravées sur pierre ou incisées. Il se rapporte au geste lui-même qui consiste à tracer des caractères. Ce n'est qu'au XIIIème siècle (vers 1250) qu'il se connote d'une notion de trace temporelle. Quant au mot « inscrire », il n'apparaît qu'au XIIIème siècle avec un sens précis de « noter des noms sur un registre ». Ajoutons qu'en géométrie il signifie, au XVIIème siècle : « tracer une figure à l'intérieur d'une autre figure ». Ce sens mathématique nous intéresse notamment parce qu'il permet de visualiser combien il faut, pour inscrire quelque chose, qu'un premier tracé ait été non seulement posé et repéré mais nommé.

L'inscription, pour la psychanalyse, renvoie au premier chef à la nomination et à la transmission. D'où cette question : quel est le statut de l'écriture au regard de l'inscription d'un Sujet dans le langage ? Les théories courantes sur l'écriture partent d'un double postulat. D'une part, le langage est un système d'expression comme un autre (gestes ou usage des tambours, par exemple). Et d'autre part l'écriture n'est pas, en principe, liée au langage. Contestant ces théories qui ne font de l'écriture « qu'une représentation visuelle et durable du langage », le psychanalyste Mustapha Safouan écrit dans son ouvrage *L'Inconscient et son scribe* : « L'écriture n'est jamais qu'écriture d'une parole[246]. » Il apparaît donc que les paroles sont à

## L'écriture, promesse d'une inscription ?

lire, tout autant que les écrits sont à entendre. Entre visible et audible, entre la voix qui fait entendre l'écrit et l'écriture qui est nécessaire à un repérage des homophonies dans le texte lu, la lettre permet une transmission qui conserve sa part d'énigme.

Dans la pratique clinique l'analyste perçoit combien, pour certains sujets, le doute quant à l'inscription peut être au cœur de la cure analytique. De qui suis-je né ? De quelle filiation ? Ou encore, comment soutenir une telle filiation ? Le doute quant à l'inscription a logiquement, du point de vue de la structure inconsciente, des effets sur la possibilité ou l'impossibilité d'un Sujet de transmettre. Cela va parfois jusqu'à l'impossibilité d'enfanter alors que rien ne vient l'expliquer médicalement.

La question de la transmission, par le biais de la répétition, est à l'œuvre pour tout Sujet. Transmettre, c'est recevoir et aussi donner. Cela implique une opération symbolique. Ce qui ne se transmet pas symboliquement – par la parole – passe donc de façon forcée et inouïe, réapparaissant dans le Réel. De ce passage forcé et inouï d'une génération à l'autre, il en advient toujours quelque chose.

Ce *quelque chose* peut prendre la forme d'un enfant symptôme : Françoise Dolto nous a montré comment le symptôme de l'enfant peut venir en lieu et place d'un non-dit parental, lorsqu'elle évoque par exemple, l'enfant qui chaque nuit réveille ses parents afin que l'un d'eux aille finir la nuit avec lui. Un travail avec l'un des parents dévoilera la difficulté pour l'un et l'autre de vivre une relation sexuelle, difficulté non dite. L'enfant est donc venu occuper cette place qui lui est assignée par l'impossibilité de ses parents de vivre leur sexualité et de parler de leur couple. Ce premier niveau d'analyse dans le meilleur des cas dégagera le nouveau-né d'une position pathogène. À un autre niveau, qui est celui du parent concerné par un travail analytique, l'engagement à interroger sa propre histoire lui permettra de découvrir combien lui-même a occupé une place d'intermédiaire, porteur d'un non-dit parental. L'histoire se répétant à son insu sur son propre enfant.

Il peut prendre aussi la forme d'un Réel du corps devenu surface d'inscription. Lorsque l'on ne compte pas ou lorsque quelque chose n'a pas compté au sens métaphorique du terme, l'inscription sur ou par le corps permet de faire que « ça compte tout de même[247] ».

Mais il peut prendre aussi la forme d'un acte créatif : écrire pour poser quelque part douleur et énigme ; vouloir les inscrire dans

## Archives incandescentes

un au-delà de la page en se confrontant à la publication qui est une façon d'aborder dans le social la reconnaissance d'une parole, d'une histoire, d'une déchirure. D'où les questions : quel est le statut de l'écrit donné à lire à l'analyste dans la cure analytique ? Est-ce qu'un psychanalyste doit accepter un écrit ? Cet écrit a-t-il même statut que n'importe quel autre objet banal ou incongru ?

L'analyse se fonde, du côté de l'analysant, de son engagement à respecter la règle analytique : « dites ce qui vous vient, sans censure ». Il s'agit d'accepter cette règle fondamentale de l'analyse qui n'est pas tant de *tout dire* que de dire ce qui tombe, surgissant à l'esprit[248], c'est à dire de dire n'importe quoi, y compris ce qu'on pourrait penser être une bêtise ou une honte, « pensées incidentes » selon l'expression du psychanalyste Jean Laplanche. Du côté de l'analyste, elle se fonde de l'écoute qui témoigne de sa soumission quant à la réalité de l'inconscient et à la dimension de la parole. Elle implique de s'abstenir de dévoiler le contenu du travail analytique, c'est-à-dire de disposer de la parole qui lui est confiée et également qu'il accepte qu'il n'y ait pas de passage à l'acte – séduction ou haine avec l'analysant – dans la réalité commune. Ainsi la réalité quotidienne ne doit pas envahir le lieu de la cure sinon dans un procès de parole.

Un écrit donné au cours d'une analyse relève-t-il de cet ordre de réalité ? Certains diront : l'analyse étant discours et tentative d'articuler une parole, le texte apporté en séance est hétéroclite à l'analyse et doit être refusé. Ainsi ramènent-ils l'écrit à l'objet. Il est vrai que l'oubli d'un objet en séance est à interroger dans le cadre du transfert et s'analyse. Mais l'écrit ne fonctionne que rarement sur le mode de l'oubli d'un objet déposé. Il est le plus souvent connoté au *don*. Il est différent d'un objet quelconque en ceci qu'il est donné après qu'une parole ait été déposée. Il est porteur d'un redoublement qui me paraît permettre de pointer là la structure du « point de capiton », comme tentative de nouage, dans le transfert, de quelque chose qui se dit dans l'inouï et qui atteste de sa présence dans la cure. Lacan introduit le concept de « point de capiton » dans son séminaire *Les psychoses*[249]. Il permet d'entendre ce qui, contrairement à la psychose, fait nouage chez le névrosé « arrêtant le déroulement autrement indéfini de la signification ». Le « point de capiton » n'est pas un maître mot, c'est un processus qui ramène une pluralité de signifiants à la singularité d'un seul signifiant. Un texte donné à l'analyste vient-il

## L'écriture, promesse d'une inscription ?

réunir un ensemble de signifiants pour un Sujet afin d'être le témoin possible d'une parole qui ne peut pas se dire autrement que par cette trace déposée sur la page blanche et qui demande à accéder au dire ?

Est-ce aussi une parole maîtrisée pour contenir l'angoisse du Réel ? Dans ce cas, l'écrit est-il seulement le lieu qui indique qu'il y a résistance à l'analyse ? Ou bien est-il aussi le lieu où le Sujet hors temps et parfois hors corps du fait du traumatisme vient constituer une topique afin d'y inscrire sa parole ? Est-ce un écrit qui va signer que quelque chose a déjà été traversé et qui va venir estampiller ce dire en un *dit* dans l'analyse ? Dans cette dernière hypothèse, la parole et l'écriture rendraient compte l'une de l'autre et surtout de leur nouage symbolique à l'inscription quant à l'autorisation d'une transmission, le Symbolique étant ce par quoi le Sujet peut s'inscrire dans une filiation, pas seulement familiale, mais également humaine. L'écrit donné à l'analyste est-il à entendre sur le versant de la répétition de la perte comme tentative d'inscrire cette perte en un lieu où elle pourrait être reconnue ? Ne présentifie-t-il pas le manque et donc l'acceptation que *tout* ne peut pas se dire ?

Dans le double mouvement de l'oubli de l'acte et de la présentification de l'être en tant que le Sujet se confronte à sa division et au manque, écrire et donner à lire cet écrit, est-ce cela inscrire ? Alors, dans la cure, prendre acte de l'existence de l'écrit, ouvrir à la parole à propos de ces traces déposées là, n'est-ce pas faire interprétation pour une transmission possible au sens où l'énonce Jacques Hassoun ? « La transmission serait une page d'écriture, un récit qui conte la geste des anciens que chacun lira, re-écrira à sa manière[250]. » Cette interprétation viendrait alors libérer le Sujet d'une soumission à un passé figé, fixé, pour l'autoriser à écrire une autre page et à s'inscrire dans cette filiation en mouvement.

Freud, dans une lettre à Romain Rolland, datant de 1936 et intitulée *Troubles de mémoire sur l'Acropole*[251], témoigne : « Tout se passe comme si l'important était d'aller au-delà du père et dans le même temps de ne pas pouvoir le dépasser. » Car ce qui importe dans la transmission n'est pas le projet de faire de l'identique statufié – mêmes rituels, même vêtements, attachement mortel à ce dont on est exilé et que l'on n'a pas connu – c'est l'autorisation de construire dans la culture du neuf qui reconnaît l'ancien et la mémoire de l'ancien, c'est l'autorisation d'inventer et non pas la soumission à la seule tradition. La psychanalyse, écrit Radmila Zygouris, « quoi qu'elle ait une fonction civilisatrice, […] n'a pas à être au service des monothéismes enragés et ivres de pouvoir au prétexte qu'ils sont le berceau de notre symbolique. Et on n'a pas à pousser des cris d'épouvante devant le constat « qu'une forme de symbolique » change parce qu'elle dépend d'une forme de culture en train d'évoluer à toute vitesse. On peut être sûr que la compétence symboligène continuera à s'exercer, car elle est une compétence de l'espèce, voire une nécessité des humains[252] ». Elle en appelle alors à la nécessité de théoriser, de conceptualiser, de penser, pour éviter de sombrer dans la passion du côté de la religiosité ou dans la soumission du côté du totalitarisme d'une pensée unique, technoscientiste, comptable, où même la dignité de l'homme deviendrait marchandisable.

Parler d'invention en psychanalyse, implique d'aborder l'importance de l'interprétation afin de la situer par rapport au psychologisme et à l'explicatif. C'est la capacité d'*interprétation* qui est supposée au psychanalyste dans le discours commun lorsqu'il lui est renvoyé en société qu'il interprétera sans doute chaque fait et geste. Or, ce que le discours social nomme « interpréter » est en fait du registre de l'explication : donner une raison raisonnante et raisonnable aux faits et gestes d'un autre censé n'en rien savoir. Qu'en est-il de l'interprétation en psychanalyse ? Elle s'impose au patient comme à l'analyste. Elle n'est possible que du fait de ce que l'on nomme le transfert, qui suppose lui-même quelques préalables. D'une part qu'il y ait une demande et d'autre part qu'il y ait une offre d'écoute. Lacan disait que c'est l'offre qui fait la demande et non l'inverse. Il est probable qu'en France, dans le social, la place faite à la référence psychanalytique depuis les années d'après-guerre jusqu'à la fin du XXe siècle, d'abord dans les milieux intellectuels et artistiques, puis dans les médias à plus soif – jusqu'à en détourner le tranchant contre la psychanalyse elle-même – a posé tout praticien analyste comme une offre ambulante de psychanalyse, le transformant en colporteur en quelque sorte ! Ou en camelot ! Y résister implique d'être au clair avec sa place d'analyste, celle où il est permis de parler et celle où il convient de rester silencieux.

L'interprétation, dans le cadre du transfert, inscrit un avant et un après. Elle ne vise pas le sens, contrairement à ce que l'on croit couramment. « Elle vise à réduire les signifiants dans leur non-sens[253] » écrit Lacan. L'interprétation est surprenante et surgit dans

## L'écriture, promesse d'une inscription ?

une séance ou ponctue la fin d'une séance. Elle peut s'énoncer sur le pas de la porte. Elle est effet de vérité. « Elle n'est pas faite pour être comprise[254]. » Elle produit « des vagues » dit Lacan. L'interprétation, donc, par l'équivoque qu'elle dévoile, remet l'énigme au cœur du travail analytique tout en relançant ce travail par l'apport d'un matériel nouveau. Dire que l'interprétation se mesure aux « vagues » qu'elle entraîne, c'est dire que peut s'ensuivre parfois une aggravation transitoire des symptômes, parfois un arrêt des conduites répétitives ou une disparition de phénomènes psychosomatiques. Il peut s'agir aussi de prise de décisions dans les relations amoureuses, familiales ou professionnelles.

Ainsi, lorsque j'écrivais, en 1989, que la création du *Point de Capiton* fonctionnait alors pour ses fondateurs comme une interprétation, cela signifiait à ce moment là que la création d'un Espace de recherches s'était imposée à nous dans le contexte de ces années extrêmement dogmatiques dans le champ psychanalytique, particulièrement cloisonné par rapport aux autres disciplines. Qu'en est-il aujourd'hui ? Les sciences cognitivistes et les neurosciences tiennent le haut du pavé et l'exclusion de la folie, sa mise au pas et aux normes, nous sont proposés comme horizon, non pas seulement entre les murs, comme aux siècles précédents, mais dans la cité puisque la folie est désormais assimilée à une déviance que le médicament, allié à la contrainte policière puisque législative, pourrait contrôler. Contrairement à ce qu'elles espèrent, une telle loi laissera les familles se débrouiller avec la difficulté que représente une telle charge sans médiation professionnelle, alors que c'est de cette absence de médiation, de l'absence de réponse par les professionnels, qu'elles se sont plaintes.

Pour parvenir à ses fins, le ministère a mené une bataille acharnée depuis de nombreuses années, au mépris de ce que défendent les patients eux-mêmes et de nombreux acteurs des professions de santé encore actifs et créatifs dans leurs domaines alors que les conditions d'accueil sont devenues scandaleuses du fait de manque de moyen en psychiatrie publique et que la sectorisation était mise à mal. Le ministère, parmi les batailles menées par le truchement de la Direction Régionale de l'Action Sanitaire et Sociale (D.R.A.S.S.) a voulu faire entrer chacun dans une logique comptable dont il importe d'évoquer ici ce qu'elle fut, tout en se demandant dans quel esprit haineux elle a pu germer ? Cette logique comptable passe par une

**Archives incandescentes**

écriture codifiée et permanente, seule référence désormais afin de demeurer dans l'illusion du risque zéro.

## Une « Enquête patient »

C'est le nom qui fut donné à une enquête effectuée dans les Centres Hospitaliers accueillant la folie par les « agents[255] » eux-mêmes – comble d'ironie ! – pour répertorier chaque acte accompli auprès d'un patient. Son but était d'évaluer le travail effectué – comptabilisé en nombre d'actes de plus de dix minutes – ainsi que l'adéquation entre le nombre d'agents et les nécessités théoriques de soin. Sous couvert de meilleure organisation, était visée la rentabilité. Le questionnaire de cette fameuse « Enquête patient » a été constitué non pas sur la base des références théorico-cliniques qu'utilisent les soignants pour leur permettre d'entendre une personne dans sa spécificité mais sur un codage rigoureux d'actions dont tout « acte » de moins de dix minutes était exclu. Le grand absent de cette mascarade était bel et bien le *sujet souffrant* pour qui la rencontre avec des *soignants* est sans nul doute déterminante. En effet, de même qu'une demande d'analyse ne se produit pas à n'importe quel moment de la vie d'un sujet et qu'elle est porteuse, dès le premier entretien, des signifiants majeurs de son histoire, de même le premier moment d'hospitalisation d'une personne en psychiatrie implique un faisceau d'éléments signifiants pour elle qui vont aussi *se constituer à partir* de cette entrée à l'hôpital. Il n'est donc pas indifférent de l'accueillir dans son humanité – dans sa division intra subjective, son morcellement, son histoire – ou au contraire de le recevoir comme un objet saucissonnable – toutes les tranches de moins de 10 minutes étant comptées pour zéro !

Dans la cure, une interprétation, c'est quelques mots, souvent brefs, qui permettent au travail psychique d'un analysant de prendre un autre souffle et qui inscrit un avant et un après. Une interprétation compterait pour zéro dans « l'Enquête Patient » de la DRASS. Or il existe parfois des instants d'interprétation au cours d'une hospitalisation en psychiatrie même si les choses sont moins aisément repérables du fait de la multiplicité des soignants. Dans un après-coup d'hospitalisation, certains patients font état de telle parole énoncée par un soignant, parole qui leur avait permis de se réorienter à l'égard de leur souffrance et d'envisager un ailleurs possible.

## L'écriture, promesse d'une inscription ?

### L'interprétation et l'hypothèse de l'inconscient

« L'inconscient, je n'y entre, pas plus que Newton, sans hypothèse » disait Lacan dans son Séminaire *Encore*[256], en 1973, alors qu'il abordait « la fonction de l'écrit ». Et il ajoutait : « Mon hypothèse, c'est que l'individu qui est affecté de l'inconscient est le même qui fait ce que j'appelle le sujet d'un signifiant. […] Un signifiant en lui-même n'est rien d'autre de définissable qu'une différence avec un autre signifiant ». Ainsi n'est-il pas hasardeux pour un Sujet qu'un mot vienne pour un autre, mais faut-il encore que cette petite différence dans l'énoncé, soit entendue par un autre qui *fait l'hypothèse* de l'inconscient. Ce que l'on nomme le *lapsus* joue parfois sur une seule lettre : rêve pour rive par exemple… C'est cette petite différence de lettre – l'une pour une autre – qui supporte l'hypothèse de l'inconscient pour celui qui écoute et permet à celui qui parle de s'entendre dire au delà de ce qui lui est venu d'abord à la pensée. Bien sûr, pour la rationalité cognitiviste, comportementaliste et marchande, il n'y a, dans la différence d'une lettre, non pas effet de l'inconscient, mais erreur de programme, comme pour un ordinateur. Ainsi l'hypothèse de l'inconscient tient-elle seulement à la reconnaissance que la lettre, une seule lettre, peut faire différence. Celle-ci indique à l'analysant qu'il y a un au-delà de son dire.

Lacan précise encore : « Dans votre discours analytique, le sujet de l'inconscient, vous le supposez savoir lire. Et ça n'est rien d'autre, votre histoire de l'inconscient. Non seulement vous le supposez savoir lire, mais vous le supposez pouvoir apprendre à lire. Seulement ce que vous lui apprenez à lire n'a absolument rien à faire, en aucun cas, avec ce que vous pouvez en écrire. » Ainsi Lacan nous met-il à l'aise ! S'il est vrai qu'à chaque fois qu'une interprétation surgit dans une cure avec ses effets de vérité, il y a transmission de la psychanalyse, il est peu probable que l'on puisse en rendre compte absolument par un écrit ! D'où la nécessité d'envisager l'analyse non pas comme un savoir théorique mais comme une *pratique* qui implique qu'on s'y soit confronté avant d'envisager d'occuper cette place d'analyste.

Mais alors, pourquoi certains psychanalystes écrivent-il ? Comme un exutoire ? Comme une nécessité ? La question de la transmission est à l'œuvre pour chacun. Elle prend ses racines de sa propre psychanalyse et du questionnement sur son désir d'occuper cette place d'analyste. Elle implique aussi d'interroger la théorie et de

## Archives incandescentes

se laisser interpeller par les énigmes nées de l'écoute de chaque analysant dans le vif de sa parole, de ses silences, mais aussi de ses actes manqués, des achoppements et des répétitions. Il s'agit d'inventer, séance après séance, la psychanalyse, et ce faisant de la transmettre si l'on veut bien l'entendre comme le souligne Juan David Nasio : « Transmettre, c'est rendre possible un nouvel acte ». Ou encore : « Plutôt que de transmettre ce qu'on invente, il s'agit de transmettre le pouvoir d'inventer. Aussi, l'acte de transmettre sera-t-il redoublé d'un acte second. [...] D'un acte à l'autre, conclut-il, le Réel se conserve[257]. »

Or le Réel, c'est pour la psychanalyse l'impossible même et plus particulièrement l'impossible d'écrire le rapport sexuel, d'en rendre compte. Il ne s'agit pas là de ce que l'on appelle « l'acte sexuel » ou « la relation sexuelle ». Il s'agit de l'énigme du rapport du féminin et du masculin ainsi que de cette autre énigme : « Qu'est-ce qu'une femme ? » ou « Qu'est-ce qu'un homme ? ». Que l'on soit inscrit dans le monde par le signifiant « homme » ou par le signifiant « femme », l'on ne peut rien dire quant au rapport à l'autre sexe. Ce qui fait rencontre, c'est qu'une femme soit un symptôme pour un homme et qu'un homme soit un symptôme pour une femme. L'affect donne l'illusion que ce rapport pourrait s'écrire, que cette énigme pourrait être découverte. Par la voie de l'inconscient, la fonction de l'amour est de substituer à l'impossibilité d'écrire quelque chose sur l'énigme de l'autre sexe, l'illusion que quelque chose s'inscrit.

Ainsi l'inscription ne serait-elle jamais qu'une promesse. Promesse nécessaire au vivant puisque lorsque vacille cette illusion, le symptôme de l'amour devient drame dont souffre le Sujet. On peut jouir d'un symptôme, s'en réjouir, y prendre plaisir, et au pire en souffrir, d'où dans ce cas, l'adresse à l'analyste. Ces remarques permettent de comprendre l'importance qu'accordait Freud à l'étiologie sexuelle des névroses, contre vents et marées, c'est-à-dire contre certains de ses disciples et en tout premier lieu contre Jung.

Voici ce que dit Jacques Lacan de cette impossible écriture du rapport sexuel : « Tout ce qui est écrit part du fait qu'il sera à jamais impossible d'écrire comme tel le rapport sexuel. C'est de là qu'il y a un certain effet du discours qui s'appelle l'écriture[258]. » Ainsi l'écriture, le désir d'écrire, la nécessité impérative d'écrire chez certains est-elle à la mesure de leurs questionnements et de l'énigme que constitue la différence des sexes. Au delà d'une interrogation sur

## L'écriture, promesse d'une inscription ?

la place que l'on occupe dans sa propre histoire – dans ce que Freud a appelé le « roman familial du névrosé » –, ce désir et cette nécessité d'écrire ne sont-ils pas une tentative d'inscription dans l'humain par le biais d'un appel à l'Autre ?

« L'Autre » – avec un grand A – indique, dans la terminologie lacanienne, un lieu, trésor des signifiants, c'est-à-dire un lieu qui nous préexiste et nous « cause », nous fait humain. Il peut prendre les traits d'une figure du divin ou, pour le jeune enfant, celui de sa mère. Pour la psychanalyse, « l'Autre » est un lieu, au-delà du « mur du langage », dont l'analyste sait qu'il fonctionne en tiers dans la dynamique de la cure analytique. Une analyse n'est donc pas une relation à deux mais un dispositif qui inclut ce tiers, « l'Autre » du langage auquel l'analyste sait que le Sujet s'adresse, au-delà de la personne de l'analyste. La logique de l'inconscient implique qu'il faille un analyste en chair et en os pour que le Sujet entende son appel comme un appel à « l'Autre » en tant que trésor des signifiants. C'est dans ce trésor que nous puisons chacun lors des premières années de notre vie et ce puisage va être déterminant de nos choix ultérieurs.

### Freud et le désir d'écrire

L'on sait combien Freud admirait les écrivains dont il disait : « Et il est bien permis de pousser un soupir quand on s'aperçoit qu'il est ainsi donné à certains hommes de faire surgir, véritablement, sans aucune peine, les connaissances les plus profondes du tourbillon de leurs propres sentiments, alors que nous autres, pour y parvenir, devons nous frayer la voie en tâtonnant sans relâche au milieu de la plus cruelle incertitude.[259] » L'on sait aussi comment Freud inventa la psychanalyse, c'est-à-dire la libre association : aux protestations énergiques de sa patiente Emmy Von N... qui lui demande d'arrêter de toujours lui poser des questions, il répond « J'y consens » et découvre les effets de cette parole libre. Y était-il sans doute déjà sensible si l'on en croit ces éléments rapportés par Michel Gardaz citant Freud : « À quatorze ans, j'ai reçu en cadeau les œuvres de Ludwig Börne. Aujourd'hui, cinquante ans plus tard, je possède toujours ce livre, le seul datant de ma jeunesse. Cet écrivain avait été le premier dans les écrits duquel je m'étais plongé[260]. » Ludwig Börne fut un des premiers auteurs allemands à avoir, au début du XIXe siècle, introduit dans la littérature des thèmes de l'actualité politique. Il voulait contribuer à décloisonner une société dans laquelle les

## Archives incandescentes

cloisonnements sociaux et intellectuels laissaient la part belle au pouvoir absolu. En tant qu'écrivain, « il travaillait intellectuellement les faits dans le but de fabriquer des pensées produisant de l'opinion publique » écrit son biographe Rachid L'Aoufir[261]. Il participait à l'émancipation des groupes sociaux auxquels le statut de citoyen était refusé partout en Europe : les paysans, les vagabonds et mendiants et… les femmes. Son biographe énonce la modernité du personnage. Il met en perspective sa pensée dans le contexte de son temps et de ce qui se joue aujourd'hui en Europe.

Les propos de Ludwig Börne, repris par Michel Gardaz, laissent rêveur, si l'on admet combien la règle de l'analyse – dire tout ce qui vient à l'esprit, sans censure – y fait écho. En 1823, dans un petit article intitulé *L'Art de devenir écrivain en trois jours*, il écrivait : « Prenez quelques feuilles de papier et transcrivez trois jours durant, sans tricherie ni hypocrisie, tout ce qui vous passe par la tête […] Au terme de ces trois jours vous n'en reviendrez pas d'avoir eu tant d'idées neuves et inouïes. Tel est l'art de devenir en trois jours un écrivain original ! » On peut donc prendre la mesure de ce qui se joue aujourd'hui dans la forte demande de participation à des ateliers d'écriture alors que le lien social est mis à mal dans une société dite transparente mais de fait extrêmement cloisonnée.

Devenir écrivain ne tiendrait-il qu'à cette capacité très partagée d'écrire ce qui vient à l'esprit pour peu qu'on s'y contraigne trois jours durant ? Sans doute pas car est long le chemin entre premier jet d'écriture et une réécriture exigeante doublée d'un travail sur la langue. Pour autant, les ateliers d'écritures qui n'ont pourtant pas l'ambition, en France du moins, de former des écrivains permettent de découvrir parfois des pépites surprenantes dans des textes écrits par des néophytes. Ce lâcher-prise, d'où sont exclues tricherie et hypocrisie, est l'une des visées des ateliers d'écriture. Dans la forme que je leur connais, tant à l'hôpital que dans certains ateliers dont les animateurs sont issus du Diplôme Universitaire de Marseille, ils impliquent de convoquer en chaque écrivant un *désir d'écrire* en lien avec la littérature et le travail sur la langue.

# Désir d'écrire

> *Ennuyez vous. Car ce jour là*
> *vous prendrez un porte-plume et un papier*
> *et vous ferez peut-être un chef d'œuvre.*
> *Tout est dans la qualité de l'ennui.*
>
> Max Jacob
> *Conseils à un jeune poète*[262]

**Écrire en atelier d'écriture**

Qu'est-ce qui témoigne de ce désir d'écrire en atelier d'écriture ? Sous quels aspects énigmatiques, banals ou surprenants apparaît-il ? Dans le social, le désir d'écrire se manifeste sous deux formes.

D'une part, celle de la divulgation et de la publication. Celles-ci témoignent d'un processus qui, dans un temps premier, implique que l'auteur « empirique », comme le désigne Umberto-Eco, se frotte et même se cogne à l'impératif de projeter dans le monde ce qui – de l'ordre de l'Imaginaire et du Symbolique – touche au Réel. Pour ce faire, il utilise les mots, ces pauvres choses si communes. Il n'y a pas d'écriture littéraire si l'auteur n'a pas été engagé dans son écriture aux marges du Réel, de l'impossible à dire. Mais faut-il aussi que, dans un temps second, il ait fait en sorte – ce qui est encore une autre démarche – d'être publié.

D'autre part, le désir d'écrire est repérable par la demande croissante de participation – et aussi de proposition – à ce que l'on a coutume d'appeler « les ateliers d'écriture ».

Les ateliers d'écriture ont existé dans le domaine pédagogique particulièrement avec le courant de Célestin Freinet, depuis les années 1930, bien avant cette époque des années 1960 qui vit le début de leur essor. Se rassembler pour écrire – non pas ensemble, au sens où l'on écrirait un même texte, mais écrire en un même lieu, au même moment – a été porté en France à la fin des années 1960 par Élisabeth Bing qui fut la première à inventer une pratique d'écriture en atelier

### Archives incandescentes

avec des enfants en difficulté psychique dont elle témoigna dans son livre *…et je nageai jusqu'à la page*, immense succès de librairie qui est aujourd'hui encore une référence pour les animateurs d'atelier d'écriture[263]. C'est parce qu'elle sut articuler et théoriser souffrance psychique de l'enfant et capacité créatrice par une pratique d'écriture oralisée qu'elle nous intéresse plus particulièrement. Il s'agissait pour elle de « créer un état de dérangement […] pour que renaisse le désir » chez des enfants fâchés avec la langue et exclus de ce fait de toute activité créatrice. À la même époque, d'autres auteurs reconnus, dont Raymond Queneau et François Le Lionnais, initiateurs de l'Oulipo[264] dès les années 1950, inventaient une façon d'écrire ensemble dans un registre ludique et de recherches formelles à partir de contraintes conçues mathématiquement. Georges Perec – avec son roman *La Disparition* et s'appuyant sur cette forme littéraire née de l'Oulipo qui pourtant se définit aujourd'hui encore par ce qu'il n'est pas : ni mouvement littéraire, ni séminaire scientifique, ni littérature aléatoire – nous en montre le dépassement puisque son œuvre va bien au-delà des contraintes oulipiennes en posant la question de l'articulation entre forme et fond.

Lacan avançait à propos de la psychanalyse que c'est l'offre qui crée la demande. On peut aujourd'hui le vérifier pour ce qui concerne les ateliers d'écriture puisque l'offre a entraîné une demande croissante alors que, parallèlement, se produisait un délitement du lien social et un individualisme forcené dans une société marchande où prime la consommation. Pour qu'ils échappent à ce consumérisme, les ateliers d'écriture, qu'ils soient organisés sous l'égide d'un lieu de soin ou bien dans un cadre où le projet est autre que thérapeutique, doivent répondre, nous le verrons plus loin, à un certain nombre d'exigences de la part de l'animateur de l'atelier s'il a pour ambition de produire une efficace du côté de l'écriture comme production subjectivante certes, mais aussi littéraire.

Où trouve-t-on des ateliers d'écriture ? À l'hôpital mais aussi dans des centres sociaux, dans l'éducation nationale, certaines prisons, lieux culturels – médiathèque, bibliothèques de quartier – ou encore dans des théâtres qui organisent des ateliers d'écriture théâtrale en lien avec des projets de création d'un auteur en résidence. Certains ateliers sont proposés par des associations, des animateurs bénévoles ou d'autres qui en font profession et ont suivi une formation, parfois diplômante, d'animation d'ateliers d'écriture.

### L'écriture, promesse d'une inscription ?

Je participe depuis quelques années à la formation délivrée à l'Université de Marseille qui a été initiée par Nicole Voltz et Anne Roche dans les années 80. Elle a pour visée, non seulement la capacité technique d'animer des ateliers d'écriture mais aussi et surtout l'expérience in situ du rapport de chaque stagiaire à la littérature contemporaine et au procès d'écriture. Je préfère quant à moi l'appellation *chantier d'écriture* pour indiquer le travail qui s'y fait et la dynamique impulsée par quelqu'un qui se met en position de *passeur* pour les membres d'un collectif dont chacun a un lien avec l'écriture. Le terme *atelier d'écriture* est à mon sens plutôt descriptif d'une manifestation formelle qui est repérable sur la scène sociale contrairement au mot « chantier » qui informe sur une dynamique individuelle et collective en cours. Étymologiquement ce terme réalise le sens de « support ». Il s'agissait initialement du bloc de bois soutenant le navire en construction. Par ailleurs, « mettre en chantier » c'est « commencer un travail ». Or les fonctions de mise en mouvement et de support sont indispensables à l'animation d'un atelier.

Les matériaux nécessaires à un chantier d'écriture sont bien sûr le plaisir d'une aventure collective mais aussi le travail car comme le savent les écrivains, l'inspiration, si elle existe, ne suffit pas ; la part de travail sur la langue, sur le texte à partir de la narration et de la poésie comme creusets, sur le détachement vis-à-vis de ses productions, est essentielle. De même, lâcher-prise quant à ses certitudes, à ses habitudes, fait partie de l'expérience créatrice. Enfin est indispensable le désir qu'a l'animateur de favoriser la mise en mouvement de ce qui, en chacun, cherche à s'exprimer dans une production écrite. Le terme « chantier » renvoie donc, à mon sens plus que le terme « atelier », au processus, au voyage, au mouvement, et donc à la mise en mouvement intrapsychique sans laquelle il n'y a pas d'écriture littéraire possible. Mais il convoque également la fonction tierce de l'animateur comme support dont il convient de ne pas méconnaître les embûches transférentielles puisque *l'art d'un passeur* est de proposer un dispositif qui va articuler la dimension subjective de l'écriture à la dimension collective de l'atelier afin que chaque écrivant ouvre son propre chantier d'écriture à l'intérieur de l'atelier. Or, dans ce passage, l'animateur en atelier est partie prenante du processus en cours pour chacun. Mais il est aussi concerné par la dynamique qu'il sera en mesure d'impulser du fait d'une pratique

## Archives incandescentes

éthique. En effet, il s'agit toujours de la rencontre d'individus, avec les dynamiques couramment repérables dans tout groupe. Pour autant, il ne s'agit pas de n'importe quel groupe puisque le projet d'un animateur en atelier d'écriture est de faire advenir un *collectif* que la rencontre va créer à partir du simple fait que chacun de ses membres arrive avec un *désir d'écrire* qui les rassemble en un même lieu. Du moins telle est la demande énoncée par chacun : écrire en atelier[265]. Aussi, si le désir d'écrire est là pour chacun, que recouvre donc la demande d'écrire en atelier ? Est-ce le simple souhait de faire partie d'un groupe ?

Mon expérience d'animation et aussi de régulatrice accueillant la parole d'animateurs soucieux de réfléchir à leurs pratiques m'indique qu'il y a toujours mise en danger pour le participant qui s'y risque. S'engager dans un atelier d'écriture n'est pas équivalent à faire du macramé ou de l'aérobic ! Il est vrai que certains participants espèrent *apprendre à écrire* dans une démarche qui interroge leur cursus scolaire et il s'agira de créer du différentiel entre la scolarité douloureuse et le plaisir du lâcher-prise ; d'autres ont toujours écrit, secrètement, comme honteusement. Mais alors, pour ces derniers, pourquoi ne pas continuer à prendre la plume, le stylo ou le clavier, seul, comme il se doit ? D'ailleurs, l'écriture ne plonge-t-elle pas ses racines dans la solitude de la page blanche, dit-on ? Cette nécessaire solitude de l'écrivain est, avec l'argument de l'inspiration ou du poète maudit, l'autre affirmation des détracteurs des ateliers d'écriture. Mais il se trouve que nombre d'écrivains – romanciers, poètes ou dramaturges – animent aujourd'hui des ateliers. Certains, aujourd'hui reconnus, ont participé à des ateliers alors qu'ils étaient au début de leur aventure littéraire ou viennent y retrouver le plaisir d'écrire avec d'autres dans un dispositif qui favorise la surprise.

La participation aux ateliers d'écriture ne peut plus être considérée comme un phénomène de mode, comme l'exprimait par exemple Michel le Bris après l'expérience d'écriture d'un roman avec des chômeurs de la région de Lorient accompagnés par Ricardo Montserrat, écrivain professionnel[266] : « Les ateliers d'écriture [...], le dernier avatar de l'idéologie « socio-cul » ? Une nouvelle version de ces pulls caca d'oie que les bourgeoises, jadis, tricotaient pour leurs pauvres, l'écriture aujourd'hui remplaçant le tricot[267] ? » Si cette importante demande, à laquelle répond une prolifération d'offre depuis la dernière décennie, n'est pas cet avatar dont parle Michel Le

## L'écriture, promesse d'une inscription ?

Bris, il s'agit peut-être alors d'un symptôme qui est aussi acte de résistance au délitement du lien social et appel pour que s'inscrive une temporalité longue dans ce lien restauré.

Sur un plan sociologique, on peut penser que l'atelier d'écriture remplace les veillées d'antan, les rencontres de voisinage ou encore cette appétence pour la correspondance qui a précédé l'ère du téléphone. Mais est-ce que le désir d'écrire se résume à quelque chose qui ne concernerait que le lien social et le plaisir de la rencontre, plus que le *désir* dans son sens psychanalytique, le désir inconscient ?

Écrire, c'est avant tout fatiguer les mots, comme l'on dit d'une poutre qui fatigue sous une trop forte poussée. C'est aller à la rencontre de la *lettre* contenue dans le langage. Sur la quatrième de couverture de *La Rhétorique Spéculative*, Pascal Quignard avance ceci : « L'expression courante « C'est un littéraire » n'est pas une injure. Elle est dotée de sens. Elle renvoie à une tradition ancienne, marginale, récalcitrante, persécutée, pour laquelle la lettre du langage doit être prise à la *littera*. Cette tradition oubliée est la violence de la *littérature*. »

Pour les participants des ateliers, les demandes formulées recouvrent des souhaits bien différents. Certains voudraient surmonter une inhibition reconnue ou supposée parce qu'un jour l'écriture est venue marquer un moment essentiel de leur vie avant d'être à nouveau enfouie, voire déniée ; d'autres ont le souhait de tenter l'expérience d'écrire dans un groupe, qu'ils aient déjà publié ou non. Quoi qu'il en soit de la demande explicite, les raisons avancées viennent masquer l'irraison, l'aspect énigmatique de la demande, ce qui est d'ailleurs un des points communs avec la demande d'analyse. D'où la gageure d'animer des ateliers sur l'autobiographie sans verser dans l'analyse sauvage et le psychologisme. Pour l'animateur qui s'y risque, un travail de réflexion dans un après-coup de la pratique prend alors toute sa portée, qu'on la nomme analyse de la pratique ou régulation, car un atelier d'écriture n'est pas un lieu de thérapie. C'est un lieu où la médiation par l'écriture va être éventuellement thérapeutique comme pour la psychanalyse qui est thérapeutique par surcroît, de même que Lacan disait de l'analyse qu'elle peut produire une « guérison de surcroit[268] ». C'est pourquoi, même lorsque le thème de l'atelier d'écriture est l'autobiographie, le positionnement de l'animateur – selon qu'il aborde l'autobiographie comme une vérité qui se révèlerait ou comme une fiction en cours d'élaboration – va induire une écriture psychologisante ou au contraire une écriture dont la visée sera littéraire avec la force que confère à l'écrivant un travail sur la langue.

Il y a bien plus de vérité pour un écrivant dans la visée littéraire de l'animateur d'atelier que dans une visée psychologique. Ceci est à mettre en perspective avec le fait qu'il y a bien plus de vérité pouvant advenir dans l'analyse du fait de l'attention au non-sens – au Réel, à ce qui échappe – que dans une écoute qui se veut compréhensive. Lacan n'invitait-il pas les psychanalystes à *ne pas chercher à comprendre ?* En effet, la vérité d'une personne ne tient pas au réalisme d'un énoncé, ni à la soi-disant reviviscence de souvenirs apportés comme un don à l'analyste et qu'il va estampiller comme une réalité. Elle tient au contraire à ce qui, du Réel, vient bousculer le nouage de l'Imaginaire et du Symbolique ainsi qu'à la prise en compte par l'analyste de la réalité psychique et du transfert.

Écrire et réécrire implique donc de renoncer au phantasme qu'il existerait une réalité objective afin d'entrer dans la dimension d'une fiction saisie dans une narration. Dans les années 1970, j'avais participé, par un heureux hasard de la vie, à un atelier d'écriture initié par Élisabeth Bing. J'en ai gardé le souvenir d'une expérience jubilatoire. Et si les textes, ceux des autres participants ni les miens ne me sont restés en mémoire, j'ai le souvenir des voix, des silences, des rires gênés ou de tremblements surprenants lors de la lecture d'un texte lu par son auteur. Demeure aussi le souvenir d'une *ambiance* où le plaisir côtoyait la gravité. Me revient la découverte de textes d'écrivains lus à voix haute par l'animateur, découverte d'écritures et d'écrivains dont je n'avais jamais entendu parler car, il est bon de le dire, les ateliers d'écriture sont une pépinière de lecteurs…

### Pratique des ateliers d'écriture

Toute une mythologie a cours en France sur l'écrivain traversé par un don et auquel une divinité tutélaire aurait soufflé son inspiration. La figure ultime en serait le poète maudit. Pourtant Georges Perec – dont l'histoire personnelle a croisé les éléments de l'Histoire la plus féroce et pour lequel l'écriture a été, plus que pour d'autres, l'outil, l'instrument, le médium, pour tenir debout – se comparaît, dans ses *Notes sur ce que je cherche*, à un paysan qui cultiverait plusieurs champs correspondant à quatre interrogations différentes[269]. Il délimitait quatre champs. Le champ sociologique –

comment regarder le quotidien ? Qu'est-ce que j'en prélève ? De quoi est-ce que je m'inspire ? – le champ autobiographique, le champ romanesque – correspondant au goût des histoires qu'on a envie de lire « à plat ventre sur son lit » dit Nicole Voltz – et enfin le champ ludique – le goût pour la langue, les jeux avec elle, le plaisir des règles et des contraintes formelles. Nicole Voltz s'appuie sur ce texte de Georges Perec pour donner une orientation à la formation et aux ateliers qu'elle anime : « Notre rôle d'animateur est de proposer des entrées, des explorations dans ces quatre champs, et aussi de garantir la visée générale de l'atelier : l'appropriation à travers une succession de situations construites des notions nécessaires pour créer[270]. »

Or, ces notions sont celles rencontrées dans la lecture. Prendre appui sur des textes d'auteurs lus à haute voix dans l'atelier, c'est participer à la circulation de symboles, au sens où l'entend François Tosquelles dans son ouvrage *Fonction poétique et Psychothérapie*. « Il ne faut pas confondre les « icônes » et les « enseignes » qui sont deux formes d'images, avec les symboles qui résultent toujours d'une répartition de deux parties d'un même texte verbal entre des gens et avec les évènements passés. […] Si les symboles lient les hommes entre eux et tous avec le passé, c'est également ainsi que naissent les possibilités et les perspectives, ou si on veut les exigences, de la liberté : la simple production humaine du devenir. Répétons qu'il s'agit là d'un fait qui tient à la substance même du langage[271]. » Et plus loin, il poursuit : « C'est donc dans la vie concrète des uns avec les autres que les structures symboliques se recréent chaque fois et nous placent en situation de reconnaissance et de renaissance : en situation de singularité personnelle de chacun en groupe ou en collectif. Il n'y a aucun miracle de la langue, seulement les effets de sa propre structure. » Faire tenir ces structures symboliques, liées à la langue, est un enjeu symboligène de l'animation d'atelier et c'est pour l'animateur une responsabilité éthique quel que soit le cadre de l'atelier, qu'il soit initié à l'hôpital ou dans un lieu où il n'est pas question de projet de soin car l'une des fonctions des ateliers d'écriture – s'ils ne se situent pas sur le registre de l'apprentissage comme certains animateurs s'y engagent à tort – est essentiellement de prendre soin de la langue ainsi que de l'effet qu'en produit l'usage libéré lorsqu'il mue un discours en parole.

Ces effets, qui parfois font énigme, achoppement, sont apportés comme tels par les animateurs – stagiaires ou déjà professionnels – au cours des régulations dont j'ai la charge, outil indispensable à la pratique. À l'écoute de diverses problématiques m'est apparu qu'un atelier d'écriture est sans doute d'abord un lieu d'oralisation adressé à un tiers. Derrière le terme « atelier d'écriture » se cache donc une pratique d'oralisation qui n'est jamais ou très peu évoquée. Lire à haute voix un texte, le sien ou celui d'un écrivain, convoque le regard et la voix. Déjà présents chez Freud, ils ont été élevés par Lacan au rang d'objets pulsionnels. Je me contenterai ici de dire l'importance du fait d'être sous le regard des autres lors d'une lecture. Toute la question du narcissisme se trouve posée là. François Tosquelles avance à ce sujet : « Le narcissisme, qui jaillit de sa source comme les différentes pulsions érotiques *avec lesquelles il se combine*, ne peut établir de liens vitaux qu'à travers le langage. » Plus loin, « les pulsions et le narcissisme ne sont pas des « instances » de même catégorie et de même destin. Ce n'est rien, non plus, dont on pourrait parler concrètement. *C'est que ce qu'on peut en dire et en entendre glisse sur les marges qu'ils suivent et où ils laissent leur trace.* Cette trace, nous ne pouvons la retrouver que sur les chemins qu'ils prennent, et ces chemins sont ceux du langage. »

Or, le premier temps de la rencontre en atelier d'écriture n'est pas l'acte d'écrire mais est une parole, celle de l'animateur qui énonce quelques règles simples, véritable sésame dont les deux premières sont essentielles : aucun jugement ne sera porté sur les personnes et si des retours ont lieu par l'animateur ou les participants après lecture d'un texte d'un des écrivants, ils porteront uniquement sur le texte. D'autres paroles viennent créer un cadre symbolique contenant : il n'y a pas de hiérarchie à instaurer entre ceux qui ont déjà écrit et ceux qui s'y risquent pour la première fois ; les fautes d'orthographe et de syntaxe sont secondaires – ce qui ne veut pas dire sans importance mais avec un rôle second ; enfin, la question de la confidentialité des textes et des paroles est nécessaire puisque, comme tout auteur, un écrivant doit être respecté dans sa démarche comme dans ses productions.

Par ailleurs, il importe avant tout de donner les conditions d'un lâcher prise pour chaque écrivant dans sa propre écriture. Il s'agit donc que chacun puisse écrire à son rythme. Ce mot renvoie chez les grecs anciens non pas à la cadence – c'est-à-dire au battement des vagues sur la grève – mais au flux du fleuve. Dire que chacun écrit à son rythme, c'est dire la pluralité des flux et des souffles. Le fait

## L'écriture, promesse d'une inscription ?

donc qu'un animateur d'atelier énonce ce contrat positionne son propre désir dans le collectif autour du texte noué à ce contrat symbolique. L'objet commun aux participants – un à un – et à l'animateur est donc toujours le texte : les textes produits, les textes d'auteurs amenés par l'animateur et parfois par les participants. Si quelque chose est proposé du domaine de l'image ou de la musique, ce sera comme support d'une production écrite.

Ainsi, un des effets premiers de ce cadre symbolique énoncé est que les mots écrits – inscrits puisqu'ils seront écoutés et le seront dans la garantie donnée par le tiers qu'est l'animateur du respect de l'énoncé de chacun – ont brusquement droit de cité sur la page. Que suppose-t-on lorsqu'on énonce ces règles ? Que vise-t-on et qu'est-ce donc qui les rend si opérantes ? On introduit, sans l'expliciter, la supposition d'un écart entre l'écrivant et son texte – entre « l'auteur empirique » et « l'auteur modèle » dirait Umberto Eco. Cette réassurance, qui s'adresse au conscient, touche en fait l'autre scène, celle de l'inconscient. C'est la raison pour laquelle les premiers jets, premiers écrits de début de session, sont parfois si riches, si inventifs.

Balisé par la parole de l'animateur, par ce qui dans son discours fait contrat, chacun s'installe en lui-même et dans le groupe. Alors parfois, du passé resurgit de manière imprévisible dans un texte écrit par un participant. Cela se produit de façon tangente par rapport au corps du texte qui paraissait anodin à l'écrivant au moment où il l'a écrit. Mais à la lecture, souvent sur un passage qui lui semblait secondaire, sa voix déraille ou s'éteint ; c'est que l'autre scène a pointé son nez, cachée qu'elle était derrière « l'auteur empirique », simple écrivant parmi d'autres qui l'écoutent. Les vacillements de la voix trahissent, signalent, la division subjective. Dans l'écart entre l'écrit et le dit, entre l'écrit lu des yeux et l'écrit porté par la voix, il apparaît de façon surprenante pour l'auteur d'un texte, que l'écriture a à voir non avec l'identité sociale du moi mais avec le *Je*, divisé en ses multiples facettes, toujours insaisissable comme le furet du désir.

Chacun avançant dans son écriture singulière, ce n'est qu'ensuite que se repèrent « les effets de l'écrit : effet de sens, effets esthétiques, effet sur des lecteurs présents[272]. » Et ces effets sont inscrits dans le texte lui-même. Les repérer permet à l'écrivant de penser la transformation ultérieure du texte, nommée « réécriture » En effet, après ce temps des premiers jets, il arrive que l'écrivant devenant auteur, s'auteurisant[273], se trouve dédouané de son dire

**Archives incandescentes**

narcissique par un narrateur qu'il a lui-même créé. Il entre dans la fiction qui se présente alors comme une invention nouant Imaginaire, Symbolique et Réel pour un au-delà de « l'auteur empirique ». Ce n'est donc qu'à la condition que les écrivants commencent à entendre œuvrer en eux ce différentiel entre langue – en tant que dans la langue il y a de la lettre – et psychologie ou autocélébration, qu'il leur est possible d'écrire au sens littéraire du terme, et surtout donc de réécrire.

**L'écriture dans la cure**

Le poète Jean-Louis Giovannoni[274] qui fut longtemps assistant social dans un hôpital psychiatrique de la région parisienne, avance « que nos mots sont la seule terre où l'on peut s'établir ? » C'est dire sans doute que l'exil intérieur qui parfois redouble l'exil territorial est le corollaire du *désir d'écrire*. Or dans ma pratique analytique, j'ai pu faire à plusieurs reprises ce constat troublant que des analysants, pour lesquels l'histoire familiale avait croisé dramatiquement la grande Histoire et ses bouleversements géographiques, exhument un texte travaillé, remarquable, écrit de façon solitaire bien avant la demande d'analyse, texte enfoui, oublié parfois, resurgi comme un *objet transitionnel* dans l'espace de l'analyse. Il s'agit bien là d'objet transitionnel car le travail de parole qui a suivi a toujours été de détachement. Jusqu'au courage de donner à lire le texte à l'analyste tout semblait immuablement figé dans un silence ou une répétition mortifère. Lorsque la révélation de l'existence de ce texte a été faite, avec en retour la proposition d'en faire partage dans l'espace de la cure, s'est déployée enfin une parole où la pulsion de vie l'a emportée sur la pulsion de mort.

Dans la cure, l'énoncé « j'ai écrit un texte » n'est pas à entendre comme anodine mais comme une révélation, au sens photographique du terme. Ces mots, « je voudrais vous donner à lire mes poèmes » sont à entendre comme une porte que l'analysant ouvre, enfin, afin de donner poids à une réalité qui jusqu'alors ne consistait pas. C'est, en effet, toujours un moment charnière où s'énonce le sentiment d'un exil mortifère et muet qu'il est temps de dépasser, d'oser partager, d'interroger.

J'ai pu constater à diverses reprises que cet évènement pris dans le transfert correspond à un tournant de la cure pour nombre d'analysants ayant des histoires traumatiques. Du côté de l'analyste,

## L'écriture, promesse d'une inscription ?

la proposition d'ouverture, « si vous le souhaitez, apportez votre écrit, j'en prendrai connaissance », apparaît alors comme une reconnaissance, non pas au sens imaginaire mais symbolique du terme. Accepter de recevoir un écrit équivaut à inscrire dans la cure, pour le Sujet, qu'il lui est possible d'accéder à une pluralité de sens qui ne sera pas psychiquement mortelle puisqu'il sera accompagné dans son parcours. C'est également prendre acte d'un travail sous-jacent entre méfiance vis-à-vis de l'analyste – dont on craint qu'il soit dans une position de savoir – et apprivoisement de l'ouverture vers d'autres hypothèses narratives possibles – travail analytique qui a précédé la demande et ce tournant de la cure. Avec cette ouverture s'énonce le *non-sens* lui-même comme hypothèse, au lieu d'un unique sens imposé par la névrose.

Du côté de l'analysant, la fixation imaginaire au sens névrotique dans lequel il ne se reconnaît pourtant pas tout à fait est un mécanisme de défense contre l'effondrement psychique. Aussi lorsqu'il accepte de donner à lire un texte, il consent, dans le transfert, à devenir lecteur en s'extrayant d'un narcissisme autoérotique afin d'aborder l'énigme que le texte recouvre.

En ceci, il y a sans doute une parenté entre ces textes donnés à lire à l'analyste et le rêve. Dans tout texte produit à partir d'une subjectivité qui se cherche, il y a une part d'ombre tout comme l'interprétation d'un rêve se clôt sur un ombilic. Pour autant, et grâce à ses parts d'ombre, un rêve fait toujours récit. De même, une narration, un poème, ne tirent leur force que de ce qui fait énigme entre les lignes. C'est en ceci que le rêve est, pour Freud, la voie royale vers l'inconscient. Dans l'analyse, à partir du moment où le Sujet parle d'un rêve, il devient lecteur, lecteur d'un texte qui s'élabore. Or le rêve, parce qu'il est entendu par l'analyste comme une écriture – comme un rébus, dit Freud – invite le Sujet à devenir lecteur de son propre texte. Tous les rêves ne sont pas racontés à l'analyste, pour autant il se produit qu'un de ces rêves va sortir du lot, surprendre le rêveur qui, alors, devient son propre lecteur en l'énonçant à un autre. Ce qui fait le lecteur est donc l'effet de surprise. Tel est donc le statut du rêve : la construction d'un récit qui laisse émerger du sens tout en laissant vibrer des points aveugles.

« L'auteur construit un récit de vie imaginaire au contact duquel le lecteur va essayer sa vie et ses récits possibles, écrit Pascal Quignard. [...] Comme dans la vie psychique, une souffrance, en criant vengeance, n'appelle pas autre chose dans l'univers, qu'un récit[275] ». Et ce récit, à son tour, crée un auteur pour un lecteur et pour lui-même puisque le texte est accueilli. D'où mon hypothèse : le texte de l'analysant donné pour lecture à l'analyste s'apparenterait au geste de divulgation de l'écrivain vers un entourage proche et de confiance, voire au geste de publication, en ceci que la lecture d'un texte par un autre contient la question du Sujet posée dans l'espace social afin qu'il soit reconnu comme auteur, non pas au sens social du terme, mais comme celui qui s'est autorisé à approcher son désir.

L'analyste occupe la place de l'Autre dans ses achoppements comme représentant d'une dimension collective énigmatique ou problématique pour le Sujet. Lorsque ce texte – dont l'existence a été enfin révélée – est repris dans le transfert comme un objet singulier dont l'analyste ne dénie ni la matérialité ni la portée symbolique, alors il est poinçonné sous un de ses aspects essentiels, celui de l'inscription. Écrire, c'est donc, bien au-delà de la signification, du contenu, de l'historiette, désirer s'inscrire, faire trace, comme l'on nomme un enfant, comme l'on signe un registre. Je me suis aperçue très tôt que cette façon d'envisager l'écriture dans la cure, était peu partagée voire iconoclaste dans la communauté analytique. Ce qui m'a sans doute poussée, dès les années 1990, dans le cadre du *Point de Capiton*, à travailler avec d'autres cette énigme du nouage entre psychanalyse et écriture[276].

Écrire, c'est lier et délier ou « nouer et dénouer », comme l'énonce Pascal Quignard. « Aristote disait que le secret de la mise en intrigue tragique consistait en nouer et dénouer. Desis et Lysis. Les Modernes ont conservé ce mot dans psychanalysis. Pour le mot psychanalysis, il s'agit de dénouer le mauvais rêve répétitif où s'est enfermée la vie d'un homme dans une succession de scènes déplaisantes et contraignantes. Toute souffrance est un rêve mal écrit[277]. » Ainsi, tandis que certains entreprennent une analyse d'autres deviennent des auteurs. Il n'est pas dit que certains auteurs n'entreprendront pas un jour une analyse. Car contrairement à la réponse qui aurait été faite à Marguerite Duras – ou l'écriture, ou la psychanalyse – pour d'autres auteurs, comme Henri Bauchau, il y a eu l'écriture *et* la psychanalyse.

Dans son livre *L'Ecriture à l'écoute*, Henri Bauchau dit ce qu'il doit à la psychanalyse qu'il fit à trente cinq ans mais aussi comment son analyste a soutenu la nécessité vitale de son rapport à l'écriture.

### L'écriture, promesse d'une inscription ?

« La présence de l'analyste est ambiguë : on l'appelait Madame, mais intérieurement, on était obligé de nommer une Sybille, ce qui était dangereux, car c'est avec elle que s'engageait, sur une couche obscure, le véritable dialogue[278]. » Il y a sans doute un point de parenté entre le fait de prendre la plume – cherchant une adresse vers un lecteur que l'on ne connaît pas – et le fait de prendre rendez-vous afin de parler à un psychanalyste qui demeurera hors regard. Henri Bauchau raconte comme il redoute l'accueil que fera son analyste à ces cahiers où « pour la première fois, [il se] tourne par écrit vers [son] enfance. […] Je me demande si la Sybille va l'accepter ou si elle va me le rendre en me disant : Dites moi plutôt ce qu'il y a dedans. Elle l'accepte […] elle l'a lu. Ce travail que je ne considère pas comme une entreprise d'écriture mais seulement comme un fragment d'analyse, est une étape importante. […] Je constate, dans l'après coup, qu'à partir de ce moment j'ai accordé plus d'importance à mes tentatives d'écriture et que je me suis engagé plus résolument dans l'analyse en commençant à comprendre qu'elle était ma propre affaire. » Ainsi pour Henri Bauchau, l'écriture va de pair avec l'oralisation dans les séances, et l'une et l'autre sont soutenues, interrogées dans le transfert, l'une se nourrissant de l'autre, l'une engageant l'autre.

**Mise en perspective entre atelier d'écriture et écriture dans la cure**

Voyons le parallèle qu'il est possible de faire entre une écriture oralisée destinée à un collectif en atelier d'écriture – dont on a vu qu'elle produit ces moments de division subjective – et la cure analytique. Je prendrai là encore appui sur la place du rêve dans la cure, ce qu'en précise la théorie et je dégagerai trois temps ou trois *pas de côté*.

Dans l'analyse, le récit d'un rêve surprenant pris dans le nouage du transfert entre l'analysant et l'analyste permet un premier *pas de côté* qui est la première indication qu'il se passe quelque chose qui concerne une création de sens. Ainsi, à partir d'un non-sens, un nouveau sens tente d'émerger. Et même s'il n'est pas advenu, sa place est inscrite en creux dans la surprise que contient le récit. Dans la cure, lorsqu'apparaît un rêve surprenant ou un cauchemar, tout se passe comme si le rêveur se disait alors : allons voir plus loin si j'y suis ? Voici dégagé ce *premier pas de côté*, véritable décentrement par rapport à une lecture première qui est autant un *temps de lecture qu'un temps d'écoute*.

**Archives incandescentes**

Il arrive aussi qu'un rêve ou un *cauchemar* ancien insiste ; cette insistance est le second temps repérable. « Le mot « cauchemar », qu'on écrivait autrefois « quauquemare » désignait la jument aux lourdes mamelles qui piétine avec ses sabots la poitrine des hommes durant leur sommeil[279]. » Le cauchemar piétine donc de façon si lancinante qu'il vient à l'esprit du rêveur de l'écrire dans le vacillement qu'il a produit comme pour s'en échapper. Écrire serait opérer un second *pas de côté*. Car pour écrire, il faut accepter de faire cet effort infime, de noter ce qui vient tout de suite, sans plus attendre. L'effort pour faire un *pas de côté* est donc celui qui consiste à se dégager, en quelque sorte, des sabots monstrueux du cauchemar. Dans un premier temps, s'en dégager signifie échapper au sommeil puisque le cauchemar réveille. Certains, dans un second temps, perçoivent ce que l'on veut ignorer, la finitude de la vie et éprouvent, dans cet entre deux suffocant, la nécessité d'écrire le cauchemar. Par ailleurs l'effort pour ce second *pas de côté* qui implique une écriture du rêve ou du cauchemar a un goût d'autocontrainte. On peut d'ailleurs noter ici que ce que l'on appelle « les consignes », proposées comme balises en atelier d'écriture, sont en fait des *contraintes d'écriture,* même si elles sont amenées comme des « propositions » ou des « ouvertures ». La force de la contrainte est d'être productive d'invention. Georges Perec en est un illustre exemple lorsqu'il se contraint à décrire un lieu à partir du même angle de vue à différents moments de l'année ou qu'il soumet son écrit à l'absence d'une lettre. Aussi, demeurer dans la question que soulève le rêve ou le cauchemar est comme un rendez-vous que le lecteur du rêve se donne à lui-même. Il se donne *rendez-vous* au premier sens du terme : « aller dans le lieu où l'on doit se rencontrer », en l'occurrence, un écrit. Il est intéressant de noter ici que le « rendez-vous » était initialement *un lieu* avant d'être un moment. En effet, au XVIIe siècle, c'est ainsi que l'on désignait le point géographique où devaient se retrouver les navires venant de divers horizons.

Enfin le troisième *pas de côté* serait d'écrire non plus le rêve ou le cauchemar, ni de rester en éveil mais d'écrire les effets du rêve, et plus encore, à partir de ces effets d'écrire autre chose d'inconnu, d'inattendu, d'inouï – une fiction ou un texte poétique. On peut dire alors, dans ce troisième *pas de côté*, que le lecteur, devenant auteur, se donne un rendez-vous dans l'autre acception du terme : celle de *lâcher prise* afin de *se rendre* à l'évidence du travail du texte. Ce temps où l'on

### L'écriture, promesse d'une inscription ?

se donne rendez-vous à soi-même, s'il est d'abord un lieu, celui de la page, peut durer l'espace d'un instant ou une journée à sa table : lorsque l'écrivain se soumet à ce rendez-vous, jugé inutile par quiconque est un peu sérieux et qu'il fait ce troisième *pas de côté*, alors dans ce mouvement même, il se quitte, il quitte le chemin tracé pour se trouver là où il ne sait pas qu'il est, ni qui il est.

### La place du lecteur

Un texte écrit est destiné à être lu. Il n'y a donc pas de littérature sans lecteurs. Il y a dans la lecture une dimension structurelle d'interprétation. Au cours d'une cure, l'interprétation dans sa fulgurance inscrit un avant et un après. Dans la littérature, de quel lecteur s'agit-il ? Un « lecteur empirique » certes, mais aussi et surtout, un lecteur *supposé par l'auteur*. C'est ce qu'Umberto Eco nomme « Lecteur Modèle », c'est-à-dire « un lecteur-type que le texte prévoit comme collaborateur et qu'il essaie de créer. Si un texte commence par « Il était une fois », il lance un signal qui sélectionne immédiatement son propre lecteur modèle qui devrait être un enfant ou une personne disposée à accepter une histoire qui dépasse le sens commun[280] » Aussi le lecteur a-t-il à faire non avec « l'auteur empirique », sa vie, ses amours, ses déceptions, son rapport au monde mais avec un texte *porté* par un narrateur. Telle est l'immense liberté de l'écrivain qui n'a de comparable que la liberté de l'association libre en psychanalyse. Un texte est donc produit par un « auteur empirique » certes, mais pour le lecteur, c'est d'abord le *narrateur* qui parle. Cela peut être les signaux que lui envoie le texte ou plus précisément pour la poésie, cet autre qui parle en lui du fond des âges : « Lire, c'est chercher des yeux au travers des siècles l'unique flèche décochée à partir du fond des âges », écrit Pascal Quignard dans *Rhétorique Spéculative*[281]. Quant à ce que d'autres nomment le style d'un auteur, Umberto Eco le théorise comme étant une « voix » qui n'est pas portée par « l'auteur empirique » mais par un « Narrateur », celui qui parle dans la fiction. Où, alors, se situerait la rencontre entre le lecteur et l'auteur se demande Pascal Quignard ? « Le seul lieu de l'espace où peuvent se rencontrer le lecteur et l'auteur est dans le point final. Cela dure le plus bref du temps, même pas un quart de seconde. Et le lecteur est plein de dépit de se retrouver désert de ce monde soudain faux qui le quitte d'un coup, à l'instant. Et l'auteur est rempli d'une joie indicible et confuse d'avoir

**Archives incandescentes**

décapité un corps sans la moindre trace de sang, et il se cache et n'ose pas dire que tel est son métier. »

Cette rencontre qui se joue dans le texte au moment du point final n'est pas sans évoquer la question de *l'acte analytique*. Celui-ci est au cœur même du maniement du transfert dans la cure mais signe aussi, selon Jacques Lacan, le passage de la position d'analysant à celle d'analyste. Si le transfert préexiste bien à la cure, il s'actualise dans l'analyse et ne se dénoue pas par une action surmoïque de l'analyste mais par un *acte analytique* qui, tout comme l'interprétation, concerne autant l'analysant que l'analyste. Jacques Lacan a posé dans son enseignement qu'il pouvait en être de même dans la formation des analystes avec le dispositif de « la Passe » qui constitua pour lui un échec[282]. Lors de la dissolution de l'École Freudienne de Paris en 1980, il pose alors un *acte analytique* en envoyant au journal Le Monde sa lettre de dissolution dans laquelle il formule que « l'analyste a horreur de son acte[283] » au point de chercher sans cesse à s'y dérober. Peut-on dire alors que, tout comme le psychanalyste, l'auteur pourrait bien avoir « horreur de son acte » et doit sans cesse lutter contre le désir de se dérober à l'écriture ? Du côté de l'auteur, le point de jouissance doublé d'une honte pour son métier – perçue par Pascal Quignard – correspond par contre pour le lecteur à un sentiment de vide qui relancera le désir de lire et pour certains lecteurs –c'est le constat que l'on fait parfois en atelier d'écriture – renforcera le désir d'écrire.

**De l'oralisation à la vocalité, présence du corps et de la lettre**

Paul Laurent Assoun, dans son ouvrage *Le Regard et la voix*[284], opère une distinction entre l'objet oral qui réfère à la demande de l'Autre et l'objet vocal qui réfère au désir de l'Autre, rapprochant l'oralité de la manducation et la vocalité de l'émission phonique. L'oralité serait toute en demande. La vocalité, porteuse du désir, placerait l'axe dans l'Autre. *Oral* et *vocal* sont donc deux termes, très proches mais qui n'ont pas tout à fait la même signification. « Oral » vient du latin « os oris » qui signifie bouche en tant qu'organe de la parole et « qui se fait par la bouche » en parlant de la manducation, puis au XX$^e$ siècle en psychanalyse, le mot définit un stade de la sexualité infantile (stade oral). « Vocal » signifie « qui fait entendre un son de voix (animaux) » ou « se sert de la voix (humains) ». La vocalisation est liée à la voyelle. Elle est donc une émission de sons vocaux non articulés.

### L'écriture, promesse d'une inscription ?

Dans les ateliers d'écriture, on assiste parfois, pas toujours bien sûr, au passage de l'oralisation à la vocalité, c'est-à-dire d'une demande de reconnaissance narcissique à un *dit* qui marque l'émergence du Sujet désirant dans son écriture. Ce passage intervient souvent après la désintrication pulsionnelle qui accompagne la profération d'un texte ou d'une partie d'un texte et son interruption du fait d'un impossible à énoncer. Apparaissant sur fond de silence se constitue cet objet vocal. Alors l'écrivant y repère un point d'énigme, y rencontre un point d'aliénation radicale, qui le saisit. « La voix s'élève sur fond de silence, le troue, puis s'éteint, et l'on peut se demander ce qui vient d'être ouï : un événement évanescent qui touche à un réel, ponctuel » écrit Paul Laurent Assoun. Dans ces instants, la prosodie (l'intonation et l'accent) – « qui trahit un corps sujet et un être parlant » – inscrit ses effets chez les autres, ces auditeurs qui apprennent à écouter un texte au-delà d'une voix et à s'écouter tandis qu'ils écriront. En atelier d'écriture, les premiers écrits sont souvent accrochés au Moi, à ses impressions, ses dérives, ses questions bien balisées. Mais à l'intérieur de tout cela apparaissent quelques pépites en forme d'énigme qui font entrevoir des questions surprenantes – Qui parle dans le texte ? De quoi s'agit-il ? Qu'est-ce que le texte veut de moi ? – qui sont les prémisses de textes à venir, tant il est vrai qu'écrire et réécrire, travailler la langue, implique d'accepter que « le langage est le lieu d'un secret qu'aucun parleur n'approchera[285]. »

Il n'y a pas chez Freud de scène originaire de la voix et pour Lacan, c'est dans l'écrit de Jacques Cazotte paru en 1772, *Le diable amoureux*[286], qu'elle figure. Solal Rabinovitch écrit dans *Les Voix* : « La voix répond à ce qui se dit mais elle ne peut en répondre. […] Détachée de nous, avec un son étranger, la vérité de la voix ne nous est renvoyée que par des échos dans le réel. De la même façon que la lettre est bord du réel mordant sur le symbolique, la voix qui est à la fois son et altérité, est une rayure du réel dans le symbolique. Sonore et altérité, chair et trou de l'énonciation. Dans la brisure entre la voix qui s'évanouit et la signification encore en attente, apparaît l'énonciation[287]. » Ailleurs, Solal Rabinovitch pose la question : « D'où vient la voix ? Du souffle de l'enfant à sa naissance et de son premier cri ? De la bouche ou du larynx ? Est-elle cacophonie et tohu-bohu du fond sonore ? Est-elle cri muet ? Vient-elle de là où elle résonne ? » Or, la langue maternelle qui est langue des objets, des choses, *s'entend*,

## Archives incandescentes

avant de s'écrire. Et pour le tout petit, bien avant d'être parlé, le langage est bruit. « Dans le passage du bruit au signifiant, la voix est-elle lettre ou son ? […] n'est-ce pas l'occlusive[288], à la fois lettre et son, qui rompt le flux de l'air et clôt le corps ? N'est-ce pas elle qui ne se chante pas et qui suspend le souffle sur la crête d'une limite dedans-dehors ? Selon qu'on parle Freud ou Lacan, cette limite découpera l'appareil psychique sur la carte du monde, ou bien sur le ruban du langage. »

L'expérience d'oralisation et de vocalité, ainsi que leurs effets dans l'atelier d'écriture, renvoient à ce qui est le propre de l'écriture mise en espace au théâtre : une écriture où le mot va trouver ses multiples résonances dans la voix, dans le corps. Flaubert, par exemple, se servait de ce qu'il nommait son « gueuloir » pour mettre ses textes à l'épreuve d'un dire à haute voix. La voix touche au corps plus que tout autre organe car elle est portée par le souffle. Mais le geste d'écrire dans nos sociétés mobilise quelque chose qui s'oppose au souffle : c'est là une des contraintes de l'écrit tel qu'enseigné à l'école. Ce souffle peut être à nouveau convoqué pour certains écrivants par la mise en chantier d'une écriture en atelier, écriture portée par la voix.

François Cheng, dans une conférence intitulée *Lacan et la pensée chinoise*, évoque Shitao qui affirme que, pour la pensée chinoise, « le Trait, dans l'ordre pictural, est l'équivalent du souffle ; il en est la trace tangible[289]. » Pourtant l'exercice assidu ne suffit pas à acquérir « l'art du Trait ». Il faut que « l'artiste soit en état de l'accueillir ». Ce qui nécessite une discipline de vie et une disponibilité où se rencontrent « souffles internes et souffles externes ». Ainsi le geste d'écrire, si on l'accueille, ramène l'idée vers le mot en tant qu'il est ce qui fait signe et souffle tout à la fois. Une idée apparaît, vous l'écrivez et tout à coup elle se transforme. Vous ne la reconnaissez plus car on écrit, de fait, non pas avec des idées mais avec des mots et avec ces *pas de côté* qui sont portés par une gestuelle tout à fait subjective.

C'est le mot, la lettre du mot parfois, qui a créé une brèche lorsque l'écrit a été posé sur la page et qui, au moment de l'oralisation, est propulsée comme si le sens et le non sens se précipitaient dans cette faille du discours, signant un aspect imprévisible de l'écriture. Alors, l'écrivant dans son statut de sujet au sens grammatical du terme – celui qui parle en première personne – peut « se rendre compte de sa division par l'écriture, car c'est devenu un lieu où il peut

## L'écriture, promesse d'une inscription ?

habiter son isolement, ses contradictions, accueillir les violences de sa vie » dit Violaine Massenet[290]. Et elle ajoute « L'écriture ça ne fait pas aller bien, c'est d'un autre ordre ». De même, pour la psychanalyse, il ne s'agit pas d'imaginer apporter un bien-être à l'analysant mais il s'agit qu'il trouve, du fait d'être entendu, cet « autre ordre », cette autre *disposition d'être* à la parole et au monde, différente de celle qui l'a amené à consulter. Une autre voie en quelque sorte.

Dans la philosophie chinoise, la Création et la marche de l'Univers se nomment la « Voie », dont le mot chinois est « Tao ». Verbalement, « le mot *Tao* veut dire aussi *parler*, dit François Cheng, de sorte que, si l'on se permet un jeu phonique en français, on peut dire que le Tao est doué d'un double sens : la Voie et la Voix. » Et il conclue : « Le Tao signifie donc un ordre de la vie en même temps qu'un ordre de la parole ». Il en est de même du transfert en psychanalyse qui rend compte de l'ordre de la parole *et* de l'ordre de la vie.

La dimension du transfert, dans la cure ou dans une institution de soin, implique qu'on soit en mesure de découper topologiquement des espaces d'intimité pour accueillir la parole. Ce qui est évident dans la cure analytique l'est moins dans les institutions de soin, d'autant que la transparence devient un maître mot des « parcours de soin ». Or si le sujet souffrant n'est pas assuré d'une confidentialité comment pourrait-il se risquer au dévoilement ?

# Au-delà du secret, la confidentialité

> *Le geste d'écrire est, en premier lieu, geste du bras, de la main, engagés dans une aventure dont le signe est la soif ; mais la gorge est sèche et le corps et la pensée, attentifs.*
> *Ce n'est que plus tard que l'on s'aperçoit que l'avant-bras sur la page marque la frontière entre ce qui s'écrit et soi-même*
>
> **Edmond Jabès**
> *Ça suit son cours*[291]

Maud Mannoni, dans son ouvrage, *Le Symptôme et le Savoir*[292], met en perspective l'œuvre de Freud et celle de Winnicot. Elle compare la notion « d'espace potentiel » chez Winnicott à celle de « réserve » chez Freud lorsqu'il dit qu'à un moment donné, la réalité est obligée de laisser *une réserve* au plaisir. Si la fantaisie n'a pas trouvé de place dans sa topologie, Freud a pourtant écrit à plusieurs reprises autour de la question de la création littéraire. Ainsi, les ateliers d'écriture à visée thérapeutique fonctionnent-il sur la nécessité de laisser cette réserve au plaisir. Mais, plus particulièrement pour les participants psychotiques, les animateurs d'atelier doivent avoir à l'esprit l'exigence éthique qu'un *lieu* est à construire inlassablement dans une aire de jeu qui demande vigilance, inventivité et possible confidentialité.

Pour maintenir ouvert le respect de l'altérité, il s'agit donc *d'inventer des pratiques,* de les défendre aussi contre l'uniformisation, pratiques dans lesquelles l'espace – c'est-à-dire les lieux – et la parole s'articulent, prennent sens pour les soignants eux mêmes. Telle est l'une des conditions qui permettent une suppléance pour les participants psychotiques. En ce sens, les ateliers à l'hôpital doivent-ils répondre à trois exigences qui interfèrent. La première est d'être

### L'écriture, promesse d'une inscription ?

lieu de création, du fait du respect qu'ont les animateurs de maintenir pour chaque participant un cadre qui répond, comme dans le théâtre classique, à l'exigence des trois unités : de temps, de lieu et d'action. La seconde est d'être lieu de réécriture et/ou d'échanges où s'élabore le rapport de chacun à son écriture et au mouvement même de l'atelier. Et la troisième est d'être point d'appui pour une publication.

Le travail analytique et institutionnel auprès de patients psychotiques invite à la modestie, à l'altérité, à l'ouverture. Il oblige à renoncer aux dogmatismes tout en gardant cette rigueur contenue dans l'enseignement de Lacan qui nous fait entendre que *la résistance est toujours du côté de l'analyste*. Cette affirmation peut s'appliquer à tout soignant en institution. En effet, un symptôme énonce quelque chose de la problématique de celui qui le produit et n'est ni un comportement à corriger, ni la volonté délibérée du patient de contrecarrer les visées, dites thérapeutiques, des soignants ; ce parti pris impose bien évidemment de théoriser à partir de sa pratique et d'échanger avec d'autres afin de prendre en compte la dimension du transfert institutionnel.

L'une des exigences déontologiques des animateurs d'atelier d'écriture est la confidentialité. Cette règle concerne les participants *et* les animateurs. De ce point de vue, ils sont les uns et les autres dans un rapport d'équivalence quant à la soumission à l'ordre du langage et de la parole. Cette règle s'énonce lors de la mise en place de l'atelier : nul ne peut s'autoriser à disposer des textes personnels d'autres écrivants qui les ont donnés à entendre lors d'une séance d'atelier d'écriture[293].

Souvent confondue avec la notion de *secret*, la confidentialité met le Sujet en mouvement alors que le secret semble l'inhiber, le figer, l'inquiéter. Mais confidentialité et secret ne seraient-ils pas les deux faces d'un ruban qui, transformé en figure mœbienne par le biais du transfert, permettrait de faire jouer le mouvement dedans/dehors, privé/public, l'alternance présence/absence ? Confidentialité et secret ont tous deux à voir avec la censure. Dans le premier cas, il s'agit d'un choix conscient, accepté ; dans le second, d'une injonction surmoïque interne ou de la réponse à une injonction venue d'un autre. Comment, dans le dispositif d'un atelier d'écriture à visée thérapeutique, une censure sur la parole pourrait-elle alors être une *condition* de la création ? Sans doute parce que cette règle, qui fait limite, instaure la parole comme *ex-istante*.

**Archives incandescentes**

L'écriture est avant tout, et d'abord, un geste pris dans la pulsion. Elle nécessite une impulsion, un lâcher prise, qui implique du Sujet un consentement à la perte. La parole, nommée du côté du manque par la règle de la confidentialité, est donc posée comme *préalable* et par conséquent introduit nécessairement un écart avec le Réel du corps pulsionnel. Paradoxalement, énoncer la règle de confidentialité, c'est reconnaître le primat de la parole pour chacun des membres de l'atelier, animateur et participants. Il en va donc pour les soignants qui animent un atelier de création comme pour l'analyste eu égard à ce qui lui est confié par l'analysant : ils ne disposent pas de ce qui leur est confié et l'énoncent aux participants.

La règle de l'abstinence impose à l'analyste qu'il ne divulgue rien de ce qu'apporte l'analysant en séance mais elle ne soumet aucunement l'analysant à la confidentialité vis-à-vis de son entourage même s'il s'avère que rapidement l'analyse est investie comme lieu d'une parole spécifique dont il est difficile de parler ailleurs. Dans l'atelier d'écriture *Papier de Soi*, l'un des sept ateliers de création du FIAPMC de Montfavet, il est aussi demandé à chaque participant de ne pas disposer de ce qui s'échange dans l'atelier, textes ou confidences, qui concernent subjectivement chacun des autres participants. Cette règle de confidentialité partagée vient soutenir pour chacun le caractère précieux de ce qui se déroule séance après séance, fabrique du collectif et inscrit un dedans/dehors pour des participants confrontés de plus en plus à une absence de prise en compte de leur intimité dans des lieux de soin surchargés.

**Spécificité d'un atelier de création à visée thérapeutique ?**

Le collectif est un auxiliaire du soin s'il permet au processus de création de se déployer pour chaque participant de l'atelier. Il est un des lieux où sont repérables ce que Jean Oury nomme les « transferts dissociés ». D'où l'importance de la mise en place d'un dispositif contenant mais évolutif. Dans les ateliers de création créés en 1989 au sein du centre hospitalier de Montfavet, le Docteur René Pandelon et son équipe ont mis en œuvre un dispositif qui fonctionne sur trois temps logiques – et non uniquement chronologiques : temps de création en atelier, temps de réécriture individuelle et d'entretien avec les animatrices sur le processus en cours et temps de divulgation ou de publication[294]. Ou encore, pour en préciser les contours : un temps collectif interne à l'atelier, un temps individualisé interne à

## L'écriture, promesse d'une inscription ?

l'atelier qui prépare à l'externalisation et enfin un troisième temps qui concerne le lien social et son nouage avec le sujet, celui de la divulgation, de la publication, de l'exposition dans la cité, etc. Ces trois temps sont soutenus par des temps institutionnels repérés ; la réunion théorique mensuelle avec l'ensemble des membres des équipes et des personnes extérieures et la régulation de chaque atelier. Je m'attache ici plus particulièrement au travail de l'atelier d'écriture *Papier de Soi* co-animé par des infirmières qui supportent également une fonction artistique, contrairement aux autres ateliers du FIAPMC où l'équipe infirmière est accompagnée par un artiste intervenant.

Pascal Quignard, dans *Vie secrète*[295], écrit : « Ouvrir les deux battants de la porte, ce sont les pages sans qu'on les voie. *Elles ouvrent un espace que celui qui note ne voit pas*[296]. Un compositeur, un écrivain ne voit jamais la feuille où il écrit ni ne rencontre jamais dans toute sa vie, son écriture quand il écrit. […] *Il n'y a jamais eu de page blanche. Il n'y a que les professeurs et les journalistes qui parlent de page blanche. Jamais je n'ai vu ma main écrire*[297]. » Ainsi, l'écriture serait-elle la tentative d'une inscription entre le geste qui relie et la parole qui fait écart. Elle représenterait donc, en elle-même, ce procès du Sujet mis en mouvement dans le Fort-Da. « Loin-près », disait l'enfant à la bobine, rendant sa mère présente sur fond d'absence. Alliant le geste à l'énonciation, il s'inscrivait ainsi dans le temps et dans l'espace, marquant pour lui-même ces deux ordres, deux versants articulés autour d'un impossible qui, s'il n'est pas cerné, est effroyable. C'est en cela que l'on peut dire que la première création du Sujet est le dépassement de l'effroi par la mise en place conjointe de la symbolisation (Fort-Da) et du geste qui préfigure une limite entre dedans et dehors. Elle permet au corps d'exister comme enveloppe protectrice et comme lieu où s'incarne le Sujet. Mais cette limite avec l'extérieur du corps ne peut être opérante que parce qu'une limite interne a pu être donnée à l'effroi dans le jeu de la symbolisation. Le processus de création viendrait-il construire une limite interne, faisant suppléance pour certains patients ravagés par l'effroi et le sentiment de vide ?

L'impossible à dire, que Freud nomme *das Ding*, est le fond commun de chaque être humain mais le névrosé l'a refoulé – Freud théorise le refoulement originaire comme protecteur et inaccessible – alors qu'il est toujours actif, virulent, effroyable parfois, pour qui n'a pas été divisé par ce refoulement primordial. C'est pourquoi les

## Archives incandescentes

psychoses – plutôt que *la* psychose – nous interrogent, non par altruisme mais parce qu'en elles, se situe une énigme qui nous concerne du fait du vécu de morcellement des premiers temps de la vie. L'effroi, note Pascal Quignard, « c'est être asservi *et* à l'impossibilité de la fuite, *et* à l'impossibilité du contact. » L'effroi tient au corps et à son asservissement. Si l'on accepte cette hypothèse que le processus de création est une voie pour faire bord à l'effroi, il y faut alors certaines conditions. Se confronter à la création permet d'apprivoiser l'angoisse liée à la division subjective pour le névrosé et met en place, pour les participants psychotiques, un étayage qui, soutenu par un collectif, composé autant des soignants que des participants, introduit le processus de création comme une suppléance.

De même qu'une analyse, un atelier de création artistique à visée thérapeutique se supporte donc de quelques conditions érigées en règles qui délimitent des espaces symboliques. Sans ces règles, l'atelier serait lieu d'expression plutôt que lieu de création et de soin. Dans l'analyse, il en va de la présence – y compris corporelle – de chacun, analyste et analysant : pas d'analyse par téléphone ou par courrier. Il en va aussi de la régularité qui fera scansion et qui sera symbolisée par la règle du paiement de la séance manquée afin que l'oubli ne passe pas aux oubliettes. Enfin il en va bien sûr du maniement du transfert. Pour un atelier d'écriture thérapeutique, quelles sont les conditions nécessaires au processus de création afin qu'il soit vecteur de créativité et par conséquent de soin ? Elles sont de deux ordres. Le premier est la délimitation d'un *espace et d'un temps repérables* pour ce *dire/écrire/écouter*. L'espace, comme dans la cure avec l'enfant psychotique, vient présentifier le possible d'un corps qui se rassemble et permet de construire une temporalité. Ainsi, protéger cet espace est-il aussi important dans un atelier que dans une cure analytique. Le second ordre est le respect des productions singulières des participants. Les écrits appartiennent donc à celui qui les a produits. De même qu'il n'est pas possible qu'un participant se saisisse du texte d'un autre afin de le divulguer sans son accord, de même sera demandé à chaque écrivant son autorisation pour une publication.

Comme dans un atelier d'écriture classique, c'est dans l'attention au texte, à ce qui se trame dans et *sous* les textes, dans les différentes chaînes signifiantes dont ils sont constitués que vont

### L'écriture, promesse d'une inscription ?

s'élaborer les chemins subjectifs qui iront d'une souffrance à son issue. Ceci suppose bien sûr que les animateurs de l'atelier soutiennent leur réflexion par une théorisation de la pratique – aux niveaux littéraire, clinique et institutionnelle – et par un espace de parole – une régulation – qui leur permettra d'exposer leurs difficultés, leurs questionnements, leurs avancées, dans un collectif contenant et critique tout à la fois.

**Les différentes fonctions de la confidentialité**

Voyons ici en quoi la règle de confidentialité s'articule aux autres conditions énoncées. Elle a une double fonction : la principale est d'instituer pour chacun des participants quelque chose d'un écart entre Moi et Je. La seconde est une conséquence de la première. L'extérieur institutionnel va immanquablement venir interroger le bien-fondé de la règle en la mettant à l'épreuve pour les soignants eux-mêmes. À travers cet écart entre intérieur et extérieur sera questionnée l'institution de *toute règle* et donc la validité d'un différentiel soumis à la simple parole, soit la dimension Symbolique elle-même. Or, la capacité d'un Sujet à se repérer dans l'espace va de pair avec sa capacité à se situer dans le temps. Cette dernière sera mise à l'épreuve lors de la publication ou de l'exposition devant un public, qui fera apparaître un troisième écart, celui-ci temporel, entre le temps qu'il faut pour créer et celui pour se risquer aux regards de personnes extérieures à l'atelier. Le soin auprès de personnes en grande souffrance psychique implique donc de se situer dans une temporalité longue.

Dans la névrose, ce qui se refoule est toujours lié au sexuel, dit Freud, affirmant le primat de la sexualité dans son étiologie. On peut donc se demander si le fait que, dans l'atelier, la règle de la confidentialité s'impose à tous – animateurs et participants, patients et soignants – n'est pas une manière d'indiquer une autre règle qui ne s'énonce pas et qui rejoindrait celle qu'a donnée Freud pour la psychanalyse : celle de l'abstinence. Comme en creux est ainsi posée dans l'atelier l'énigme de la différence sexuelle et donc de tout différentiel. Or, chez le névrosé, pour que se délie une écriture personnelle, le geste d'écrire a toujours lieu dans l'évanouissement du différentiel dedans/dehors, évanouissement qui pourrait laisser croire qu'un jour, on a pu en savoir quelque chose de ce rapport ou qu'une transgression pourrait être possible. Dans cette hypothèse, la règle de

**Archives incandescentes**

confidentialité – un interdit consenti même s'il n'est pas toujours respecté – viendrait faire bord à cette illusion et dans cette contrainte la seule voie – passage obligé en quelque sorte – serait en ce lieu de l'atelier, le sentier sinueux du processus de création d'une autre scène, littéraire. Quant aux participants qui sont dans une confusion psychotique, la règle de confidentialité fonctionne pour eux comme la protection nécessaire aux intrusions dont ils sont si souvent objets.

**La création et les conditions du processus de création : l'au-delà du secret**

Le processus de création est la seule solution qu'ont trouvé, et de tous temps, les humains, pour tenter de résoudre les paradoxes psychiques auxquels ils sont confrontés du fait de ce double impossible que Pascal Quignard déplie dans *Vie Secrète* : « Il se trouve qu'il y a deux scènes qui sont invisibles à toute femme et à tout homme : une primitive et une ultime. Ce sont les deux scènes sans présence [...] La scène qui a manqué toujours à la vue de celui qui est présent est la scène primitive. [...] La scène qui manquera toujours à la vue de celui qui est vivant est celle de l'affrontement à la mort, la scène ultime. Pour le dire en latin, ces images sont les Épouvantables. Pour le traduire en employant des mots grecs, ces scènes sont les Phobiques. Pourtant elles hantent comme telles aussi bien la vision volontaire que le spectacle involontaire des rêves. La mémoire du passé, l'imagination de l'avenir se fondent dans leur carence révulsive[298]. »

L'on parle du mystère de la création. Le « mystère », dans son sens étymologique, est « une cérémonie en l'honneur d'une divinité accessible aux seuls initiés. » Il est ce qui jamais ne se dévoile. Il se fonde sur la coupure entre ceux qui savent et ceux qui ne savent pas et induit une limite entre un dedans et un dehors. L'étymologie de « mystérieux » et de « mystique » renvoie à ce qui doit être caché, ce qui doit rester dans le silence. Ainsi, pour supporter l'énigme de ces deux invisibles – de ces deux scènes, la primitive et l'ultime – et cet impossible dévoilement, il y faut du secret. Car le secret est ce qui se dit entre initiés ; ou qui pourrait se dévoiler, se dire à l'extérieur. Il se supporte du langage *et* de la censure. Il peut donc être trahi. En cela, il introduit du possible là où le Sujet humain se confronte à l'impossible.

Dans la constitution même d'un atelier de création artistique, qu'il soit ou non à visée thérapeutique, mettre en jeu la notion de confidentialité nécessaire – le respect de la parole donnée – c'est remettre sur le métier la problématique du dedans/dehors. C'est renvoyer ceux qui sont concernés par cette limite à leur propre question quant à ce qui fait mystère, c'est-à-dire à ce qui fait silence pour chacun *et* en chacun. Cette règle de la confidentialité introduit donc le rapport de chaque participant au *secret* en introduisant du silence et de la trahison comme des possibles pensables, interroge aussi l'illusion d'un dévoilement quant à l'énigme des deux scènes, la primitive et l'ultime.

Le mot « illusion » veut dire en latin classique « ironie » – qui a d'abord signifié « interrogation » – avant d'être cette méthode qu'employait Socrate pour déjouer la suffisance de ses interlocuteurs : interroger en feignant l'ignorance. Sans cette illusion, l'on ne peut que douloureusement se supporter d'être dans le monde. Or la formation de l'identité sociale est corrélative du sentiment d'existence (dans le monde et du monde). Elle a partie liée avec le défusionnement, vis-à-vis de la mère ou de son substitut, qui inscrit la division entre Moi et Je. La formation de l'identité est également corrélative à l'existence des autres et en premier lieu de l'autre tutélaire, du parent qui porte l'enfant devant le miroir et qui le nomme. Se ressentir ex-ister, trouver sa place dans le monde, n'est possible que si a opéré en nous une division subjective sur fond d'identité advenue. Cette division vient parfois nous surprendre lorsqu'elle prend la figure des paradoxes de l'existence. La maman d'un enfant trisomique me disait un jour : « Un enfant maintient l'illusion qu'il correspond à ce que vous désiriez. Et le travail de détachement se fait peu à peu. Lui, il était détaché à peine né. C'est à m'y attacher qu'il m'a fallu apprendre jusqu'à ce qu'un jour j'ai eu même peur qu'il ne meure alors que c'est ce que j'avais souhaité à sa naissance et dans les jours qui ont suivi. »

## Ce que nous apprend le traumatisme

C'est parfois par le biais du traumatisme qu'un névrosé rencontre le Réel – l'impossible à dire. Cette rencontre lui permettra, s'il est soignant, d'entendre quelque chose de ce qui fait effroi dans les psychoses. Or, si le traumatisme auquel le Sujet est soumis concerne le corps, il est souvent redoublé d'une censure qui empêche le mouvement même du corps pour aller vers l'autre, pour redonner au Sujet une adresse lui permettant une parole à nouveau singulière. Ce redoublement se spécifie d'être soit imposé par un autre, soit fantasmé

## Archives incandescentes

par le Sujet. Tout secret se supporte du langage *et* de la censure. Ainsi posée, la règle de la confidentialité dans un atelier d'écriture à visée thérapeutique vient faire jouer les registres de la confidentialité *et* de l'interdit.

Il est un cas spécifique où cette règle, qui inscrit la confidentialité du côté de la parole protégée, est prise dans un paradoxe qu'il s'agit alors de mettre au travail comme paradoxe et non comme résistance du patient. Lors de certains traumatismes – inceste, attouchements, violences faite sur le corps de l'enfant – il n'est pas indifférent qu'une censure ait été effectivement imposée au sujet ou au contraire qu'elle ait été fantasmée par lui du fait, par exemple, que son appel n'ait pas été entendu par son entourage. Dans le cas d'une censure imposée par l'autre, la parole perd son statut de « possible » pour devenir meurtrière à l'égard du Sujet : alors la règle de la confidentialité devient surmoïque, le renvoyant au secret et à un temps où parler c'est trahir, où la parole elle-même est trahison, venant le conforter dans un silence mortifère. Certains mutismes, certaines impossibilités à produire un écrit – qui sont plus que des inhibitions – reposent sur cette détermination menaçante que la parole elle-même pourrait être mortelle puisqu'en parlant, il risque de mourir physiquement si telle a été l'injonction liée à la censure. Dans ce cas, la parole elle-même a pris statut de Réel, comme, semble-t-il, dans certaines psychoses hallucinatoires injonctives. Alors l'arrêt de tout mouvement psychique est un processus de défense pour survivre à moindre coût. Mais, que la parole ait été interdite ou qu'elle ait été phantasmée comme telle, le passage à l'acte vient dire ce qui ne peut s'énoncer autrement que dans la pulsion. C'est ainsi que va œuvrer l'injonction du Réel, tel le regard de la Méduse, sous forme de mise en acte pulsionnelle qui se retourne contre le Sujet dans la mise en danger ou/et qui fait appel de l'attention transférentielle dans le fait de jouer avec la limite.

Nombre de cures analytiques où s'installe une réaction thérapeutique négative – ou transfert négatif – sont à entendre du côté d'un effroi qui ne peut s'exprimer que pulsionnellement. L'effroi de l'emprise[299] qui vient d'un autre, renvoyant à une expérience archaïque, n'est pas alors à traiter comme résistance à l'analyse, mais comme seul moyen qu'a le sujet de se sentir ex-ister. Qu'un autre (l'analyste) ou dans le travail de l'atelier d'écriture, que des autres (animateurs de l'atelier) se proposent d'être une adresse, tout en

## L'écriture, promesse d'une inscription ?

acceptant qu'il y ait du *secret* qui encombre le Sujet, va permettre la transformation de cette pulsion destructrice en pulsion créatrice par le geste d'écrire et par le fait de s'autoriser à propulser la voix pour qu'un texte soit entendu par d'autres, animateurs et participants. Pour cela, faut-il encore qu'il soit assuré que celui ou ceux qui l'accueillent ne disposeront pas de son dire, comme l'on dispose d'un objet, mais sauront entendre qu'un écrit, c'est le Sujet lui-même.

Dans *Les Trois Temps de la loi*, Alain Didier-Weil différencie trois Surmois. « L'injonction du premier surmoi, le surmoi archaïque [...] tend à introduire un silence absolu, [qui] est traduisible par : "Pas un mot !" [...] Par son second commandement prohibiteur, le surmoi, devant tenir compte de ce qu'un premier mot a été énoncé par le sujet, tendra, en tant que censure, à signifier au sujet : "N'insiste pas ; tu as dit un mot, tu n'en diras pas deux ! [...]" Quant au troisième surmoi, confronté au fait que le sujet a transgressé la censure pour s'engager dans l'insistance, il cessera d'être injonctif pour devenir le support de cette question : "Trouveras-tu le troisième mot qui transmuteras ton insistance en persévérance ?" » [300] Tentons de saisir les temps où ces trois surmois s'inscriraient dans le travail de l'atelier.

La première confrontation au surmoi serait la décision de venir à l'atelier. Au « Pas un mot », le Sujet répond par cet acte qui signe un appel.

La seconde confrontation au surmoi serait liée à la règle de confidentialité. Alain Didier-Weil cite le texte de Freud dans la *Traumdeutung* : « Supposons un état où un souverain jaloux de son pouvoir lutte contre une opinion publique agitée. Le peuple se révolte contre un fonctionnaire qui lui déplaît et exige son renvoi. Pour ne pas laisser voir qu'il doit compter avec l'opinion populaire, le souverain conférera au fonctionnaire une haute distinction que rien ne motivait. » Et Alain Didier-Weil commente : « Le point essentiel de cet apologue, qui met en scène le conflit entre le sujet (le peuple) et le surmoi (le souverain), tient dans le fait de situer le censeur comme présence qui ne doit pas laisser voir qu'elle doit compter avec l'opinion du sujet. » La règle de confidentialité qui *est énoncée* et inscrit donc un dedans/dehors, introduisant au Symbolique, correspondrait à ce second surmoi, cette censure, qui fait illusion. Mais dans ce cas, l'opinion publique avec laquelle le censeur doit feindre qu'il ne compte pas est à l'extérieur de l'atelier, celui-là même à qui la production sera montrée pourtant un jour – par exemple, les soignants

### Archives incandescentes

habituellement référents du participant. Cette règle implique aussi que le conflit à propos des deux versants confidentialité/secret est possible et que, s'il a lieu, il devra être assumé par les soignants de l'atelier. Pour résumer les deux premiers temps, j'avance ici une hypothèse quant à ce qu'implique cette règle : dans un premier temps, les participants sont leurs propres censeurs pour, dans un temps second, insister sur leur désir.

Qu'en sera-t-il du troisième temps ? S'agira-t-il de persévérer ? Ainsi, lorsqu'il n'y a plus lieu de se protéger d'un dehors – d'une « opinion populaire » que l'on a repérée et nommée – le geste d'écriture peut lui-même avoir lieu autrement que dans la dimension du repli protecteur et se déployer, dans un troisième temps, dans la surprise et la découverte. Le geste devient alors support pour déplier une parole adressée – laquelle instaure pour le Sujet l'interface du dedans/dehors – et, comme sur une bande de Mœbius, ce qui semble à l'intérieur pourra se poursuivre vers l'extérieur et inversement dans un processus créatif qui s'autonomisera de l'atelier lui-même. Le troisième temps, celui qui procède du troisième surmoi, sera donc celui de l'exposition, de la publication, adresse à l'Autre où l'extérieur pourra être vécu comme le moins intrusif possible du fait du parcours du Sujet sur ce que j'ai nommé cette bande de Mœbius.

C'est, il me semble, ce paradoxe psychique qui est mis sur le métier pour chaque être soumis à la nécessité de créer. Si l'effroi est impossible à dire, le cerner, y faire bord, est le pari de l'acte créateur. Pour cela, il faut que *cela insiste* du côté de la pulsion de vie, celle qui, venant de l'autre – soignants et/ou psychanalyste – alors que l'effroi dévaste tout repère, inscrit le sujet souffrant dans le registre d'une parole subjective possible. La règle de confidentialité dans les ateliers de création artistique articule le secret au témoignage comme deux temps nécessaires. En effet, la nécessité de porter à l'extérieur – démarche qui inscrit potentiellement un acte créateur dans ce qui témoigne d'une *œuvre* pour d'autres – indique que le secret dont il s'agit n'est pas du côté du renforcement du collage et de la fusion. C'est sans doute la seule manière de transformer un secret, en lui permettant de passer du statut de « faux secret » à celui de « vrai secret ». Si l'on suit ce qu'en dit Alain Didier-Weill, c'est la seule manière de permettre que ce qui ne pouvait se penser ni se dire, devienne, justement, un des moteurs créatifs du Sujet, l'entraînant du côté de la vie : « Est faux, tout secret qui, déterminé par l'acte d'être

## L'écriture, promesse d'une inscription ?

caché dans un repli souterrain de l'obscurité, tire sa consistance d'être abrité du regard ou de la pensée de l'Autre : le faux secret craint le rayon de lumière par lequel il sera dissipé ». Le faux secret serait celui qui est du côté de la signification, celui qui, même s'il fait souffrir, est le voile de l'énigme du sujet. Le faux secret tire son efficace de la victimisation comme bénéfice secondaire du sujet qui, à la recherche de son vrai secret, c'est-à-dire de son énigmatique division, détourne le regard, plutôt que d'en prendre acte. « Est vrai, le secret qui, non seulement ne craint pas la lumière, mais qui […] a besoin de la lumière pour être révélé. Le vrai secret ne m'est pas secret parce que je ne saurai voir le lieu où il est dissimulé, mais, au contraire, parce que je vois en toute clarté ce qui, en lui, se dérobe à la clarté de mon savoir. […] Le vrai secret [qu'] est celui du refoulement originaire[301]. »

Aujourd'hui, le souci de traçabilité, ainsi que les protocoles qui engagent chacun à se soumettre aux diktats d'une transparence mortifère, rendent difficiles les pratiques où les soignants sont attentifs à sauvegarder la part d'intimité des personnes accueillies, que ce soit dans les unités de soin ou dans les ateliers à visée thérapeutique. Pour autant nous devons persister à maintenir des espaces refuges, lieux d'écoute et d'accueil de la subjectivité, lieux de créativité partagée, où la dimension transférentielle de la rencontre pourra être approchée, travaillée, prise en compte dans le soin. Mais ce qui est vrai dans l'institution l'est aussi dans la cité, puisque dans la société nouvellement formatée par l'idéologie d'un « État thérapeute[302] », la psychanalyse demeure le dernier lieu où la parole d'un Sujet peut se déployer dans une confidentialité nécessaire pour l'écoute des processus inconscients.

Il n'y a de clinique que poétique

# La psychanalyse dans le lien social

> *Sans la reconnaissance de la valeur humaine de la folie, c'est l'homme même qui disparaît.*
>
> François Tosquelles
> *Le Vécu de la fin du monde dans la folie*[303]

Les souffrances psychiques et sociales sont tenues pour « des niches écologiques » par Ian Hacking, philosophe historien d'origine canadienne, auteur d'un ouvrage *Les fous voyageurs*[304]. Pour lui, elles sont caractéristiques pour certains troubles psychologiques qui ont pris à certains moments historiques une nature épidémique, avant de disparaître. Ce fut le cas de ce qu'il appelle donc « les fous voyageurs » étudiés à partir du cas d'Albert, premier « fugueur », inaugurant à la fin du XIXe siècle une véritable cascade de voyageurs aliénés à travers toute l'Europe pendant près de deux décennies. Ce cas est indicatif d'une des premières *maladies mentales transitoires*. Il nous renseigne sur la relativité des diagnostics psychiatriques basés sur les comportements.

Albert était un employé de la compagnie du gaz à Bordeaux. Il partait sur les routes pendant des jours, parfois des années entières et pouvait couvrir jusqu'à soixante kilomètres par jour. Sans papiers, ayant perdu son identité, sa pulsion de marcher était toujours vive, même s'il revenait parfois sur ses pas comme pour rentrer chez lui. Cette pulsion n'est pas sans évoquer « la pulsion viatorique » dont parle Gérard Haddad dans son ouvrage *Freud En Italie* où il articule cette pulsion à la dimension du désir et à l'émotion artistique. Il y a, écrit Gérard Haddad, « toute une pathologie du voyage, de la fugue des adolescents, des voyages pathologiques dans lesquels je vois personnellement une tentative de se construire, de fortifier une métaphore paternelle défaillante. » Et il ajoute : « Il est tout de même curieux de noter que le terme consacré par les toxicomanes est celui de *trip, bad trip,* voyage bon ou mauvais pour un sujet cherchant dans l'imaginaire du toxique la Grand-route qu'il ne trouve pas[305]. » Dans

### Archives incandescentes

son séminaire sur *Les Psychoses*, Lacan a eu cette étrange réflexion sur la Grand-route comme un des Noms-du-Père, par opposition aux petites routes sinueuses où le psychotique s'égare. La pulsion viatorique est là. Elle peut être assujettie au Nom-du-Père pour constituer la Grand-route où le sujet voyagera sa vie sans trop d'égarements, ou nourrir la folie de ses errements. Albert parcourra la France, l'Autriche, la Belgique et même l'Algérie, la Russie et la Turquie. Des voyages sans buts, obsessionnels, incontrôlables... pathologiques selon le médecin qui l'examine en 1886 et pose son diagnostic de « folie avec fugue ».

La notion de « niche écologique » est pragmatiste. Elle fouille dans les écarts, si faibles soient-ils, entre ce qui se joue pour un individu (sa psychologie) et ce qui se joue dans le groupe social auquel il appartient (la sociologie)[306]. Ce qui caractérise le mieux cette notion est sa capacité à accueillir et absorber tout ce qui ne se laisse pas saisir entièrement par la psychologie et la sociologie du fait de l'écart et/ou des recouvrements entre elles deux. Pour les laboratoires, comme pour les tenants du DSM – théorie qui abandonne le contenu des troubles au profit de leur forme – la tendance est de regrouper le plus de cas possible, contrairement à la psychiatrie européenne influencée par la psychanalyse, qui s'intéresse à ce qui fait histoire au cas par cas. Alors, pour faire œuvre scientifique il s'agit, avec le DSM, de délaisser la singularité et de considérer les particularismes comme anecdotiques, voire inutiles. Ainsi, pour les laboratoires pharmaceutiques, dans le fourre-tout qu'est la dépression, l'anxio-dépression a constitué *une niche* efficace pour lancer sur le marché des antidépresseurs de la même famille que le Prozac.

Mais un autre aspect de cette notion est à retenir : une niche écologique est « l'endroit idéal pour venir justement nicher sa difficulté de vivre[307]. » Il y a donc un lien entre les formes pathologiques et l'environnement. Ainsi, l'hystérie a-t-elle changé de forme entre la fin du XIXe siècle et aujourd'hui : les grandes crises épileptiformes de la période de Charcot ont été remplacées par la spasmophilie depuis la fin du XXe siècle. En pédopsychiatrie, c'est l'hyperactivité comportementale qui est devenue le trouble à traiter dans l'abandon de *la notion de symptôme* considéré, jusqu'alors par les pédopsychiatres, comme étant le discours d'un Sujet en souffrance. L'idéologie consumériste de l'industrie pharmaceutique, relayée par les médias, influence les parents, les enseignants, les médecins scolaires. Aussi y a-t-il fort à parier que les parents eux-mêmes attendent désormais un diagnostic, imaginant que la prescription de Ritaline sera la réponse aux difficultés qu'ils traversent. Quant à la souffrance de l'enfant, elle est, au pire, déniée, au mieux, secondaire. Dans le même temps, on peut lire sur les murs des services de psychiatrie, dans des chartes affichées sous une couche de plexiglas, que « le patient est au centre du dispositif ». Mais le quotidien montre le plus souvent le contraire avec la crainte qu'ont les patients qu'il y ait réintroduction de méthodes éculées, camisoles de force et autres contentions lorsque la camisole chimique ne suffit pas, puisque la loi de mai 2011 vient d'inclure la notion d'obligation de soins sans consentement, y compris à domicile. Cette loi parie sur la contrainte, sur le médicament et sur l'homogénéité des réponses à la souffrance psychique alors que toute l'histoire de la psychiatrie française – traversée depuis les années 1960 par de multiples courants – montre combien la créativité des soignants va de pair avec un accueil humain et efficace de la folie, qui vise la créativité des patients et non le fonctionnement institutionnel pour lui-même. On ne dit pas assez « l'efficace » de prises en charge humaines et réfléchies par des équipes formées à l'écoute et à l'accueil de la psychose, qui ont en commun sans doute de privilégier la parole adressée, le respect de celle-ci dans la cohérence du soin et l'analyse des motions transférentielles en jeu.

Le généticien, André Langaney, écrit dans *La plus belle histoire de l'Homme* : « Ce qui distingue vraiment notre espèce des autres, c'est notre langage : nous sommes capables de combiner des mots selon une grammaire pour construire des phrases, et celles-ci acquièrent alors un sens supérieur à ce que donnerait la simple addition des mots entre eux. C'est un langage « à double articulation » des mots et des sens. Seul le cerveau humain est capable de communiquer des informations de cette manière. On a démontré que les grands singes pouvaient apprendre plusieurs centaines de mots, jusqu'à 900 pour certains chimpanzés. Mais ils ne produisent pas spontanément de phrases nouvelles. […] La grammaire et la faculté de nous diversifier sont ce qui nous caractérise en tant qu'espèce humaine[308]. » Maintenir et créer des lieux diversifiés pour *continuer à penser* est indispensable comme le ciseau à bois pour l'ébéniste ou la gouge pour le tailleur de pierre car face à la dépersonnalisation, à l'évaluation normative et au contrôle acéphale il faut opposer la mise en évidence des discordances qui sont, dans les institutions selon Yves Clot, « la source même de la subjectivation et de la possible re-liaison[309]. » Cette mise en évidence des discordances passe par la mise en narration des pratiques. Dans nos sociétés ultralibérales, de nouvelles fictions existent – fiction du bien-être obligatoire, fiction du politique comme plaçant l'intime en son centre même, fiction d'un management auquel rien ni personne ne pourrait échapper, fiction d'une normalité à atteindre, etc. Mais elles ne sont pas, ou rarement, mises en narration. Ces fictions semblent aller de soi au fur et à mesure que leurs pseudo-conditions de faisabilité sont mises en acte. Mais de même qu'il y a une différence entre groupe et collectif, il existe un écart entre fiction et narration. La fiction cantonne son auteur dans l'Imaginaire et le met, quant à son auditeur, dans un rapport à la feinte. La narration au contraire se situe du côté du narrateur comme sujet parlant, sujet de désir, et intègre la fonction de l'inscription dans son lien au langage. C'est ce dont ont été capables, dans l'histoire du journalisme par exemple, de grands reporters qui savaient parler en leur nom et l'on peut s'interroger aujourd'hui sur les dérives journalistiques et l'incapacité de la plupart des médias à sortir du discours prêt à l'emploi. Mettre en narration des fictions permet de commencer à penser, et donc de pouvoir les considérer comme des fictions soumises, elles aussi, à interrogation et contestation. Aussi, c'est dans l'alliance entre tous les acteurs œuvrant dans la Cité – que ce soit les lieux de culture ou les lieux de soin – que pourra se dessiner un avenir, alors que ce qui est aujourd'hui mis en place – qui s'énonce officiellement comme une *mise en réseau* informatisée – produit des clivages créés par les tenants d'un ordre impeccable et froid qui rejette la folie comme étant asociale. Ils épinglent la norme au blouson du citoyen dont ils attendent qu'il se tienne tranquille et travaille selon des *protocoles* dont l'aspect ubuesque ne semble pas effleurer ceux qui les produisent.

Que le terme « protocole » soit devenu un maître mot de l'ensemble des administrations et activités de l'État n'est pas sans poser question. Quel est ce signifiant qui insiste ? Ou plus exactement, quelles folies venues du fond de l'Histoire insiste dans ce terme qui voudrait soumettre nos vies à un délire techno-scientiste, hors de toute inventivité et orphelin de toute dynamique collective, alors que, par ailleurs, le constat est de plus en plus évident, d'une société fonctionnant à deux vitesses. Ces planifications et les clivages qu'elles

## Il n'y a de clinique que poétique

impliquent ne sont pas sans rappeler ce qui a conduit le bloc soviétique à son effondrement : d'un côté un discours aseptisé et protocolisé et de l'autre, pour de plus en plus de citoyens, un vécu aux allures *kitch*[310], que Milan Kundera, grand démystificateur des idéologies décrit comme étant « le besoin de se regarder dans le miroir du mensonge embellissant et de s'y reconnaître avec une satisfaction émue[311]. » Mais un jour arrive où le miroir se brise.

Il demeure que les souffrances psychiques sont, pour les patients, ces Sujets pris un à un, l'expression d'un mal de vivre dont on ne peut ignorer – même si l'étiologie des pathologies psychiatriques n'est pas à caractère social – qu'il est en interaction avec l'état du monde dans lequel ils vivent et parfois survivent. C'est en cela que la notion de « niche écologique » est intéressante pour nous. Elle indique bel et bien, mais en négatif, combien peu nombreux sont les lieux de repli possibles et vivables pour ces personnes et combien il importe d'y porter notre attention et de les maintenir vivants. La question qui se pose alors à l'analyste, que ce soit en cabinet ou à l'hôpital, est de préciser, sinon redéfinir, l'acte par lequel il écoute et de quelle place il répond à ce qui est une demande, parfois un appel aussi peu articulé qu'un cri. D'où répond-il en tant que sujet désirant lui-même pris dans l'Histoire, pris donc dans des enjeux politiques qui, pour certains analystes, sont en train de les rattraper à leurs corps défendant avec l'instauration d'une psychothérapie d'État, véritable bombe à retardement qui menace la survie de la psychanalyse elle-même[312].

Se soutenant de cette phrase de Lacan, « la psychanalyse, c'est le traitement attendu d'un psychanalyste », Olivier Grignon écrit : « ceci n'est pas une tautologie […] La question n'est pas tant de savoir si ce que l'on fait est ou non une psychanalyse, quelle que soit son apparence, mais de savoir s'il y a un psychanalyste dans ce qu'on fait[313]. » Cette dimension politique de l'acte analytique, dans l'articulation entre la cure et la psychanalyse en extension, est d'autant plus nécessaire que se pose aujourd'hui la question d'une transmission qui prenne en compte l'état actuel du monde.

Je dois à deux grandes figures de la psychanalyse de m'avoir permis de tresser les fils qui parcourent la clinique lorsque le politique et l'Histoire sont concernés au premier chef, tout en maintenant une rigueur nécessaire afin « qu'il y ait une psychanalyste » dans mes prises de position publiques. Ces deux psychanalystes, élèves de

**Archives incandescentes**

Jacques Lacan, furent membres de l'École Freudienne de Paris. L'un et l'autre, chacun à sa manière, m'encouragèrent à une parole vive pourvu qu'elle demeure toujours en lien avec une pratique clinique articulant Sujet et collectif. Pour chacun, le côtoiement d'analystes qui n'étaient pas obligatoirement de leur chapelle était une évidence. Le premier est Vincent Mazeran qui fut médecin-directeur d'institutions à une époque où gérer et soigner n'étaient pas considérés comme antagoniques. Il a publié en 1994, avec une analyste freudienne également romancière, deux ouvrages sur le traumatisme et sur la somatisation, dans lesquels les questions du Réel et de l'originaire sont centrales[314] ; l'ouvrage collectif publié par La Criée sous la direction de Patrick Chemla en 2006, *Aux limites du sujet*[315], a fait écho pour moi à ce travail auquel je dois tant. Le second est Jacques Hassoun à qui je dois d'avoir soutenu le colloque de Carpentras dès notre premier appel et qui accompagna notre parcours, jusqu'à sa disparition en 1999. Il participa à la création de la revue *Garde-Fous* qui soutenait la psychothérapie institutionnelle et défendait la part créative de la folie. Ses élaborations sur la notion d'étranger, sur la langue de l'exil, sa réflexion politique aiguë qui récusait les communautarismes tout en interrogeant l'altérité de l'homme, ont tracé une voie qu'il importe de transmettre.

Il est clair, aujourd'hui comme hier, qu'il n'y a pas à attendre, ni espérer, de lumières ou d'outils pour penser, de communautés mythiques analytiques ou psychiatriques mais qu'il y a à forger et à maintenir des collectifs, à inventer et théoriser sur les lieux de la pratique clinique afin de ne pas s'éloigner d'une réflexion où la question du transfert est à l'œuvre et interrogée au cas par cas. Pas seulement donc le transfert dans la cure mais aussi les transferts multifocaux, institutionnels, de travail, dont la prise en compte a permis et permettra encore, de mieux résister aux procédures en tous genres venues ébranler la capacité des soignants à demeurer dans une relation humaine et efficace pour les patients.

La logique néolibérale était en marche depuis longtemps dans d'autres secteurs sans que les soignants croient un seul instant au fait qu'elle pourrait les atteindre[316].Un roman d'un écrivain australien, Eliott Perlmann, *Ambiguïtés*[317], dit tout cela bien mieux que de longs discours. Il y traite du système de soins intégré, de ses accointances avec la finance et les assureurs, de la prostitution et des prisons, ainsi que du refus de mémoire et de transmission de ses contemporains. Il s'agit là d'une photographie précise et terrifiante des conséquences du système de soins intégré mais aussi d'une analyse du saccage des solidarités essentielles à l'être humain pour vivre. Ce sont ces solidarités et la convivialité qui sont mises à mal sur les lieux de la pratique. Ce sont elles qui sont à restaurer. Et si les moyens pour travailler dépendent d'autres, le souci de solidarité est éminemment du registre de l'éthique de chacun. Ainsi il ne s'agit pas uniquement de convivialité. Il y a en effet à différencier le groupe du collectif. Le groupe convoque l'Imaginaire. Il est assimilable à une collection. Il parle d'une seule voix. Le collectif, dans un au-delà du groupe, rassemble des individus qui acceptent ce hiatus entre le singulier et le collectif mais se donnent, par solidarité humaine, des outils symboliques et symboligènes. Ceux-ci leur permet de travailler à maintenir du 1+1+1+…, chacun désirant et chacun différent quoi que *semblables frères humains*.

C'est à ce prix que s'inventent une écoute des patients que nous accueillons et donc des pratiques qui prennent en compte la spécificité de chaque Sujet. Et ce, dans un mouvement dont on ne peut espérer qu'il soit jamais parfait, mais qui, au contraire, est interrogé du fait de ses accrocs, voire ses dérives ou ses stagnations mortifères. Aussi l'interrogation – *Y a-t-il du psychanalyste dans ma pratique ?* – me semble subvertir la question de la technique ou du lieu, en renvoyant l'analyste, comme tout soignant en psychiatrie, à la question de son désir et de sa présence.

## Le vide du texte

> *Vivre, bien sûr,*
> *c'est un peu le contraire d'exprimer.*
> *Si j'en crois les grands maîtres toscans,*
> *c'est témoigner trois fois,*
> *dans le silence, la flamme et*
> *l'immobilité.*
>
> **Albert Camus**
> *Le Désert*[318]

Après qu'au Canada un adolescent ait été mis en prison pour avoir écrit une fiction dans laquelle le narrateur, victime de brimades, fait sauter son école, Leslie Kaplan, dans un article de février 2003, se demande « Qui a peur de la fiction[319] ? » Elle écrit : « La fiction n'est pas seulement un droit, le droit de penser, c'est-à-dire : […] on peut tout penser, rien n'est interdit à la pensée ; c'est aussi un moyen, justement un moyen de penser. Pour définir la fiction, ajoute-t-elle, Kafka parle d'un saut : écrire, c'est sauter en dehors de la rangée des assassins. Le saut est un acte de la pensée, une rupture qui permet de quitter le ressassement, la continuité, le face-à-face avec le réel. Il crée une distance, un espace, il met derrière, il permet de passer ailleurs. Les assassins dont parle Kafka sont, contrairement à ce que l'on pourrait croire, ceux qui restent dans le rang, qui suivent le cours habituel du monde, qui répètent et recommencent la mauvaise vie telle qu'elle est. Ils assassinent quoi ? Justement le possible, tout ce qui pourrait commencer, rompre, changer. Pour sauter, il faut un appui : quand on écrit, les mots sont cet appui. » Ainsi, écrire équivaut à se laisser guider par les mots, à passer d'une fiction à une narration tout comme dans l'association libre, l'analysant accepte de se laisser guider par ce qui advient dans sa parole et se surprend à entendre ce qui fait achoppement dans son discours. Demeure toujours, du côté de l'analyste, l'énigme que recouvre et dévoile tout à la fois la jouissance à écouter l'autre dans le transfert.

Devenir psychanalyste est à lire du côté du symptôme qui, à ce titre, ne peut être interrogé que par la pratique de mise en parole elle-même. Il en est ainsi dans nombre de professions qui impliquent de côtoyer et d'accompagner des sujets en souffrance. D'où les demandes de supervision ou de régulation adressées aux psychanalystes par ces professionnels, individuellement et parfois collectivement. Quant aux jeunes psychanalystes, c'est dans la demande de ce qu'on nomme « un contrôle » par un analyste chevronné, que peuvent être abordés ces entrelacements transférentiels entre l'écoute d'un autre et ces ricochets que l'écoute produit dans son psychisme, jusque dans ses sensations corporelles. Françoise Dolto racontait comment, au début de sa pratique, elle avait un besoin physique d'aller courir autour du pâté de maison après avoir écouté plusieurs patients.

D'où vient l'écoute de l'analyste. Dans notre époque de pseudo-objectivité et de scientisme, il est important de soutenir qu'elle est essentiellement subjective, tout en prenant en compte le fait que *le Sujet du désir* ne se réduit pas à son énoncé mais est à écouter au niveau de son énonciation, laquelle est soumise à la logique propre aux signifiants majeurs de l'analysant. La subjectivité de l'analyste est un paramètre de la cure tout comme l'est le dire de l'analysant ainsi que le cadre symbolique dans lequel elle se déroule. L'attention flottante à l'écoute d'un dire pourrait ressembler à l'acuité des poètes, réceptifs aux signifiants qui adviennent dans leur plurivocité, leur polyphonie, leur profondeur de champ. L'écoute de l'analyste est passée au filtre de ce qu'a dévoilé pour lui sa propre cure, de ce qui est en mouvement dans son écoute – la dynamique propre au savoir inconscient et aux effets du transfert. Si son écoute est subjective, c'est pour mieux laisser place à la vérité de l'analysant, vérité qui est en devenir selon la célèbre formule de Freud : « Wo Es war, soll Ich werden[320]. »

Contrairement au fantasme d'une pratique objective où rien n'échapperait au clinicien, la psychanalyse inclut la dimension du corps parlant et donc de ce qui rate, ce qui échappe, tant du côté de l'analysant que du côté de l'analyste. Ainsi, l'écoute du psychanalyste n'est-elle pas une écoute *neutre*, au sens latin du terme. Le mot latin « neuter » signifie ni l'un ni l'autre, formé de ne (ni) et uter (l'un des deux). Est *neutre* celui qui ne prend pas parti dans un conflit, est neutre quelque chose qui n'a aucune saveur, ou qui n'est ni masculin, ni féminin. À mon sens, la *neutralité bienveillante* s'apparenterait plutôt à ce que la vulgarisation scientifique indique de la mouvance légère et

**Archives incandescentes**

pourtant percutante du neutrino ! « Les neutrinos sont des particules élémentaires, de masse pratiquement nulle, qui sont engendrées par des réactions nucléaires. Tandis que le Soleil et autres phénomènes approchants produisent des neutrinos de basse énergie, les neutrinos de haute énergie sont produits par des cataclysmes cosmiques lointains et extrêmement violents tels que les trous noirs ou les supernovas. Une fois engendrés par ces cataclysmes cosmiques, les neutrinos se déplacent à une vitesse proche de la lumière et ne s'arrêtent pas[321]. » Ainsi en est-il de ce *peuplement* qui habite l'analyste tandis qu'il écoute. Son écoute est peuplée des signifiants des analysants rencontrés, écoutés. Elle est peuplée des signifiants de l'Histoire et de sa propre histoire, de ses lectures et des rencontres avec des auteurs qui habitent ses songes, de ses amitiés de travail comme de ses amours, car toute cette vie passée, présente et en devenir est la matière même de son écoute, sans cesse brassée, interrogée par les véritables collisions que produisent de façon conjointe la parole de l'analysant et l'écoute de l'analyste dans le transfert.

« Des trillions de neutrinos traversent la Terre toutes les nanosecondes et pour les astrophysiciens, chacune de ces particules infimes constitue un messager potentiel transportant des informations. Le problème qui se pose toutefois aux scientifiques est que les propriétés mêmes qui permettent aux neutrinos de transporter ces informations les rendent notoirement difficiles à détecter. Heureusement, il arrive qu'à de rares occasions, un neutrino de haute énergie entre en collision avec un atome. » Ainsi en est-il de l'interprétation en psychanalyse, rare, vive et concise. Elle n'est pas le résultat d'une réflexion ni d'un calcul, mais toujours étonne l'analyste et l'analysant par son tranchant. C'est alors qu'elle permet à la chaîne signifiante de se décaler, de se décentrer ou de s'accrocher sur une autre chaîne signifiante après qu'un temps de suspens ait surpris analysant et analyste. Elle est rare mais percutante, tout comme l'est le *neutrino* que j'utilise ici comme métaphore de l'interprétation, en songeant à une étrange remarque de Michel Cassé, astrophysicien et poète. Jean-Paul Baquiast lui demande : « Je suppose que pour vous […] les mathématiques elles-mêmes sont liées à l'organisation du cerveau humain ? Il n'y a pas d'entités mathématiques existant pour soi dans le cosmos. On entend pourtant parfois dire que l'univers est mathématique… » Michel Cassé a alors une réponse très humble :

## Il n'y a de clinique que poétique

« Cela n'a pas de sens pour moi. Les mathématiques sont dans l'espace-temps, comme les supercordes. Dans l'espace-temps de nos cerveaux en l'occurrence, mais là j'ai peur de m'égarer, je dépasse le domaine de ma compétence[322]. » Contrairement aux techno-scientistes qui nous gouvernent et qui croient savoir le tout sur tout, Michel Cassé laisse une place à l'incertain, à ce qui échappe et se dit soumis aux effets du langage. « L'inspiration poétique nourrit le monde, dit-il encore. Au début de la science sont les questions enfantines[323]. »

Le jeu de la bobine, décrit par Freud, est-il du registre de l'inspiration poétique ou d'une pulsion de savoir ? Quoi qu'il en soit, il est nourri par les questions que se pose l'enfant. Mais il est un acte poétique en ceci qu'il transforme l'action par et dans le langage. Ainsi, ce jeu est-il une écriture inconsciente, ou plutôt une tentative d'écrire quelque chose qui n'est pas écrit, pas symbolisé, trop Réel pour être supportable, d'où le mouvement pulsionnel du jeu d'apparition et de disparition de la bobine. Ce jeu a pour fonction de mettre en œuvre la répétition afin que s'élabore un texte, comme dans le rêve pour lequel il importe peu, tout d'abord, que ce texte soit compréhensible au rêveur car ce qui est essentiel est le « travail du rêve ». Avec le Fort-Da, il s'agit d'un *travail du jeu* en tant qu'il met en mouvement un rythme de présence/absence. Ce travail permet d'expérimenter, plus que de penser la perte afin de la dépasser psychiquement. L'oxymore – travail du jeu – me semble indiquer au plus près combien, tout à la fois coexistent le lâcher-prise, le plaisir repérable par l'autre *et* le travail souterrain aux prises avec les motions psychiques les plus violentes, tout comme dans l'acte poétique. Ainsi, le jeu de la bobine, comme tout jeu qui met en œuvre la présence/absence, opère au niveau des traces déposées et dont il ne reste que des représentations de choses. Si on le considère comme une écriture, il vient permettre pour l'enfant – tout comme l'écriture pour le poète – ce passage entre représentation de choses et représentation de mots. « Ainsi le symbole se manifeste d'abord comme meurtre de la chose, et cette mort constitue dans le sujet l'éternisation de son désir[324] » dit Lacan. Entre la chose et le mot, il y a un écart, impossible à réduire. C'est cet écart qui est expérimenté, mis en scène, mis en jeu, afin d'inscrire de l'absence dont l'une des figures est le silence.

La clinique quotidienne montre comment, pour que l'enfant puisse affronter cette traversée – ce passage où il rencontre du silence et une solitude à dépasser par le langage – il est nécessaire qu'il ait été,

## Archives incandescentes

au préalable, soutenu, contenu, par une rythmique venant de l'autre. Il faut qu'il ait été porté, nourrisson, par le flux d'un désir dont la prédominance n'aura pas été la pulsion de mort. Il faut qu'il ait été considéré comme un Sujet à part entière et non comme un objet manipulable au gré de la toute puissance de l'adulte tutélaire. Dans le cas contraire, il arrive que cet écart entre présence et absence ne s'inscrive pas. Alors l'enfant reste étroitement enfermé, figé dans les sensations, perceptions, odeurs, lumières, et sonorités entendues. Et si ses comportements donnent le sentiment d'une grande activité, ce qui prédomine psychiquement est une passivité hébétée devant la toute puissance de l'autre. Tout le travail de l'analyste consistera alors à se constituer en *surface d'impression*, tout en mettant en mouvement par la présence/absence une dynamique afin que les traces déposées prennent sens, c'est-à-dire qu'elles soient traduisibles dans un jeu qui aura valeur symbolique pour l'enfant. Il m'apparaît évident que l'attention à cette rythmique présence/absence, est fondamentale dans le travail auprès de patients en grande souffrance psychique. Car, dans l'expérience du Fort-Da, avec l'intégration du possible de l'absence, c'est le sentiment d'existence qui se met en place, ainsi que les prémisses des notions d'espace et de temps. L'intégration de l'espace et de la temporalité sont deux paramètres qui, par le biais du Symbolique, attestent qu'il y a du corps pour un Sujet. L'espace et le temps sont également les deux bornes autour desquelles s'articulent nombre de problèmes abordés par les physiciens, les astrophysiciens, mais aussi les écrivains, avec, à la clé, la notion de vide.

Écrire/inscrire/inventer ? Voiler/dévoiler un vide ? Dans un article intitulé *Le bloc-notes magique*[325] publié en 1925, Freud décrit par le détail ce « petit appareil » : une feuille de celluloïd reposant sur une plaque de cire brun foncé. Entre la cire et la feuille de celluloïd, un papier ciré, très fragile. Si fragile que toute tentative d'écrire sur le papier ciré demeure illusoire. Il se déchirerait immédiatement ; d'où la feuille protectrice en celluloïd. Et enfin un stylet avec lequel on peut tracer un mot, une phrase sur la feuille de celluloïd. Si le stylet se pose sur la feuille, il ne dépose rien de matériel. Pas d'encre, pas de rayure non plus, pas d'impression. La feuille de celluloïd, une fois soulevée, est indemne de toute trace. C'est donc l'alliance des trois éléments qui produit l'écrit dans la masse : les deux niveaux – la feuille de celluloïd et la feuille de cire – ainsi que le stylet qui permet de poser un écrit.

## Il n'y a de clinique que poétique

Du côté du scribe, c'est la fonction optique qui permettra la lecture tant que l'appareil est laissé en l'état. Il ne s'agit donc pas là d'une inscription de surface : ainsi en est il de nos visages, dit Pierre Fedida[326], qui ne dévoilent rien ou pas grand-chose de ce qui se trame par ailleurs, dans les profondeurs. L'inscription, elle, est donc en dessous, à l'état de trace imprimée, non pas sur la feuille de papier cirée, mais dans la cire. On peut d'ailleurs lire cette inscription avec une lumière appropriée, dit Freud. C'est dire que ce serait se leurrer que de prendre la surface, le visible, pour l'écriture elle-même. D'autant que si l'on détache la feuille de celluloïd qui recouvre le papier ciré, toute écriture disparaît. Il demeure certes des traces, une impression partielle, mais pas du tout une inscription. Si j'insiste sur ce point, c'est pour montrer l'écart entre la fonction optique du lecteur et l'inscription dans la masse de la cire, inscription invisible à première vue. Si l'on poursuit la métaphore freudienne, il est permis d'avancer que la surface d'impression qu'est l'analyste va permettre de révéler, pour celui qui l'a choisi comme adresse, cette inscription invisible. Car, pour autant, ce sont les processus mis en œuvre par le Sujet lui-même, du fait de sa créativité dans le transfert, qui vont ouvrir le passage qui va des traces – de ces archives incandescentes – à une représentation de choses puis une représentation de mots.

Pierre Fedida, dans le chapitre *Le narrateur mis à mort par son récit*, raconte : alors qu'il relit le texte d'Alain Robbe-Grillet intitulé *La jalousie*, qui avait été déterminant pour lui quinze ans auparavant, il découvre combien cette seconde lecture le confronte à un texte qu'il perçoit « comme une demeure désaffectée, vide à jamais ». Il ajoute qu'à la première lecture, ce qui l'avait bouleversé était la thématique du livre, alors que ce qui le trouble à la seconde lecture, quinze ans plus tard est le vide, ce vide qui lui donne, dit-il, le vertige. « Vide était le texte – non comme on dit d'un texte qu'il ne contient rien – mais par une lecture sans mains ni voix confiée alors au seul regard de l'imprimé. » Se pose alors pour Pierre Fedida la question : « que pouvait donc être devenu le narrateur ? » Il répond alors : « Ce vide était la place du narrateur. » Pour lui ce texte, relu quinze ans plus tard est désormais « vide ». Mais, écrit-il, il ne s'agit pas d'une mort – car la mort remplit tant elle est massive. Il s'agit d'un vide comme « forme la plus archaïque » de « l'appareil psychique ». Ainsi assimile-t-il sentiment de vide et matérialité inerte de l'appareil psychique, avant que notre psychisme ait été impressionné ; c'est-à-dire avant

## Archives incandescentes

que espace et temps aient pu se constituer pour qu'advienne un Sujet traversé par l'expérience radicale de l'absence. « L'absence est fondatrice du temps de la narration », conclut Pierre Fedida. [327]

Il ne s'agit pas là d'une absence liée à une personne, mais de l'absence qui se fonde dans les prémices de la vie. C'est, à mon sens, cette absence qui est convoquée chez le lecteur lorsqu'un auteur utilise la métalepse – transgression narrative qui fait passer le lecteur d'un niveau de fiction à un autre – ou lorsque l'auteur met un point final à son texte, comme l'écrit Pascal Quignard. En effet, lorsqu'un lecteur lit un texte, il est projeté à la place du narrateur par la force que le texte produit en lui. Cette force appartient au texte, certes, mais aussi au lecteur. Texte et lecteur sont indissolublement liés. Le point final va les délier, laissant le lecteur « désert de ce monde soudain faux[328]. » Mais il se peut aussi que le lecteur demeure suspendu à un monde paradoxal dans lequel l'a entraîné initialement le texte lorsqu'une métalepse est venue confondre les plans de l'imaginaire et de la réalité, comme cela se produit dans *Continuité des parcs* de Julio Cortazar[329], nouvelle au cours de laquelle le lecteur d'un roman va sans doute être assassiné par l'un des personnages... Mise en abîme déstabilisante et jouissive tout à la fois. De par cette mise en abîme, quelque chose alors s'invente pour le lecteur, quelque chose d'incertain dont il reste peuplé, tout comme se produit pour l'analyste l'émergence de ce qui lui appartient et de ce qui s'est imprimé en lui, séance après séance, demeurant pourtant incertain, alors qu'il écoute une parole qui lui est adressée et dont il a accepté le risque d'être le lieu d'adresse.

« Faire résonner chez l'autre l'écho de la jouissance perdue, tel est peut-être le statut de l'œuvre[330] » écrit René Pandelon. Qu'est-ce qui fait œuvre chez l'analyste ? N'est-ce pas ce qui s'en repère d'un style ? En d'autres termes, du côté de ce qui cause son désir, qu'est-ce qui fonde le désir de l'analyste ? L'écoute analytique met en travail le nouage Réel, Imaginaire et Symbolique autour de « l'objet a », mais également se fonde sur les déliaisons, les répétitions signifiantes qu'il a pu repérer du fait de son propre travail analytique et sur la confrontation avec ces bouts de Réel qui sont l'énigme même. Lorsque tombe, du fait de sa propre analyse, le désir de soigner – au sens médical du terme – pour plutôt *prendre soin* de la langue c'est bien parce qu'il y a quelque chose à circonscrire quelque part, encore et encore, que certains analystes se confrontent au caractère énigmatique et créatif des psychoses. C'est du questionnement incessant quant au Réel, avec l'acceptation de la part ombilicale du Sujet, que se fonde l'hospitalité pour la folie et l'accueil du psychotique. Comment théoriser cet accueil, sinon comme une présence qui soit l'accueil d'une autre présence, laquelle interpelle l'analyste au lieu même de *la Chose* ? Cet accueil exige que l'analyste – en cabinet ou au sein d'une équipe – soit l'un de ceux par qui la parole permettra un étayage possible au niveau de la Loi symbolique qui pourrait s'énoncer dans cet aphorisme de Lacan : « Je suis semblable à celui qu'en le reconnaissant comme homme, je fonde à me reconnaître pour tel[331]. »

Ce qui œuvre chez l'analyste pourrait bien être cette familiarité avec ce que l'angoisse véhicule d'appel au manque : « L'angoisse n'est pas le signal d'un manque mais de quelque chose que vous devez concevoir comme le défaut de cet appui du manque[332] » disait Jacques Lacan dans son séminaire sur *L'angoisse*. Ce qui œuvre pour l'analyste pourrait être également cette conviction, du fait de sa propre analyse et de ce que lui enseigne la pratique, que la parole créatrice fait acte puisqu'elle permet un nouage là où s'infiltrait la pulsion de mort. Des deux ordres de répétition qu'a définis Lacan, l'une, « la tuché » – rencontre imprévisible et que l'on peut assimiler au trauma – a pour visée une tentative de symbolisation. Cette tentative laisse entière l'énigme de *la Chose*. Aussi, inventer un bord au Réel dans une pratique d'accueil de la parole pourrait être ce qui fait symptôme chez un sujet au point qu'il en devienne analyste, comme l'écriture peut faire symptôme pour celui qui s'y consacre. Albert Camus, dans son discours de Suède, disait que « l'art n'est ni le refus total, ni le consentement total à ce qui est. Il est, en même temps, refus *et* consentement, et c'est pourquoi il ne peut être qu'un déchirement perpétuellement renouvelé[333]. » N'est-ce pas là, une façon d'écrivain de dire la division subjective et la façon dont la dynamique inconsciente vient nourrir l'œuvre ?

Sur le versant de la répétition symbolique (l'automaton) – qui rend compte de la compulsion de répétition énoncée par Freud et qui s'articule à la pulsion de mort – se situerait le travail de réécriture nécessaire à partir d'un premier texte. En effet, le paradoxe de la répétition, c'est de n'en être pas tout à fait une, en ceci qu'elle met toujours en place l'échec de cette tentative de retrouver *La Chose*. Mais c'est pourtant cette tentative qui va permettre au Sujet d'aller au-delà de ce qui pousse à la répétition.

### Archives incandescentes

C'est parce qu'il fut interpelé par les névroses traumatiques – dans lesquelles la répétition concernait des scènes ne procurant pas de plaisir – que Freud a été amené à formuler l'hypothèse d'une autre logique de l'appareil psychique, autre logique qui pouvait rendre compte de ce « dérangement » du principe de plaisir. Ainsi, névroses traumatiques et psychoses ont ceci en commun de bousculer l'analyste dans ses certitudes. Le génie de Freud est d'avoir accepté de mettre de façon répétée sa théorie à l'épreuve de la clinique et d'avoir donné comme repère, pour les générations de cliniciens à venir, cet axiome : ne peut occuper la place de l'analyste celui qui n'est pas passé par l'expérience de la cure, soit par l'expérience du fait que la répétition, loin d'être redite inutile, est ce qui met en œuvre la possibilité d'entendre ce qu'elle cache. Et cela ne nécessite pas d'être médecin, pensait-il, en maintenant jusqu'au terme de sa vie la nécessité d'une psychanalyse laïque.

Cette position éthique freudienne est à l'opposé des actuelles visions du monde qui prétendent savoir le vrai pour chacun, à partir d'une pseudoscience des comportements et une évaluation quantitative des pratiques. « Je suis hostile à la fabrication de visions du monde » écrit Freud dans *Inhibition, Symptôme et Angoisse* et il ajoute : « Nous savons bien le peu de lumière que la science a pu jusqu'à présent jeter sur les énigmes de ce monde. […] Lorsque celui qui chemine dans l'obscurité chante, il nie son anxiété, mais il n'en voit pas pour autant plus clair[334]. »

Freud indique par là que tout édifice théorique qui ressemblerait à une « vision du monde » serait « bavardage de philosophe ». Ce faisant, il précise la nécessité que toute conceptualisation dans le domaine de la psychanalyse s'origine de l'expérience elle-même, laquelle confronte chaque Sujet qui s'y engage à ces questions si humaines : quelle est ma place ? Qui parle ? À qui ? De quel lieu ? Questions par lesquelles se travaille cette autre question, « Che vuoi ? », dont Lacan disait qu'elle est celle qui conduit le mieux au chemin de son propre désir, pour peu que « grâce au savoir-faire d'un partenaire du nom de psychanalyste, [il puisse] la reprendre, fût-ce sans bien le savoir, dans le sens d'un : que me veut-il[335] ? »

# Le Pèlerin d'Amour et l'Amour de transfert

> *Parmi les mots que tu écris*
> *Y en aura-t-il un seul*
> *Qui t'ouvrira le chemin*
> *De ce que tu ne peux voir ?*
>
> **Jean-Louis Giovannoni**
> *Ce lieu que les pierres regardent*[336]

## La dimension créatrice et subversive de la notion de transfert

Edmond Jabès dans son recueil *Le Parcours* écrit : « Comment savoir qui je suis si seul l'avenir est à même de me l'apprendre[337] ? » Ainsi personne ne peut dire le chemin avant de l'avoir parcouru, et pourtant sa trace est déjà contenue pour chacun dans les signifiants de son histoire. C'est de ce paradoxe que se nourrit le travail souterrain de la création mais aussi celui de la pratique psychanalytique. « Chaque enfant qui joue, écrit Freud, se conduit comme un écrivain, dans la mesure où il crée un monde à son idée […] Il joue sérieusement. Ce qui s'oppose au jeu n'est pas le sérieux, mais la réalité. » La fantaisie, dit-il, doit son existence au principe de réalité. « C'est avec l'introduction du principe de réalité qu'une activité de pensée se coupe en deux, une partie se libère de l'épreuve de réalité et demeure uniquement soumise au principe de plaisir. Il s'agit de la « fantaisie » qui se retrouve dans le jeu des enfants et continue dans les rêveries diurnes[338]. » L'art est donc, pour Freud, la possibilité de réconcilier le principe de plaisir et la réalité en permettant au Sujet de créer une nouvelle réalité après que le renoncement dû au principe de réalité a entraîné une insatisfaction. La fiction, quant à elle, est ce que l'être humain va créer pour dépasser une contradiction intrapsychique. Pour Freud, la théorie analytique peut être apparentée au délire ou à la fiction.

C'est pour appréhender ce qui se passe entre lui et son patient que Freud se forge une théorie qu'il situe lui-même comme appartenant à l'ordre de la fiction. Il découvre ainsi dans son travail clinique que c'est le transfert qui est ouverture de l'inconscient en même temps que résistance. La spécificité du maniement du transfert dans la cure est de permettre au sujet d'opérer un décollement vis-à-vis de la fascination verbale, mais aussi de celle de l'image, afin d'entrevoir la puissance de la lettre, celle qui s'est inscrite en nous du fait de notre histoire et de son tramage avec l'Histoire. La lettre constitue un moteur pour le désir. Le maniement du transfert implique pour l'analyste d'avoir en ligne de mire *l'émancipation* de celui qui vient confier sa parole mais dont il doit être clair pour lui qu'il ne s'agit en aucun cas de donner à l'analysant une direction à sa vie. Si tel est le cas, l'ancrage de l'analysant pourra se situer alors dans la langue et la force de la lettre, et non pas dans l'assujettissement à des figures divines ou à des maîtres tous puissants.

« Le transfert, dit Lacan, est impensable, sinon à prendre son départ dans le sujet supposé savoir[339]. » Le Sujet en analyse ne pouvant reconnaître son désir qu'au niveau du désir de l'Autre va faire d'une bévue de son analyste une mise à l'épreuve volontaire, lui attribuant une intention. Et le dispositif analytique vient là soutenir le travail de l'analysant dans le transfert. Tel n'est pas le cas dans le travail de régulation d'équipe car pour maintenir du différentiel dans les échanges, faut-il alors que le régulateur – qui occupe, comme dans l'analyse, une place de sujet supposé savoir – vienne certes à préciser ce qui rassemble grâce à l'énoncé du cadre mais aussi dénomme ses bévues en les repérant comme telles, lorsque c'est nécessaire, afin de ne pas donner prise à un Imaginaire qui pourrait devenir envahissant pour chacun et pour le groupe. Assumant ses bévues – oubli d'un horaire par exemple – et les nommant, les mettant lui-même au travail, il reconnaît et remet en question le pouvoir hypnotique d'un savoir théorique et froid souvent fétichisé dans les institutions. Ne pas les assumer ferait courir le risque de faire basculer le régulateur dans une place de *sachant* alors qu'il a pour fonction de maintenir l'indice de la différence, l'écart entre savoir et vérité qui laisse ouverte la pluralité des paroles. Les assumant, il indique par là qu'il est lui-même aux prises avec son désir inconscient et cela n'est pas faire montre de modestie mais remet… les pendules à l'heure du transfert et de ses effets pour chacun. Tant de choses échappent malgré et encore plus avec la pression des protocoles que c'est une autre des fonctions de la régulation que de briser le fantasme de totalité et permettre de supporter qu'il y ait, comme l'on dit, des *échappées*…

## Il n'y a de clinique que poétique

Pascal Quignard, dans un entretien, évoque la lutte de l'homme très tôt après la naissance pour se détacher des dépendances qui lui ont permis pourtant de rester en vie, puis de grandir. Il parle d'*émancipation*, plutôt que de *liberté*. L'émancipation est toujours en devenir, à conquérir, pour soi même, avec les outils qui nous ont été donnés et ceux que l'on s'est forgés. La littérature et l'écriture en font partie. « En naissant on quitte une dépendance absolue, cette règle d'airain, on accède à un peu de liberté motrice… mais qu'on ne puisse jamais y renoncer est quelque chose que je ne comprends pas pour moi-même et mes semblables. […] Il y a quelque chose d'incroyablement angoissant dans […] le consentement à la domestication, que je trouve terrible. […] Nous sommes voués à la dépendance. Il y a de la tristesse, des sentiments fantômes à l'égard des parents, des proches […] et une sorte de culpabilité originaire qui traîne en nous. Mais si on surmonte, et qu'on accepte de vivre avec cette légère angoisse au fond de la gorge, l'idée que personne ne peut décider de ce que vous ferez le lendemain est enthousiasmante. […] La littérature est très liée à cela ; dans la forme écrite il y a la possibilité de quitter le discours courant, la fascination verbale, l'acquisition obligée de la langue[340]. » Il n'est donc pas étonnant que le transfert, outil théorico-clinique remarquable qui porte en lui une contestation de ce qui est figé et préétabli, soit évacué dans les dispositifs de soin enseignés aux étudiants aujourd'hui et dans les pratiques comportementalistes dans les divers lieux de la société.

Dans la cure, poser que le transfert est opérant est équivalent à installer un phare dans la nuit. Car il est l'outil d'analyse des différents plans et des diverses positions intra et intersubjectives, il vient témoigner de l'entre-deux et soulève l'énigme de la relation à l'autre, comme celle des clivages et des contradictions du Sujet, tant au niveau intime que dans son lien social. « Le transfert est la mise en acte de la réalité de l'inconscient[341] » dit Lacan qui articule l'Inconscient avec la question sexuelle, comme l'avait souligné Freud. Or, la sexualité infantile, tout particulièrement à notre époque de pseudo-libération vis-à-vis des tabous, est méconnue et refoulée avec vigueur et constitue encore souvent un scandale : les étonnements des jeunes étudiants infirmiers au cours des modules d'enseignement sur la pédopsychiatrie me le démontrent chaque année. Aussi est-il nécessaire de poursuivre le travail d'enseignement là où se forment les futurs soignants, non pas tant pour apporter des réponses que

## Archives incandescentes

pour ouvrir le champ du questionnement au-delà de ce que les savoirs universitaires constitués permettent. Mon expérience de vingt années d'enseignement auprès d'infirmiers en formation m'a prouvé que la soif de réflexion à partir de la pratique clinique est vivace pour peu que l'on accepte de se laisser interroger et parfois bousculer soi-même par les questions des étudiants.

François Tosquelles, qui savait parler aux médecins comme aux infirmiers, évoque ce qu'il nomme le « dialogue psychothérapique » dans *Fonction poétique et Psychothérapie* : « Il s'agit d'un dialogue qui présente des analogies avec celui que le poète tente d'établir avec ses lecteurs. Je devrais plutôt dire avec ceux qui l'écoutent. La poésie, bien qu'écrite avec beaucoup de soin, est faite pour être écoutée, et s'accorde mieux avec le chant et la musique qu'avec la grammaire normative de la langue » Plus loin : « Notre respiration même accompagne et ponctue ce qui nous est dit, peut-être comme le fait la guitare quand quelqu'un chante un solo[342]. » C'est dire combien est *actuel* ce qui se joue dans la rencontre thérapeutique, contrairement à ce qui en est véhiculé du côté de l'intellect, de l'absence du corps, de la mise à distance par une compréhension donnée d'avance.

Dans la cure, le transfert – qui convoque le passé – prend appui sur le désir de l'analyste mis au travail – comme l'on dit *à la question* – afin que l'analysant se dégage d'un trop d'Imaginaire pour accéder au Symbolique dans une opération qui ne concerne pas le passé en tant que tel mais l'actuel de la séance. Aussi doit-on concevoir le transfert dans sa dimension de traduction d'une langue à une autre, traduction qui laisse échapper des lambeaux, des restes, voire des gravats qui seront un jour réactivés dans un *actuel de l'expérience*. C'est dans cet aller-retour, dans ce mouvement permanent entre passé, présent et avenir que se déroule le *travail de parole*[343] qu'est une analyse.

Wislawa Szymborska lors de son discours à Stockholm pour le prix Nobel de Littérature qu'elle obtint en 1996, dit que le « vrai poète, se doit lui aussi, de répéter *je ne sais pas*, tout comme l'inspiration qui naît quelque soit sa véritable nature d'un éternel *je ne sais pas*. » De même l'analyste, *sujet supposé savoir* par l'analysant, ne devrait pas, du fait de son analyse, se méprendre ni oublier que tout rêve contient son ombilic. C'est cette part *d'ombre dans le rêve* qui permet, pour un Sujet, que se nouent *les temps épars*.

## Il n'y a de clinique que poétique

C'est donc dans l'écoute clinique et dans les achoppements du discours que se situe la conjonction entre les deux places que j'occupe, celle de psychanalyste et celle de régulatrice auprès d'équipes soignantes en psychiatrie. Malgré la disjonction des espaces et des temps, propres à ces deux pratiques, demeure un enjeu commun qui se fonde sur mon propre transfert à la Folie en tant qu'elle me demeure énigmatique et que la question du traumatisme maintient toujours vivace. Lors d'un échange avec Jean Oury, Marie Depussé demande : « Le musement continu, qui a parfois son scribe en nous, n'est-ce pas ce que Lacan appelle « la phrase de la vie » celle qui nous habite et que parfois nous entendons […] ? Et Jean Oury d'ajouter , la phrase de la vie, c'est plus qu'une inscription, c'est une écriture. Elle commence dans l'enfance et a des effets stupéfiants[344]. » Cette parole de Jean Oury pointe la densité de la Lettre et donc de l'écriture comme expérience vitale autant qu'objet de réflexion.

### Les contes de l'Alhambra

Les histoires que l'on raconte, mais aussi certains contes, ont cette même fonction que le lapsus d'être un discours d'où s'évoque une vérité. C'est en me promenant dans les jardins du Généralife à Grenade que j'ai découvert les *Contes de l'Alhambra* écrits par Washington Irving au XVIIe siècle[345]. Lors d'un voyage en Espagne en 1826, il s'enthousiasme pour l'Alhambra et ses histoires dignes des contes des Mille et Une Nuits. Il faut lire les *Contes de l'Alhambra* tout en se promenant dans les jardins du Généralife à une heure où les touristes les auront désertés et on pourra entendre alors les voix de ces personnages revenus d'un siècle où la cohabitation des chrétiens, des juifs et des musulmans était possible. À cette époque, le Généralife ou Jannat Al-Arif (en arabe) était le palais d'été des princes Nasrides au moment de l'influence des Maures sur l'Espagne, avant que l'Inquisition ne sévisse et n'expulse juifs puis musulmans traqués par le fanatisme de la « limpieza de sangre », la pureté du sang.

Washington Irving est né en avril 1783 à New York. Il se passionne pour la littérature mais travaillera pendant des années dans le journalisme. Il voyage à travers l'Europe avant de revenir aux USA rejoindre sa fiancée qui meurt en 1809. Hanté par son souvenir, il ne se mariera jamais. Après la mort de sa mère en 1815, il décide de s'installer en Europe où il habitera successivement à Dresde, Londres et Paris. En 1826, il part pour l'Espagne. Il y travaillera jusqu'en 1832,

**Archives incandescentes**

date à laquelle, rentré aux USA il publie les *Contes de l'Alhambra*. Il sera le premier auteur américain à avoir conquis une renommée internationale. Il est aussi le premier à oser évoquer dans un roman la situation des relations tendues entre les Nord-américains d'origine européenne et les Indiens d'Amériques[346]. Ambassadeur des États-Unis en Espagne jusqu'en 1845, il meurt le 28 novembre 1859 aux USA à Tarrytown.

L'un de ses contes le plus connu, *Le Pèlerin d'Amour*, est un tremplin pour que se dise une vérité à mi-mot. L'énigme de la parole, du secret enfoui au-delà du refoulement originaire, du désir inconscient, est au centre de cette nouvelle. À travers la fiction comme à travers le mensonge, des questions essentielles demeurent posées : Où est la vérité ? Est-elle sur cette scène-ci ? Est-elle ailleurs ?

**Le conte**

*Le Pèlerin d'Amour* témoigne de la force du non-dit et de la puissance de la vérité lorsqu'elle cherche à se dire. Il témoigne également de ce qu'est le transfert tel qu'il se manifeste à l'insu de l'un et de l'autre des protagonistes du conte, le vieux philosophe Eben Bonabben et le pèlerin d'amour Ahmed, surnommé Al Kamel. Il atteste donc des effets du transfert.

Voici comment commence le conte : « Il régnait autrefois, à Grenade, un roi Maure qui n'avait qu'un fils, Ahmed, surnommé par ses courtisans « Al Kamel » ou « Le Parfait », d'après les signes indubitables d'excellence qu'ils perçurent en lui dès sa plus tendre enfance. Les astrologues confirmèrent leur pronostic en lui prédisant toutes les qualités nécessaires pour faire un prince parfait et un souverain prospère. Il n'y avait qu'un nuage au tableau et encore, n'était-ce qu'un nuage rose : le jeune homme serait d'un tempérament amoureux et risquerait de grands dangers du fait de sa tendre passion. Toutefois, si l'on pouvait le tenir à l'écart des séductions de l'amour jusqu'à l'âge mûr, ces dangers seraient conjurés et sa vie ne consisterait qu'en une suite ininterrompue de bonheurs. »

Pour prévenir tout danger de ce genre, le Roi décida sagement d'élever le Prince dans un lieu solitaire où il ne verrait jamais de visage de femme, et n'entendrait même jamais le mot « Amour ». Le jeune Prince est donc enfermé dans un palais, au milieu de délicieux jardins que l'on appelle « le Généralife ». Il est confié par son père, le Roi, à la garde d'un vieux philosophe Eben Bonabben. « Le jeune

## Il n'y a de clinique que poétique

Prince restera ignorant des choses de l'amour », affirme le vieux sage qui en répond au Roi de sa tête. Il peut s'y engager, « n'en ayant eu lui-même jamais l'usage ». Eben Bonabben donne donc au Prince une éducation parfaite et variée, de telle sorte qu'Al Kamel atteint « sa vingtième année, étonnamment sage et totalement ignorant des choses de l'amour. » Or « c'est à cette époque, qu'un changement s'opéra dans la conduite du Prince » qui se mit à errer, rêver, délaisser l'algèbre, pour ne goûter que musique et poésie, ce à quoi Eben Bonabben consent. Mais... lorsque le Prince grave son nom sur l'écorce d'un arbre en lui chantant un poème tout en s'accompagnant de son luth, alors le vieux philosophe alarmé commence à craindre pour sa tête et décide de l'enfermer, de l'enfermer un peu plus, dirions-nous, dans la plus haute tour du Généralife.

Arrêtons-nous un instant pour dire que quelque chose *fait signe* pour Eben Bonabben : le mot interdit « Amour » n'a pas été prononcé mais le Prince a gravé *son propre nom* sur l'écorce d'un arbre, ce qui est interprété par le vieux philosophe comme le symptôme de la maladie d'amour. « Le symptôme est vérité, d'être fait du même bois dont la vérité est faite » écrit Jacques Lacan dans *Du sujet enfin en question*[347]. Eben Bonabben s'alarme donc à juste titre lorsqu'une rencontre fait signe : celle de la nomination (le nom du Prince) avec l'objet (l'arbre), rencontre qui fait trace. Trace donc de ce non-dit, du secret, dans lequel le Prince a été élevé. C'est à cela que le vieux philosophe réagit.

Néanmoins, pour tromper la solitude du Prince, que va-t-il lui enseigner ? Eh bien un langage justement ! Le langage des oiseaux, dont le conteur nous dit comment il lui fut transmis : « Il l'avait appris en Egypte d'un rabbin qui le tenait de Salomon le Sage, lequel en avait été instruit par la Reine de Saba. » Voilà la femme nommée par le philosophe lui-même. On pourrait dire : « Ça lui a échappé ! » Et l'élève dépassa bientôt le maître ! Mais ce qui se produit s'instaure du fait d'une filiation symbolique : le vieux philosophe fait donc du Prince le destinataire de son enseignement. La transmission lui échappe en quelque sorte puisqu'il en a le désir. C'est même là sa fonction première. « Le printemps venu, des bosquets des jardins du Généralife, une explosion universelle de chants et de mélodies éclata et parvint au Prince. Que chantaient les oiseaux ? Amour...Amour...Amour... » Le mot interdit était désormais prononcé mais dans une autre langue certes, donc intraduisible pour

**Archives incandescentes**

le Prince qui se met en quête de sa signification. Et voilà un mot qui fait énigme.

« Dans un langage, les signes prennent leur valeur de leur relation les uns aux autres[348]. » À cet égard, le conte qui se poursuit indique cela de façon tout à fait exemplaire : en effet, aucun des oiseaux à qui le Prince s'adresse ne voudra même évoquer avec lui sa question : « Qu'est-ce que signifie ce mot Amour ? ». Le mot reste donc énigme car isolé.

Et lorsque le jeune Prince demandera au vieux précepteur : « Dis-moi quelle est la nature de cette chose qu'on appelle l'Amour ? », le sage Eben Bonabben est frappé de la foudre – il tremble, pâlit et sent que sa tête ne tient plus très fort sur ses épaules ! « Ô mon Prince ! Ferme ton esprit à cette dangereuse science ! » lui dit-il en se retirant dans ses appartements. Ce qui fait symptôme et que perçoit le Prince, cette fois du côté d'Eben Bonabben, c'est une réponse affolée : « Tais toi, ferme ton esprit ! »

On voit donc comment le Prince et le vieux philosophe sont rivés à la même énigme : énigme de l'Amour qui recouvre en fait le non-dit sur l'oracle ayant présidé à la destinée du Prince. Oracle repris à son compte par le père du Prince, le Roi, et qui a entraîné l'enfermement du fils dans le Généralife. On mesure aussi l'importance de cette décision du Roi, père d'El Kamel, dont il n'est question qu'au début du conte, et qui, ensuite, court tout le long du conte comme un filigrane. Tous deux sont donc rivés à la même énigme : Le Prince du fait de l'Oracle et le vieux philosophe du fait que n'ayant jamais rien voulu savoir de l'Amour, sauf peut-être comme d'un objet d'étude, il a cru être cet au moins un (– 1) à ne pas être affecté, concerné par cette prise de l'humain dans le signifiant, à ne pas être affecté par la loi de la parole, à échapper à la réalité de l'inconscient, diront les psychanalystes des siècles plus tard. Croyant cela, il a accepté d'en « répondre de sa tête. »

Je ne dirai pas ici précisément comment le conte se dénoue mais simplement, avant d'en revenir à Eben Bonabben, que la levée de l'énigme par une colombe concernant l'Amour – qui va devenir « l'énigme de l'objet de l'Amour » renvoyant le Prince à la question du Désir et de l'objet perdu – permettra que l'Oracle soit dévoilé au Prince par Eben Bonabben lui-même. On retrouvera là le dédoublement propre à la structure névrotique, épinglée par Jacques Lacan sous le nom de « point de capiton ».

## Il n'y a de clinique que poétique

Mais rejoignons Eben Bonabben, bien qu'il ne soit pas la figure principale ni le héros du conte. On a vu en effet que les actes que le vieux philosophe pose pour détourner le Prince de l'énigme, concourent tous, à son corps défendant, à l'y ramener : la musique, la poésie et surtout le langage des oiseaux. Ainsi sa volonté est tournée vers un but – que le Prince ne sache rien de l'amour – et pourtant quelque chose dont lui – le vieux philosophe – n'est pas maître, l'entraîne à donner au Prince la clé de l'énigme. Ce faisant, il va, à son insu, se confronter lui-même au risque mortel.

Ce conte qui nous parle de l'Amour – et remarquons que Freud parle « d'amour de transfert » – soulève un voile, de façon tangentielle pourrait-on dire, sur cette question qui est au cœur de la découverte freudienne : désirer approcher un savoir interdit équivaut à se confronter à quelque chose de l'ordre de la mort. Dans le conte, il s'agit du risque de mort pour un autre, figure tutélaire, puisque c'est le Prince qui éprouve ce désir de savoir et que le risque mortel est du côté du vieux philosophe. Mais bien sûr, ce dont il s'agit dans la découverte freudienne, n'est pas la mort réelle – telle qu'elle est promise au vieux philosophe par le Roi dans le conte – mais la dimension de la mort en ceci qu'elle est la marque du vivant. Il s'agit donc de la mort en tant qu'elle est un Réel qui fait énigme pour le vivant, énigme qui fait vaciller le Sujet entre fascination et angoisse.

À l'époque où Freud élabore sa théorie du transfert, il sait désormais que toute consigne, tout conseil donné par l'analyste à l'analysant, entretient l'illusion du modèle, le bon thérapeute, alors que ce sont les résistances intérieures qui s'actualisent dans la relation à l'analyste. C'est en cela que l'amour de transfert, et sa prise en compte par l'analyste, deviendra le pivot de la cure. Le transfert, nous dit Freud, a une nature essentiellement équivoque. C'est en cela qu'il est le meilleur allié *et* le plus grand obstacle à l'analyse. Cela, l'analyste l'a lui-même éprouvé sur le divan avec l'expérience de son aliénation aux lois du langage, aliénation dans laquelle tout Sujet est pris et qui est mis en débat, séance après séance, dans l'attention que porte l'analyste au transfert et à ses effets.

Quelles sont ces lois du langage ? Elles dessinent une logique qui se découvre peu à peu, si est laissée ouverte, dans l'analyse, la question : *Che vuoi ?* C'est donc à maintenir ouvert l'écart entre demande et désir – demande d'une réponse, d'un sens déjà connu, inscrit et pourquoi pas écrit dans la littérature spécialisée et désir

## Archives incandescentes

soutenant la demande d'analyse – que l'analyste reste garant de cette position constituante de l'analysant, permettant le dévoilement d'un non-dit, d'un secret, voire d'un inter-dit (dit entre) qui témoigne que de l'étrange est en nous.

De l'étrange est en nous…cet étrange qui nous échappe et insiste à se faire entendre. Voilà ce que nous enseigne le conte *Le Pèlerin d'Amour* mais aussi la psychanalyse. Peut-être est-il nécessaire de le rappeler, alors que resurgit de plus en plus dans le discours social et dans la loi la mise à l'index du fou comme de l'étranger. Déjà en 1936, les conséquences de ces exclusions sociales qui touchèrent les Juifs, les Tziganes et les malades mentaux, furent, pour Freud lui-même, de voir ses écrits brûlés par les nazis et de devoir s'exiler pour Londres où il mourut en septembre 1939, victime des prémisses de la rupture radicale qui se produisit au milieu du XXe siècle dans l'histoire de la civilisation européenne.

Si, comme le dit Jacques Lacan dans *Les quatre concepts fondamentaux de la psychanalyse*, la notion de transfert excède le domaine de la psychanalyse – le conte de Washington Irving en est un bel exemple – il n'y a guère que la psychanalyse qui s'en est saisi afin d'en faire le pivot même de la cure. Ce concept issu de la psychanalyse freudienne a peu à peu perlé dans d'autres lieux et particulièrement dans les lieux de soin en psychiatrie travaillant dans la mouvance de la psychothérapie institutionnelle, dans les lieux qui accueillent des enfants et où ont été transmises des pratiques initiées par des psychanalystes non dogmatiques. Transferts latéraux et transfert institutionnel, contre-transfert des soignants sur les patients, transfert de travail… quelque soit le terme employé, la notion de transfert vient représenter à elle seule ce qui échappe, mais existe tout de même, dans des lieux où s'accentue le fantasme, que tout devrait être maîtrisable et donc maîtrisé. « Il y a tant de choses qui sont vraies même si elles n'arrivent pas réellement[349] ! » dit l'Indien du roman de Ken Kesey, *Vol au-dessus d'un nid de coucou*, qui redevient d'une actualité brûlante.

Alors que, dans les années 1950, les USA s'engageaient dans un courant de pensée systémique et comportementaliste – initié par l'École de Palo Alto et dont les thérapies comportementales actuelles sont les héritières – en Europe, des médecins psychiatres et des infirmiers diffusaient la psychothérapie institutionnelle, inventée au plus noir de la guerre, qui recommande que l'institution elle-même

## Il n'y a de clinique que poétique

doit être soignée si l'on veut entendre quelque chose de la folie du Sujet. La psychothérapie institutionnelle n'est plus guère évoquée dans les formations délivrées aux étudiants infirmiers, psychologues ou psychiatres alors qu'elle a été le sang neuf qui a permis à la psychiatrie française d'innover. De même le mot « transfert » n'a plus bonne presse aujourd'hui. Mais, tout comme le mot « amour » interdit par le Roi du conte de Washington Irving, on peut parier que des outils d'analyse aussi appropriés et d'autres mots de la clinique aujourd'hui considérés comme obsolètes, resurgiront par une voie ou une autre, au moment où nos censeurs s'y attendront le moins, pour peu que demeurent en éveil quelques passeurs, soignants, psychanalystes, écrivains, qui savent ce qu'il doivent à la langue et à la narration.

*Ecrire, c'est se tenir à côté de ce qui se tait*

**Jean Louis Giovannoni**
*Pas japonais*[350]

Alors que tout commence…

## *Un jour…*

Un jour, il s'est agi de prendre la parole. C'était il y a des années.
Pourtant les mots échappent et la langue, ma langue maternelle, est étrangère en sa maison.
Un conte magnifique fut bouée et phare sur la mer, rêverie au centre de l'énigme, souffle pour traverser le gué.
Il racontait l'Amour et la langue, l'amour de la langue.

Je ne voyais pas la route, sinon la lumière.
Écrire trace et évidence
pour ne rien achever qui s'est ouvert je ne sais quand.

Écrire dans le bercement ou la stridence.

Cris, affolements, muets,
foulard de soie posé où surgira la voix
au creux de la poitrine.

Un jour, ça se détache.
Lambeaux, fragments, copeaux.
L'outil flamboie
                          et ouvre le passage.

## *L'Indien au-delà des miroirs*

Il a connu la route, le chemin de pierre, puis la route encore, il a connu aussi le carrefour, puis le rond-point énorme qui barre la nationale, il a connu les fossés remplis d'eau boueuse jusqu'à la gueule, et la puanteur des roubines après la neige, il a connu tout ça et il marche encore. Ni boyau sous l'autoroute, ni tuyau de ciment abandonné au terrain vague, mais, en pleine nature, la misère.

Il avait une gueule d'ange halluciné, il riait au front du ciel ou au visage des étoiles lointaines, il riait d'un rire muet parfois, parfois tonitruant, il riait. Il s'allongeait de temps à autre au bord du macadam et laissait ses jambes sur la chaussée. Il savait, il savait l'attention du conducteur pour des jambes jetées sur la route, jetées après l'avoir porté longtemps, trop, d'une masure à l'autre. Masures aux fenêtres arrachées, sans porte ni chauffage, envahies par une végétation hardie pour cacher la misère de l'homme qui, tout le jour, toute la nuit, marche.

Il a vieilli comme chacun, avec sa gueule de métronome au bord des chemins, sa gueule pour dire, nous dire, ceux qui conduisent derrière leur volant de skaï noir, que la vie passe, qu'on ne passe la vie qu'à aller d'un point à l'autre, toujours aller, aller pour rien ou presque rien. Lui marchait, les autres, nous, les autres, on roulait mais c'est pareil, d'un point à l'autre, métronomes.

Il a vieilli aviné, gueule d'ange hallucinante aujourd'hui, bouffie, il ne rit plus, regard triste, aviné, il marche et fatigue, fatigué de sa marche trop, solitaire, trop, il s'épuise ! Mais toujours, traversant le carrefour, avec les voitures à grande vitesse comme si elles n'existaient pas... chaque fois il savait qu'elles s'arrêteraient, toujours l'a su, pourtant fou, l'ange halluciné.

Aujourd'hui le rond-point a remplacé le carrefour, dangereux, trop, pour les voitures à volant de skaï, et lui traverse encore là où, à grande vitesse, il cherche à rencontrer... l'instant !

## *Des trous dans la tête...*

René refuse d'aller à l'école.
Les lettres dansent sur la page, il n'y comprend rien, elles sautent d'une ligne à l'autre depuis qu'il a reçu cette énorme torgnole, une sorte de revers, ou bien un uppercut, lancé par son père, juste là sous l'oreille droite.
Il faut dire que le père, il a des raisons d'aller mal. René comprend, il essaie de se faire tout petit, mais, même à l'école, on ne le laisse pas tranquille. Il faut répondre quand on ne sait pas et se taire lorsqu'on a besoin de hurler. Le père, il a ses raisons s'est dit René qui l'observe surveiller la boîte à lettres, espérant une lettre de son fils, l'aîné, qui doit revenir d'Algérie. Ça fait bientôt deux ans que le fils, le préféré du père, n'est pas rentré. René a bientôt 11 ans et il ne veut plus aller à l'école. Il y va seulement pour s'assoir pas trop loin de Nicole pendant les récréations.
Le fils préféré du père lui manque. Il se souvient des parties de ricochets au bord du fleuve, et de ses mains qui le protégeaient du père. Il est malheureux, le père, lui disait son frère. C'est à cause de la mère qui est partie au ciel quand tu es né. Alors il t'en veut, mais tu n'y es pour rien, c'est sûr. Oui, le fils préféré lui manque et c'est son frère préféré, même s'il n'en a pas d'autres. Quand il pense à ça, René, il rigole tout seul, au fond de la classe ou bien devant, au premier rang. Ça dépend des maîtresses, il a remarqué, ça dépend du *regard* des maîtresses. Celles qui ont un regard doux le veulent devant, celles qui ont un regard dur ou pas de regard, le mettent derrière et il y reste. Mais il est arrivé que, même avec les maîtresses au regard doux, il finisse l'année au fond de la classe. Surtout depuis le départ du frère préféré.

Quand il avait neuf ans, une maîtresse au regard doux lui a parlé de sa mère et lui a dit en montrant le ciel – mon petit, elle est mieux là où elle est. Alors, depuis, René regarde le ciel et le trouve beau. Un jour il a dit à son frère ce que lui avait dit la maîtresse. Et le frère préféré est rentré dans une colère noire, il donnait des coups de pieds sur les pierres du chemin puis il ramassait des branches et les jetait dans le fleuve en criant des injures, il avait les yeux aussi noirs

## Archives incandescentes

que ses cheveux en bataille. René a eu peur. C'était juste avant que le fils préféré se dispute avec le père et s'en aille. C'était juste avant que le père donne cette énorme torgnole à René. Et depuis deux ans, René ne reconnaît plus les lettres sur la page, ni les chiffres qu'il commençait à additionner et à soustraire même si c'était difficile.

Parfois, il se dit, René, qu'il pourrait lui aussi partir, rejoindre son frère, le fils préféré, là-bas en Algérie. Il n'ose en parler à personne. Même pas à Nicole. Il l'aime bien Nicole avec ses lunettes rondes et ses yeux qui sont si grands. Un jour Edmond, le premier de la classe, et qui n'aime pas Nicole, s'est moqué de ses loupes. Oui, il a dit à Nicole « tes loupes ». Et René, à partir de ce moment là, a encore plus aimé Nicole parce que, lorsqu'elle s'est mise à pleurer, elle a ôté ses lunettes. René a vu ses yeux, en vrai ; il s'est approché d'elle et lui a tendu son mouchoir. Il avait honte car son mouchoir était crasseux de toutes ses larmes à lui. Mais c'est tout ce qu'il avait. Quand elle a accepté, il a su qu'elle était son amie.

Il ne sait plus aujourd'hui si le père lui a donné une torgnole à cause du départ du fils préféré ou si c'est la méchanceté du père sur René qui a poussé son frère à partir. C'est sans doute la première solution. Son frère n'aurait pas pu supporter ça, de voir son père battre René. Sinon, il l'aurait emmené avec lui, là-bas, en Algérie. C'est souvent à ça qu'il pense quand la maîtresse lui demande s'il rêve. Alors, il essaie d'additionner la torgnole et le départ, puis de les soustraire, et ça tombe toujours faux. René ne sait pas pourquoi il a toujours faux, sauf avec Nicole. Il se dit qu'un jour il faudra qu'il lui demande, à elle, de résoudre le problème de l'addition des torgnoles et du départ. Il hésite toute une année à lui poser cette question. C'est comme cela que les vacances sont arrivées.

Le frère n'est pas revenu, le père a cessé de surveiller la boîte aux lettres, et René se ballade au bord du fleuve jusqu'à la tombée de la nuit. Il attend que le père dorme sur sa bouteille pour rentrer. Alors, il se glisse dans la maison, monte dans la chambre du frère – interdite a dit le père en lui balançant une gifle – et regarde sur les murs les photos d'avant, avant sa naissance à lui, René. Il se souvient en pleurant combien son frère aimait lui parler de *ce temps d'avant*. C'est là, dans la chambre du frère que René salit son mouchoir. Celui qu'il a prêté à Nicole à cause de la méchanceté d'Edmond. Quand son frère commençait à raconter, il pouvait tenir René éveillé toute la nuit en lui donnant des tapes sur la tête pour qu'il écoute encore et encore. Ça fatiguait René qui aurait préféré dormir, et parfois il se mettait en colère contre son frère préféré. Aujourd'hui, il regrette ses colères et surtout ses endormissements. Aujourd'hui, l'histoire, il ne la connaît plus que par bribes, et ce n'est pas avec des bribes qu'on lit l'énoncé d'un problème ou qu'on fait une bonne addition.

Tout l'été René se promène le long du fleuve en essayant de résoudre ce problème de l'addition des torgnoles et du départ, et, depuis que l'histoire que racontait le frère devient de plus en plus incertaine, René essaie aussi de résoudre le problème des trous qu'il a dans la tête à cause des tapes du frère qui ne revient pas. Alors, René essaie de passer par les mêmes chemins, chaque jour, mettant ses pas d'un jour, dans ceux de la veille comme le frère qui racontait la même histoire de la mère et du père avant lui, René. Parfois, entre La Grangette et les Moulins Giraud, il rit très fort lorsqu'un voisin le croise. Parfois, il avance sur la grand-route et se moque bien des voitures. Un jour, où il est moins triste, peut-être parce qu'il pense à Nicole, il remarque que les voitures klaxonnent, ou stoppent brusquement ou le contournent s'il ne les regarde pas. C'est cet été sans doute qu'il cesse de regarder les autres. Il lui suffit de regarder, au fond de son souvenir, l'image de Nicole sans ses lunettes et il avance sur la grand-route sans risque. Peu à peu, il se sent beaucoup mieux. Le vent lui balaye le visage et surgit l'image de sa mère sur la photo punaisée par le frère au-dessus du lit dans la chambre interdite. La pluie tombe dru sur ses vêtements et il songe à son frère qui pleurait le jour de son départ en le serrant dans ses bras. Un arc-en ciel se découpe sur la montagne et il voit le pont où son père et sa mère tenaient le frère préféré par la main. Alors, il cherche dans sa tête les mots qui manquent, à cause des tapes du frère, les mots qui manquent pour rejoindre le pont et ses parents heureux avec le fils préféré sur la photo.

À la fin de l'été la maîtresse au regard doux est venue chercher René pour qu'il retourne à l'école. Elle lui a dit gentiment qu'il avait bien profité de ses vacances, qu'elle le voyait bien bronzé et qu'il aurait bien des choses à raconter à ses petits camarades. René note dans sa tête le mot « bien », qui doit être important pour que la maîtresse l'emploie si souvent. Il n'a pas entendu le reste à cause des trous et des tapes sur la tête. Mais ça ne l'inquiète pas. Au milieu du mot « bien » il y a l'image de Nicole, avec ses yeux en vrai et ses larmes. Aussi accepte-t-il de dévier de son chemin et suit la maîtresse

**Archives incandescentes**

jusqu'à l'école. Lorsqu'il entre dans la classe il entend les enfants qui se lancent des craies en criant et en riant. René baisse la tête. Il a oublié les cris et les rires depuis qu'il marche sur la route entre La Grangette et les Moulins Giraud sous le soleil ou la pluie, ainsi jusqu'à la nuit pour pouvoir enfin rentrer dans la chambre interdite.

René cherche Nicole des yeux et ne la trouve pas. Il attend au fond de la classe espérant la voir à la récréation, assise sur le banc, à côté du portail d'entrée, avec ses lunettes et ses vrais yeux cachés derrière. Il s'imagine s'asseoir à proximité en silence et lui poser sa question qu'il a mûrie tout l'été sur la route. La question de l'addition de la torgnole et du départ, et, s'il a encore du courage, celle des trous dans l'histoire. Mais Nicole n'est pas sur le banc, ni nulle part ailleurs dans la cour ou dans les classes. René arpente l'école, ouvre les portes des classes, des bureaux, va chercher Nicole dans les recoins interdits puis il recommence et tandis qu'il avance, traçant un même chemin pour n'oublier aucun détail il se met à hurler de plus en plus fort comme son frère, le fils préféré, le jour de son départ, à hurler et à se battre avec qui veut l'en empêcher.

Lorsque chacun se tient à distance, les maîtresses, les élèves, la secrétaire, et même l'assistante sociale, René part d'un rire énorme, monstrueux, d'un rire qui le libère de chercher la solution du problème de la torgnole et du départ, et surtout celui des trous dans l'histoire restée dans la chambre interdite, d'un rire habité de songes qu'il promènera désormais sur la route entre La Grangette et les Moulins Giraud.

## *Alors que tout commence...*

on se voudrait exempt
        de la douleur        du chagrin        de l'épreuve
des bulles du souvenir
              qui flotte
et dit l'absence radicale

on voudrait en avoir fini
alors que tout commence

le rire devient grimace
            se gonfle du souffle de l'absence
qui tord les visages à l'envers de la vie

le vent balaye le pavé et l'on devient froidure
les pétales de roses recouvrent la terre humide
et la pluie ruisselle jusque dans nos maisons

l'oiseau jette son cri
      un autre        au loin        encore
et le cri devient mirage

on voudrait s'affranchir de la déchirure
                      du froid qui nous traverse

au-delà des grands murs jacassent les bruits de la ville
les machines roulantes grincent et ricanent

Les humains s'assemblent en cortège pour retenir les morts
leur silence plus profond que la tombe
le silence plus ample que la terre et le ciel réunis

dans les plis de l'Histoire les mots désormais sont orphelins
sous la parole        insu        le chemin balbutie
la lassitude épouse la langue
                qui en devient muette

**Archives incandescentes**

*on voudrait être quitte*
                              *libéré*
*des fragments de mémoire effilochée*
*de ce qui vibre encore sous l'ovale du visage*
*de l'ombre qui s'étend sur la palette blanche*
*on voudrait oublier*
                    *alors que tout commence*

                              *Voile blanche sur fond d'écran*[351]

## *Remerciements*

Merci à Didier Lalauze pour son indéfectible soutien,
à Vincent Mazeran pour son écoute fidèle,
à Melissa Lalauze, lectrice rigoureuse,
à Jacqueline Ferrand, Hélène Géraci et Pascale Hassoun, mes attentives amies,
à toutes celles et tous ceux qui m'accompagnent depuis la création du *Point de Capiton* ; ils se reconnaîtront.

Merci à mes ami(e)s en écriture.

Merci particulièrement à celles et ceux qui m'ont enseignée – enfants, adolescents et adultes – dont les paroles, les écrits, les souffrances et les joies parcourent en sous-œuvre l'ensemble de cet ouvrage.

# Notes

[1] Caroline Sagot-Duvauroux, *Aa – Journal d'un poème*, Éditions José Corti, 2007. Dans le texte original, tous les points sont typographiés avec le *point haut des vieux Grecs*.

[2] La sectorisation désigne l'organisation administrative gérant la répartition des structures de soins sur tout le territoire. Ce système a révolutionné l'asile du XIXe siècle à partir des années 1960. C'est ce dispositif qui est remis aujourd'hui en question par la « politique de santé mentale » sous couvert de sécurité des citoyens – comme si les personnes souffrant de troubles psychiques n'étaient pas des citoyens à accompagner et protéger, mais à enfermer – tout en faisant basculer la psychiatrie vers le médico-social et dès lors chaque citoyen sera concerné.

[3] Dans tout le texte, le concept de « Réel » renvoie à l'impossible à dire chez Lacan. Le nouage du Réel, du Symbolique et de l'Imaginaire autour de « l'objet a » signe la structure névrotique.

[4] Robert Lafon, *Vocabulaire de psychopédagogie et de psychiatrie de l'enfant*, Éditions PUF, 6ème édition, 1991.

[5] *Point de Capiton* : le sigle officiel *ERPDA* signifie Espace de Recherche en Psychanalyse et dans les Disciplines Affines. Il a été créé en septembre 1989.

[6] Sigmund Freud, *Malaise dans la civilisation*, Éditions PUF, 1971.

[7] DSM : manuel de diagnostic conçu à partir de la statistique, se veut a-théorique. De fait, sa référence est comportementaliste. Sa version DSM IV a été publiée par l'Association américaine de psychiatrie en 1994. Il est contesté par les psychiatres et psychologues cliniciens qui ont une approche dynamique du psychisme. Le docteur First responsable de cette version IV conteste lui-même la version V à paraître.

[8] Marie Depussé, *Dieu gît dans les détails*, Éditions POL, 1993.

[9] Anne Delbée, *Une femme*, Éditions Presse de la Renaissance, 1982 ; ouvrage disponible actuellement en poche.
Odile Avral-Clause, *Camille Claudel, sa vie*, Éditions Hazan, 2008. Avec de nombreuses archives sont reconstituées les trente dernières années de sa vie à l'asile de Mondevergues-les Roses (ancien nom du Centre Hospitalier de Montfavet).

# Notes

[10] *Front Islamique du Salut* dont la victoire aux élections fut empêchée par l'arrêt du processus électoral. Il militait pour la création d'un État islamique. Le FIS a été dissout en mars 1992 par le tribunal administratif d'Alger.

[11] *Groupe Islamiste Armé* qui, à partir de 1991, fit régner la terreur pendant dix ans en Algérie et s'attaqua en premier lieu aux intellectuels et journalistes algériens.

[12] Je pense plus particulièrement à l'hôpital de jour et au service d'hospitalisation à domicile dirigé par le Docteur Rouveyrollis, au Forum Intersectoriel des Ateliers Thérapeutiques à Médiation Créatrice coordonné par le Docteur Pandelon dans le Vaucluse, ou encore au Centre Artaud de Reims, dirigé par le Docteur Chemla.

[13] Annie Le Brun, *Du trop de réalité*, Éditions Stock, 2000.

[14] Lucien Bonnafé, Revue *La Raison*, numéro 7/8, 1955.

[15] Jean Oury énonce que contrairement au transfert dans la cure, le transfert dans l'institution prend une forme multifocale et concerne les divers champs fréquentés et investis par le patient.

[16] Simone Molina, *La position tierce à l'hôpital symbolisée par la fonction du psychologue*, Colloque du collège des psychologues de Montfavet *Ma parole, ça parle ! Ma parole !*, 2011, inédit.

[17] François Tosquelles, *Fonction poétique et psychothérapie*, Éditions Érès, 2003.

[18] Le Bunraku est un type de théâtre japonais datant du XVIIe siècle. Les personnages y sont représentés par des marionnettes de grande taille.

[19] http://cliniquedelaborde.pagesperso-orange.fr/la%20clinique/SEF/recommandations1.htm

[20] Pour cet ouvrage, certains ont été entièrement réécrits, tant il est vrai que l'acte de l'écrivain se spécifie de la réécriture grâce à laquelle, tel un ébéniste à son établi, il peaufine, érode, recompose, transforme la matière.

[21] Samuel Beckett, *Cap au pire*, Éditions de Minuit, 1991.

[22] Jacques Dupin, *Écart*, Éditions POL, 2000.

[23] *Organisation Armée Secrète*, créée le 11 février 1961 après une rencontre à Madrid entre Jean-Jacques Susini et Pierre Lagaillarde, elle regroupait les partisans du maintien de « l'Algérie française » par la lutte armée.

## Archives incandescentes

[24] *Front de Libération Nationale* qui regroupa au cours de la lutte de libération nationale, dans une histoire très mouvementée, les diverses forces révolutionnaires algériennes avant de devenir, lors de l'indépendance en 1962, le *parti unique* au pouvoir.

[25] Stendhal, *Le Rouge et le Noir*, Éditions Livre de Poche, 1997, première parution en 1830.

[26] Ce sont les disciplines qui n'entrent pas dans la catégorie des « sciences dures » ou « exactes ».

[27] Georges Perec, *La Disparition*, Éditions Gallimard, 1989.

[28] Georges Perec, *W ou le souvenir d'enfance*, Éditions Gallimard, 1993.

[29] Je renvoie ici le lecteur au livre de Gérard Haddad, *Manger le livre*, Éditions Hachette, 1998.

[30] Anik Vinay et Emile-Bernard Souchière fabriquent des livres-objets dans leur atelier, à Gigondas dans le Vaucluse depuis 1969.

[31] Le *Codex Seraphinianus* a été écrit vers la fin des années 1970 par Luigi Serafini et publié en 1981 par l'éditeur Franco Maria Ricci. Il est conçu comme une sorte d'encyclopédie extraterrestre composée de onze chapitres traitant de la nature, des hommes, des minéraux, des mathématiques, de l'architecture et de l'écriture. Le codex est rempli de dessins surréalistes qui semblent décrire le monde des extraterrestres et le nôtre. Le texte est écrit dans une langue imaginaire avec une écriture inconnue inventée par Luigi Serafini et qui n'a pas pu être déchiffrée.

[32] Albert Camus, *Le Premier homme*, Éditions Gallimard, 2000. Ce roman auquel travaillait Camus au moment de mourir est une œuvre aux accents autobiographiques qui apprend beaucoup sur la période de colonisation en Algérie et sur le lien de Camus aux valeurs de la République.

[33] Toni Morisson, *Jazz*, Éditions 10-18, 1995.

[34] François Cheng, *Le dialogue : Une passion pour la langue française*, Éditions Desclée de Brouwer, 2002.

[35] Michel Fennetaux, *La psychanalyse, chemin des lumières ?*, Éditions Érès, 1989 ; Michel Fennetaux, *Et dès lors ma guerre commença*, Éditions Verticales, 1997. Il anime un séminaire à Paris depuis 2005, intitulé : *Parole/Génocide*.

[36] *Le Point de Capiton, Poésie et Réel : la poésie, margelle du Réel ?*, Publication Le Point de Capiton, Actes du colloque, 2003.

37 Freud raconte comment, en l'absence de sa mère, son petit-fils de 18 mois jubile alors qu'il joue à faire disparaître puis réapparaître une bobine attachée à une ficelle. Freud remarque que l'enfant jubile plus particulièrement lorsque la bobine disparaît. Pendant ce jeu, il émet des sons : « oooo » et « aaaa » (loin : fort et ici : da en allemand). De cette observation, Freud déduit l'importance de la répétition qui permet au sujet de dépasser la douleur de la perte. Lacan reprenant cette observation soulignera l'advenue du langage signifiant pour l'enfant, dans ce qui est un jeu structurant.

38 *Le Point de Capiton, La loi, les mots, le silence,* Publication Le Point de Capiton, Actes du colloque, 1990.
Actes disponibles sur le site : www.le-point-de-capiton.net

39 Michel Fennetaux, *Trajectoires,* bulletin de la Convention Psychanalytique, 1986.

40 Pierre Legendre, *La Fabrique de l'homme occidental,* Éditions Mille et une nuits/Arte éditions, 1996.

41 Pascal Quignard, *Rhétorique spéculative,* Éditions Gallimard, 1997.

42 Aharon Appelfeld, *Histoire d'une vie,* Éditions Seuil, 2005.

43 Simone Molina, *Voile blanche sur fond d'écran,* Recueil inédit.

44 Caroline Sagot-Duvauroux, *Aa – Journal d'un poème,* Éditions José Corti, 2007.

45 Ce sont ces juifs portugais, obligés, sous Isabelle La Catholique, de se convertir au catholicisme pour échapper à l'exil et qui ont, secrètement, poursuivi les rituels de leur religion malgré les interdits.

46 Freud, lorsqu'il fut enfin autorisé à partir de Vienne, fut convoqué par la Gestapo qui lui demanda de faire une déposition signée afin de dire qu'il avait été bien traité. Il ajouta avec un humour noir et cinglant qu'il « recommand[ait] cordialement cette organisation à tous ».
Ernest Jones, *La vie et l'œuvre de Sigmund Freud,* Éditions PUF, 2006.

47 Marcel Peyrouton fut ministre de Pétain. Il est né en 1887. Homme de centre-gauche, il devient Gouverneur Général des Colonies en 1935. Il y manifeste son antiracisme en luttant contre l'agitation antijuive en Tunisie : il bannit les journaux qui déversent sur l'Afrique du Nord une propagande antisémite. Il sert sous le gouvernement de Léon Blum. Mais, lorsqu'il devient Ministre de l'Intérieur en Septembre 1940, il procède à *l'épuration* du corps préfectoral. Il est impliqué dans la mise en place des lois sur les Sociétés secrètes et sur

le Statut des juifs. Il démissionne en Avril 1942 et gagne Alger en Avril 1943. Le Général Giraud le nomme Gouverneur de l'Algérie jusqu'en 1943 date à laquelle il est arrêté. Il sera acquitté, après 5ans de détention, par la Haute Cour en Décembre 1948. Il meurt en 1983.

[48] Paru en 1955, ce film traite du phénomène concentrationnaire tel que les déportés des camps de Dachau et de Buchenwald ont pu en rapporter l'expérience.

[49] *Trace de Poète* est une manifestation annuelle qui fait coexister poésie, philosophie, musique et arts visuels.

[50] Boualem Sansal, *Le village de l'Allemand*, Éditions Gallimard, 2008. Du même auteur : *Le serment des barbares*, Éditions Gallimard, 1999 et *Poste restante : Alger, Lettre de colère et d'espoir à mes compatriotes*, Éditions Gallimard, 2006.

[51] Delphine Peras, Revue Lire, Mars 2008.

[52] Cette association créée dans un but humanitaire après les tremblements de terre de Boumerdès a sollicité des psychanalystes français à la demande de psychologues et psychiatres de la région d'Alger qui souhaitaient des lieux de supervision, d'écoute professionnelle et de formation. J'y suis intervenue entre 2004 et 2009.

[53] Wilaya : découpage administratif équivalent à un département français.

[54] D'après le livre de Benjamin Stora, *Histoire de la guerre d'Algérie*, Éditions La Découverte, 2004.

[55] Journal La Tribune, Alger, 28 et 29 juillet 2006.

[56] Édition internet : http://membres.multimania.fr/clindoeil26/decembre_06/Article5.html

[57] Titre d'un texte qui est repris plus loin dans le présent ouvrage.

[58] Raoul Hilberg, *Holocauste, les sources de l'Histoire*, Éditions Gallimard, 2001.

[59] Raoul Hilberg, *La destruction des juifs d'Europe*, Gallimard, 2006.

[60] Nancy Huston, *L'espèce fabulatrice*, Éditions Actes Sud, 2008.

[61] Éric Méchoulan, *La culture de la mémoire*, Éditions PU Montréal, 2008. Il est professeur au département des Littératures de langue française de l'Université de Montréal et directeur de programme au Collège international de philosophie de Paris.

[62] « Il s'agit de ne pas, derrière soi, laisser s'embroussailler les chemins du désir. » écrit André Breton dans *L'amour fou* publié aux éditions Gallimard en 1937.

# Notes

⁶³ Nancy Huston, ibid.
⁶⁴ Primo Levi, *Si c'est un homme*, Éditions Pocket, 1988.
⁶⁵ Souligné par moi.
⁶⁶ Imre Kertész, *Kaddish pour l'enfant qui ne naîtra pas*, Éditions Actes Sud, 2003.
⁶⁷ L'Autre, qui se lit « grand Autre », est ce que Lacan théorise comme un lieu : « Le lieu du trésor des signifiants ». Dans son séminaire du 15 novembre 1961, il dit : « L'Autre n'est pas un sujet. C'est un lieu auquel on s'efforce, dit Aristote, de transférer le savoir du sujet ». Ainsi représente-t-il, dans la théorie, la place de tiers symbolique, en tant que le Symbolique est fondé par le langage et fait pacte entre les hommes.
⁶⁸ Gérard Genette, *Figure III*, Éditions Seuil, 1972.
⁶⁹ André Bellatore et Michele Monte, *Le Printemps du temps – Poétiques croisées de Francis Ponge et de Philippe Jaccottet*, Éditions PU Provence, 2008.
⁷⁰ Alberto Manguel, *Journal d'un lecteur*, Éditions Actes Sud, 2004.
⁷¹ Jorge Luis Borges, *Enquêtes*, Éditions Gallimard, 1957.
⁷² Anne-Marie Havard, *Entre fantasme et fiction, la lecture littéraire*, Revue Acta Fabula, 2005.
http://www.fabula.org/revue/document842.php
⁷³ Umberto Eco, *Six promenades dans les bois du roman, et d'ailleurs*, Éditions Poche, 1998.
⁷⁴ Umberto Eco, *Lector in Fabula*, Éditions LGF, 1989.
⁷⁵ Sigmund Freud, *Délire et rêve dans La Gradiva de W. Jensen*, Éditions Gallimard, 1986.
⁷⁶ Primo Levi, *Si c'est un homme*, Éditions Pocket, 1998, préface de 1947.
⁷⁷ Pascal Quignard, *La Rhétorique Spéculative*, Éditions Calmann Lévy, 1995.
⁷⁸ Caroline Sagot-Duvauroux, *Aa – Journal d'un poème*, Éditions José Corti, 2007.
⁷⁹ Jorge Semprun, *L'écriture ou la vie*, Éditions Gallimard, 1994.
⁸⁰ Ibid.
⁸¹ Axel Kahn, *De l'hominisation à l'humanisation*, in *L'humanité de l'homme* sous la direction de Jacques Sojcher, Éditions Cercle d'Art, 2002.
⁸² Primo Levi, *L'osteria di Brema*, Éditions Scheiwiller, 1975 (œuvre non traduite en français).

## Archives incandescentes

[83] Primo Levi, *Si c'est un homme*, Éditions Pocket, 1998.
[84] Ferdinando Camon, *Conversations avec Primo Levi*, Éditions Gallimard, 1987.
[85] Michel Butor, *Répertoire V*, Éditions de Minuit, 1982.
[86] Edmond Jabès, *Le petit livre de la subversion hors de soupçon*, Éditions Gallimard, 1982.
[87] Jorge Luis Borges, *La Divine Comédie*, conférence au Coliseo de Buenos Aires, Revue l'Infini, 1983.
[88] François Tosquelles, *Fonction poétique et psychothérapie*, ibid.
[89] Le Point de Capiton, *Corps et écriture*, In colloque *Le corps et son écriture*, Actes Inédits, 1999.
[90] Ibid.
[91] Sigmund Freud, *Métapsychologie*, Éditions Gallimard, 1990.
[92] Vincent Mazeran et Silvana Olindo-Weber, *Pour une théorie du Sujet-Limite – L'originaire et le trauma*, Éditions L'Harmattan, 1994.
[93] Colloque du *Point de Capiton, Le corps et son écriture*, Actes Inédits, 1999.
[94] Lire à ce sujet le texte d'Henri Bauchau, *L'Écriture à l'écoute*, Éditions Actes Sud, 2000.
[95] Ibid.
[96] Sylvie Le Poulichet, *L'Art du danger – de la détresse à la création*, Éditions Anthropos, 1996.
[97] Sigmund Freud, *Les théories sexuelles infantiles*, in *La vie sexuelle*, Éditions PUF, 1969.
[98] Aharon Appelfeld, *Histoire d'une Vie*, Éditions Points, 2005.
[99] Catherine Clément, *La syncope – Philosophie du ravissement*, Éditions Grasset et Fasquelle, 1997.
[100] Edgar Gunzig, *Que faisiez-vous avant le Big Bang ?*, Éditions Odile Jacob, 2008.
[101] Elisa Brune et Edgar Gunzig, *Relations d'incertitude*, Éditions Ramsay, 2004.
[102] Elisa Brune, *Edgar Gunzig : L'univers, sinon rien*
http://www.elisabrune.com/pdf/GunzigBis.pdf
[103] Sylvie Le Poulichet, ibid.
[104] Sylvie Le Poulichet, ibid.
[105] Aharon Appelfeld, *Tsili*, Éditions Points, 2004.
Aharon Appelfeld, *Katerina*, Éditions Points, 2007.
[106] Ibid.

# Notes

[107] Aharon Appelfeld, *Histoire d'une vie*, Éditions Seuil, 2005.
[108] Ibid.
[109] Ibid, *Histoire d'une vie*.
[110] Ibid., *La Rhétorique Spéculative*, 4ème de couverture.
[111] En maçonnerie, un travail en sous-œuvre concerne les éléments porteurs d'un bâtiment. Ainsi, le compagnonnage, c'est-à-dire le lien de reconnaissance à l'autre, fait partie du fondement de tout être humain tout comme l'inconscient.
[112] August Ferdinand Möbius (1790-1868), mathématicien allemand qui a laissé son nom à plusieurs objets mathématiques, dont la bande de Mœbius, qui peut être fabriquée facilement en faisant subir une torsion d'un demi-tour à une bande de papier puis en collant les deux extrémités. Cet anneau n'a qu'une surface et qu'un bord. Si l'on coupe le ruban en deux dans le sens de la longueur, on obtient un anneau unique, vrillé, mais qui possède deux faces distinctes et deux bords distincts. Si on le coupe à nouveau dans le sens de la longueur, on obtient deux anneaux distincts, vrillés et entortillés l'un sur l'autre. Elle est l'une des figures topologiques qui permet de penser le fonctionnement psychique de façon dynamique.
[113] Tony Lévy (historien des sciences et chercheur au CNRS) rappelait, lors d'un débat sur Aharon Appelfeld, combien la réalité de sa participation au mouvement littéraire de son pays était plus importante qu'on ne l'entend dans l'ouvrage *Histoire d'une vie*. Cette remarque vient, de fait, réinterroger la fonction de l'écriture comme narration et vérité d'un Sujet et non comme évocation d'une vérité historique.
[114] Pierre Fedida, *L'absence*, Éditions Gallimard, 2004.
[115] Entretien avec Hubert Artus, *Aharon Appelfeld : je suis une rémanence de l'Histoire juive*, Article sur Rue 89.com, 2008.
http://www.rue89.com/cabinet-de-lecture/aharon-appelfeld-je-suis-une-remanence-de-l%E2%80%99histoire-juive
[116] Ibid.
[117] Simone Molina, *Les temps épars*, Recueil inédit, poème publié dans la revue Le temps du non en 1991.
[118] Edmond Jabès, *Le petit livre de la subversion hors de soupçon*, ibid.
[119] Michel Poizat, *L'Opéra et le cri de l'ange*, Éditions Métailié, 1986.
[120] 17 mars 1965, ibid.
http://www.ecole-lacanienne.net/seminaireXII.php

### Archives incandescentes

---

[121] Michel Poizat, ibid.
[122] Laurence Bataille, *L'Ombilic du rêve*, Éditions Seuil, 1987.
[123] Edmond Jabès, *Le petit livre de la subversion hors de soupçon*, Éditions Gallimard, 1982.
[124] Sigmund Freud, *Au-delà du principe du plaisir – Essais de Psychanalyse*, Éditions Payot, 1973.
[125] Sigmund Freud, *Psychanalyse des névroses de guerre – Résultats, Idées, Problèmes*, Éditions PUF, 1984.
[126] Il est courant d'entendre qu'il y aurait, pour un Sujet, de la jouissance à convoquer le trauma. Dans l'exemple qui va suivre, si l'on considère les choses du côté de la jouissance, celle-ci porte plutôt sur le discours ritualisé qui énonce l'événement traumatique afin que rien ne bouge du côté de la vérité du Sujet. En réponse à une ritualisation qui vient du discours des autres, le Sujet fait tomber l'événement dans une dénégation : il ne s'est rien passé de si grave puisque c'est ainsi qu'on le raconte.
[127] Ibid.
[128] Sigmund Freud, *Au-delà du principe du plaisir*, Essai de psychanalyse, Éditions Petite Bibliothèque Payot, 1971.
[129] Catherine Clément, *La syncope – Philosophie du ravissement*, Éditions Grasset et Fasquelle, 1990.
[130] Ce terme de « silenciation » indique ici la force du déni qui vient recouvrir les évènements traumatiques alors qu'ils sont pris dans le nouage histoire personnelle et grande Histoire. Ce terme m'était apparu comme particulièrement pertinent lors du 1er colloque de Psychanalyse Actuelle en mai 1991 sur le thème *Qu'est-ce qui se passe… Traumatisme. Événement. Transmission.*, Revue Le Temps du Non, N°10-11, 1991.
[131] Paul Mathis, *Le corps et l'écrit*, Éditions Aubier Montaigne, 1992.
[132] Pierre Delaunay, *Dimensions dites « psychotiques » des transferts*, Correspondance Freudienne, n°26 : le transfert, 1989.
[133] Edmond Jabès, *Le petit livre de la subversion hors de soupçon*, Éditions Gallimard, 1982.
[134] Armando Cote, *Champ et fonction de la psychanalyse dans une institution pour victimes de la torture et de la violence politique*, Séminaire Champ Lacanien, 2008.
http://www.champlacanienfrance.net/IMG/pdf/cote_M43.pdf

# Notes

[135] Pierre Thèves et Bernard This, *Die Verneinung (La dénégation) – Traduction nouvelle et commentaires*, Revue Le Coq-Héron n°8, 1982.

[136] Jacques Lacan, *Livre XII – Problèmes cruciaux pour la psychanalyse*, Séance du 17 mars 1965, Inédit.
http://www.ecole-lacanienne.net/bibliotheque.php?id=13

[137] Andrée Chedid, *L'Autre*, Éditions Flammarion, 1981.

[138] Sous la direction de Claude Maillard, *Portraits de sept femmes psychanalystes*, textes de C. Casadamond, F. Delbary-Jacerme, M. Dolin, P. Hassoun, D. Kohen et S. Molina ; livre d'artiste : sept portraits lithographiés par B.G. Lafabrie, Éditions Bernard Gabriel Lafabrie, 2003.

[139] François Gantheret, *La nostalgie du présent – Psychanalyse et écriture*, Éditions de l'Olivier, 2007.

[140] Pierre Legendre, *Vues éparses*, Éditions Mille et une nuits, 2009.

[141] Michel Butor, *Répertoire V*, Éditions de Minuit, 1982.

[142] Simone Molina, *L'ennui*, Revue Les cahiers du détour, Éditions ACERMA, 1999.

[143] Maurice Blanchot, *Le pas au-delà*, Éditions Gallimard, 1973.

[144] Bled : en Afrique du Nord, l'intérieur des terres.

[145] Jacques Lacan, *Livre VII – L'Éthique de la Psychanalyse*, Éditions Seuil, 1986.

[146] Ce concept apparaît chez Freud dans un article de 1909, *Le roman familial des névrosés*. Freud distingue une étape à un stade qu'il nomme « asexuel » où l'enfant s'invente une autre famille afin de se distancier de ses parents. À la puberté, une autre étape apparaîtra à un stade que Freud indique comme « sexuel ».
Sigmund Freud, *Le roman familial des névrosés*, in *Névrose, psychose et perversion*, Éditions PUF, 1973.

[147] Suzanne Ginestet-Delbreil, *La terreur de penser*, Éditions Diabase, 2002.

[148] Jacques Lacan, *Écrits*, Éditions Seuil, 1966.

[149] Jacques Lacan, *Les Complexes familiaux*, Éditions Navarin, 1970.

[150] C'est moi qui souligne.

[151] Pierre Legendre, *L'inestimable objet de la transmission – Étude sur le principe généalogique en Occident – Leçons IV*, Éditions Fayard, 1985.

[152] Voir : Mireille Nathan-Murat, *Poursuivi par la chance, de Marseille à Buchenwald*, Éditions l'Harmattan, 1996 ; et *Traumatisme et*

## Archives incandescentes

*transmission,* Actes *Le Point de Capiton,* 1997, intervention à propos de et en présence de son père Roger Nathan-Murat, résistant et déporté.

[153] Harki : Durant la Guerre d'Algérie, l'armée française enrôla des « indigènes » musulmans qui furent regroupés en harkas – mouvement, en langue arabe – unités mobiles sous la direction d'un officier français. 20 000 d'entre eux furent rapatriés au moment de l'Indépendance de l'Algérie et souvent parqués dans des camps précaires. Le dictionnaire Larousse donne le chiffre de 100 000 Harkis abandonnés par les autorités françaises. Certains furent massacrés par l'ALN (Armée de Libération Nationale) qui les considéra comme des collaborateurs.

[154] Alain Didier-Weill, *Les trois temps de la Loi,* Éditions Seuil, 1996.

[155] Laurence Bataille, ibid.

[156] Antoine Porot, *Manuel alphabétique de psychiatrie,* 4e édition PUF, 1969. L'ouvrage est aujourd'hui encore cité en référence pour cet article sur les sites de l'extrême-droite française, et en 2003, dans le Bulletin de Psychiatrie, il était encore validé comme « ayant à juste titre un succès d'estime ».

[157] Benjamin Stora, né en 1950 à Constantine, est un historien français, spécialiste de l'Algérie contemporaine et de l'immigration algérienne en France. Il a publié de nombreux ouvrages dont :
*La gangrène et l'oubli – La mémoire de la guerre d'Algérie,* Éditions La Découverte, 1991 ;
*Histoire de l'Algérie Coloniale – 1830-1954,* Éditions La Découverte, 1991 ;
*Histoire de la guerre d'Algérie –1954-1962,* Éditions La Découverte, 1993 ;
*Les trois exils, Juifs d'Algérie,* Éditions Stock, 2006 ;
Benjamin Stora et Mohamed Harbi, *La Guerre d'Algérie – 1934-2004 – La fin de l'amnésie,* Éditions Robert Laffont, 2004.

[158] Michel Ansky, *Les juifs d'Algérie du décret Crémieux à la Libération,* Éditions du centre de documentation juive contemporaine, 1950. Ouvrage préfacé par José Aboulker, médecin et jeune chef de la résistance à Alger lors du débarquement américain, décédé en décembre 2009 dans le Midi de la France.

[159] Victor Hugo, *William Shakespeare,* Éditions Flammarion, 2003.

[160] Benjamin Stora, *La gangrène et l'oublie,* Éditions La Découverte, 1991.

161 Benjamin Stora, *Les trois exils, Juifs d'Algérie*, Éditions La Découverte, 2006.

162 Benjamin Stora, ibid.

163 Dey d'Alger : Le dey est le titre des régents sous la domination de l'Empire ottoman qui dura de 1671 à 1830. Le territoire du dey est subdivisé en trois provinces (Constantine, Titteri et Oran) administrées par un bey à l'échelon supérieur, alors que *Dar-es-Soltane*, correspondant à Alger et ses environs, était administrée directement par le dey. Le dernier dey d'Alger, Hussein, règne depuis douze ans lorsque la Conquête de l'Algérie par la France débute en 1830.

164 Juges.

165 Pierre Legendre, *L'inestimable objet de la transmission – Étude sur le principe généalogique en Occident, Leçon IV*, Édition Fayard, 1985.

166 Pierre Legendre, *Les Enfants du texte – Étude sur la fonction parentale des états, Leçons VI*, Édition Fayard, 1998.

167 On voit aujourd'hui ce principe lourdement remis en question avec les tendances communautaristes et leur soutien par le pouvoir politique.

168 Elle ouvre une première brèche dans l'autonomie séculaire de la « nation juive » puisque chacun alors devenait justiciable des tribunaux français.

169 Dans le même temps, les musulmans conservent toutes leurs institutions.

170 André Chouraqui, *La Saga des Juifs d'Afrique du Nord*, Éditions Hachette, 1972.

171 Benjamin Stora, *Histoire de l'Algérie Coloniale – 1830-1954*, ibid.

172 Pour mémoire : l'affaire Dreyfus débute en 1894 et l'année 1899 verra, après le « J'accuse » de Zola, la révision du procès.

173 Le PPF : Le Parti populaire français (1936-1944), fondé et dirigé par Jacques Doriot, était le principal parti politique fasciste français en 1936-1939 et l'un des deux principaux partis collaborationnistes en 1940-1944 avec le Rassemblement national populaire (RNP) de Marcel Déat.

174 Pour mémoire, c'est en 1938 que l'armée allemande envahit l'Autriche.

175 Jean-Claude Snyders, *Drames enfouis*, Éditions Buchet Chastel, 1996.

## Archives incandescentes

[176] En France, les français de confession juive demeurèrent administrativement citoyens français mais soumis à un *statut spécial*.

[177] Les rabbins se trouvaient donc en position d'être responsables *personnellement* des membres de leur communauté.

[178] C'est-à-dire leur mise sous tutelle, véritable spoliation.

[179] Michel Ansky, ibid.

[180] Cité par Michel Ansky, ibid.

[181] Norbert Belange, *Quand Vichy internait ses soldats Juifs d'Algérie – Bedeau, Sud Oranais – 1941-1943*, Éditions L'Harmattan, 2006.

[182] Il publie en février 1943 un Manifeste demandant un nouveau statut pour l'Algérie. Celui-ci va beaucoup plus loin que ses précédentes requêtes puisqu'il y fait allusion à une Nation Algérienne. Le 14 mars 1944, il crée l'association des *Amis du Manifeste et de la Liberté*.

[183] Kaddache Mahfoud, *Histoire de l'Algérie contemporaine*, tome II, Éditions PUF 1980. Ce message fut remis au gouvernement général et aux autorités alliées.

[184] Benjamin Stora, *Histoire de la guerre d'Algérie*, ibid.

[185] Suzanne Ginestet-Delbreil, ibid.

[186] Sigmund Freud, *Totem et Tabou*, Éditions Petite bibliothèque Payot, 2001.

[187] Sigmund Freud, *L'homme Moïse et la religion monothéiste*, Éditions Gallimard, 1993.

[188] Yosef Yerushalmi, *Le Moïse de Freud*, Éditions Gallimard, 1991.

[189] Ibid.

[190] *Écrits*, ibid.

[191] Benjamin Stora, *Histoire de la Guerre d'Algérie,* ibid.

[192] Jacques Lacan, *Livre X – L'Angoisse*, Éditions du Seuil, 2004.

[193] Fatima Besnaci-Lancou, *Fille de Harki*, Éditions De L'atelier, 2005.
Brahim Sadouni, *Destin de Harki*, Éditions Cosmopole, 2002.
Dalila Kerchouche, *Mon Père, ce Harki*, Éditions Points, 2004.
Rémy Madaoui, *J'ai été fellagha, officier français et déserteur*, Éditions Seuil, 2004 ; un récit étonnant qui permet de mieux comprendre les enjeux complexes de la Guerre d'Indépendance sous ses aspects de guerre civile algéro-algérienne et franco-française, à l'intérieur même de la Guerre d'Indépendance.

[194] Edmond Jabès, *Le livre du dialogue*, Éditions Gallimard, 1984.

**Notes**

[195] Pierre Legendre, *Le crime du caporal Lortie – Traité sur le père*, Éditions Flammarion, 2000.
[196] Daniel Sibony, *Écrits sur le racisme*, Éditions Bourgeois, 1987.
[197] Colloque de l'Association pour la Recherche et l'Intervention sur les Structures Sociales (ARISS), *L'Actuel*, Éditions ARISS, 1992.
[198] Colloque *Le Point de Capiton*, ibid.
[199] Maurice Blanchot, ibid.
[200] Jacques Lacan, ibid.
[201] Simone Molina, *Les temps épars*, Recueil inédit.
[202] Jacques Hassoun, *L'obscur objet de la Haine*, Éditions Aubier, 1998.
[203] Alain Rey, *Dictionnaire historique de la langue française*, Éditions Le Robert, 1992.
[204] Jacques Lacan, *Livre XI – Les quatre concepts fondamentaux de la psychanalyse*, Éditions Seuil, 1992.
[205] Ibid.
[206] Cf. Silvana Olindo-Weber, *La diagonale du suicidaire*, Éditions l'Harmattan, 1984.
[207] Archives inédites du *Point de Capiton*, Colloque *Le Réel, énigme ou limite*, 1992.
[208] Gérard Pommier, *Qu'est-ce que le Réel ?*, Éditions Érès, 2004.
[209] Ibid.
[210] Hans et Sophie Scholl, *Lettres et carnets*, Éditions Tallandier, 2008. Préface de Pierre-Emmanuel Dauzat (traducteur), *Les enfants d'Antigone ou la banalité du bien*.
[211] Edmond Jabès, *Je bâtis ma demeure – Chansons pour le repas de l'ogre*, Éditions Gallimard, 1959.
[212] Ibid.
[213] Jacques Lacan, *Discours de Rome, Conclusion à l'adresse des Psychanalystes*, Éditions Champ Social, 2004.
[214] Albert Cohen, *Ô vous, frères humains*, Éditions Gallimard, 1988.
[215] Jean Louis Giovannoni, *Ce lieu que les pierres regardent*, Éditions Lettres Vives, 1984.
[216] Ibid.
[217] C'est moi qui souligne
[218] Michel Poizat, ibid.
[219] Emmanuel Levinas & Philippe Nemo, *Éthique et Infini*, Éditions Fayard, 1982.
[220] Michel Poizat, ibid.

²²¹ Pierre Legendre, ibid.
²²² Michel Fennetaux, *Trajectoire,* Bulletin de la Convention Psychanalytique, 1986.
²²³ Albert Memmi, *La judéité de Freud,* In *L'homme dominé,* Éditions Gallimard, 1968.
²²⁴ Jacques Lacan, *L'agressivité en psychanalyse,* Revue Française de Psychanalyse, tome XII n°2, 1948.
²²⁵ Anonyme, Gazette d'Utopia – Avignon, 1998.
²²⁶ Jacques Ruffié, *De la biologie à la culture,* Éditions Flammarion, 1976.
²²⁷ Bernard Herzberg, *Racisme, le législateur au piège des mots,* journal Libération, mai 1990.
²²⁸ Voir à ce propos l'article de l'historien Yosef Yerushalmi, *L'antisémitisme racial est-il apparu au XXème siècle ? – De la limpieza de sangre* [pureté du sang] *espagnole au nazisme : continuités et ruptures,* In *Métamorphose du Racisme et de l'antisémitisme,* Revue Esprit, 1993.
²²⁹ Colloque du *Point de Capiton, La loi, les mots, le silence,* ibid.
²³⁰ Albert Cohen, ibid.
²³¹ *La loi, les mots, le silence,* ibid.
²³² Ibid.
²³³ Axel Khan, *Et l'homme dans tout ça ?,* Éditions du Nil, 2000.
²³⁴ Jacques Hassoun, ibid.
²³⁵ Claude Lanzmann, *Shoah,* 1985.
²³⁶ Gérard Wacjman, *L'objet du siècle,* Éditions Verdier, 1998.
²³⁷ Charlotte Delbo, *Prière aux vivants pour leur pardonner d'être vivants,* In *Une connaissance inutile – Auschwitz et après II,* Éditions de Minuit, 1970.
²³⁸ *Rhétorique spéculative,* ibid.
²³⁹ Sa directrice, Hélène Brognard, y a mené un combat acharné pour la mixité sociale pendant plus de vingt ans.
²⁴⁰ Psychanalyste à Marseille, il fut président du Groupe Régional de Psychanalyse (GRP) à qui il impulsa une dynamique remarquable et travaille dans le cadre de l'Aire méditerranéenne qui rassemble des psychanalystes du sud de l'Europe. Le GRP fut créé à Marseille à la suite de la dissolution de l'École Freudienne de Paris.
²⁴¹ Dans le débat qui a traversé la psychiatrie lors du vote d'une loi votée en mai 2011 et qui prône des soins obligatoires sans consentement, y compris à domicile, le Docteur René Pandelon (Montfavet) amena cette affirmation courageuse lors d'un débat à la

télévision. C'était dans un contexte où il était question sur toutes les ondes des victimes de passages à l'acte par des malades mentaux et où le Président de la République avait assimilé folie à dangerosité lors du discours d'Antony en décembre 2009.

[242] Simone Molina, *Les temps épars,* Recueil inédit.

[243] Edmond Jabès, *Ça suit son cours*, Éditions Fata Morgana, 1975.

[244] Alain Didier-Weill, *De quatre temps subjectivants*, Revue Ornicar n°8, Éditions Navarin, 1976/1977.

[245] Jacques Lacan, *Livre VII – l'Éthique de la psychanalyse,* Séance 3 février 1960, Éditions Seuil, 1986.

[246] Mustapha Safouan, *L'inconscient et son scribe*, Éditions Seuil, 1982.

[247] Vincent Mazeran et Silvana Olindo-Weber, *Pour une théorie du Sujet-Limite – L'originaire et le trauma*, ibid.

[248] Einfallen, en allemand, signifie « faire irruption », mais le verbe « fallen » donne dans la langue allemande cette idée de « ce qui tombe ». Ce sont des « idées incidentes » surgissant dans le fil du discours qui témoignent de la réalité de l'inconscient.

[249] Jacques Lacan, *Livre III – Les psychoses*, Éditions Seuil, 1981.

[250] Jacques Hassoun, *Les Contrebandiers de la mémoire*, Éditions La Découverte, 2002.

[251] Sigmund Freud, *Résultats, idées, problèmes – tome II*, Éditions PUF, 1985.

[252] Radmila Zygouris, *Les ahuris et le concept ou le Moi-Espèce*, In *Aux limites du Sujet*, sous la direction de Patrick Chemla, Éditions Érès, 2006.

[253] Jacques Lacan, *Livre XI – Les quatre concepts fondamentaux de la psychanalyse,* Éditions Seuil, 1990.

[254] Jacques Lacan, *Conférences et entretiens dans les universités nord-américaine*, Revue de l'École Freudienne de Paris : Scilicet 6/7, 1975.

[255] « Agent », aujourd'hui couramment employé, s'est substitué au terme « soignant ».

[256] Jacques Lacan, *Livre XX – Encore*, Éditions Seuil, 1975.

[257] Juan David Nasio, *L'inconscient à venir*, Éditions Rivages, 1993.

[258] *Livre XX – Encore*, ibid.

[259] *Malaise dans la civilisation*, ibid.

[260] Michel Gardaz, *Freud, nouvelliste du symptôme*, In *Dix ans de Trames : de la nécessité d'écrire*, Revue Trames n°22, 1996.

## Archives incandescentes

[261] Rachid L'Aoufir, *Ludwig Börne (1786-1837) – Un Parisien pas comme les autres*, Éditions L'Harmattan, 2004.
[262] Max Jacob, *Conseil à un jeune poète*, Éditions Gallimard, 1945.
[263] Élisabeth Bing, *… et je nageais jusqu'à la page*, Éditions des Femmes, 1976.
[264] OuLiPo : Ouvroir de Littérature Potentielle
[265] Ce qui pose donc la question de ce qui se joue dans un « atelier » avec un public captif. L'éthique de l'animateur est sollicitée quant au cadre à poser dans l'atelier et vis-à-vis de l'institution : à l'école par exemple, certains enfants, malgré cette position *captive*, peuvent découvrir le plaisir d'une écriture narrative. On voit fleurir des ateliers d'écriture dans des entreprises ; la demande émanant de l'employeur, quel peut-être le sens d'une telle participation pour les personnes dites « en formation » ?
[266] Kelt et Ricardo Montserrat, *Zone Mortuaire*, Éditions Gallimard, 1993.
[267] Michel Le Bris est éditeur, écrivain, philosophe et journaliste. Il est passionné par les grands espaces et les aventuriers de tous ordres. Il est aussi le directeur du festival Saint-Malo Étonnants Voyageurs créé en 1990, dirige également le Centre d'art Abbaye de Daoulas (Finistère) depuis 2000 et organise de grandes expositions.
[268] Jacques Lacan, *Variante de la cure type*, In *Écrits*, Éditions Seuil, 1966.
[269] Georges Perec, *Notes sur ce que je cherche*, In *Penser/classer*, Éditions Hachette, 1985.
[270] Nicole Voltz, texte inédit, D.U d'animation d'atelier d'écriture de Marseille.
Voir aussi : Anne Roche, Andrée Guiget, Nicole Voltz, *L'atelier d'écriture – éléments pour la rédaction du texte littéraire*, Éditions Armand Colin, 2010.
[271] François Tosquelles, *Fonction poétique et psychothérapie*, ibid.
[272] Alain André, *Babel heureuse – l'atelier d'écriture au service de la création littéraire*, Éditions Syros, 1990.
[273] Ce néologisme a été forgé par Jacques Lacan indiquant le nouage entre l'autorisation (l'analyste ne s'autorise que de lui-même…et de quelques autres) et le fait d'être auteur de son acte, ce qui fait tomber l'accroche narcissique.
[274] Lire particulièrement : Jean-Louis Giovannoni, *Garder le mort*, Éditions Athanor, 1975.

275 Pascal Quignard, *La leçon de musique*, Éditions Hachette, 1987.
276 Actes des colloques du *Point de Capiton* : *De la trace à la lettre* (1997), *De la correspondance à l'œuvre* (1998) et *Poésie et Réel : la poésie, margelle du Réel ?* (2003).
277 *Rhétorique Spéculative*, ibid.
278 Henri Bauchau, *L'écriture à l'écoute*, Éditions Acte Sud, 2000.
279 Pascal Quignard, *Rhétorique Spéculative*, ibid.
280 Umberto Eco, *Six promenades dans les bois du roman et d'ailleurs*, Éditions Le Livre de Poche, 1998.
281 Ibid.
282 Jacques Lacan, *Proposition du 9 octobre 1967 sur le psychanalyste de l'École*, Revue Scilicet n°1, Éditions Seuil, 1969.
283 Jacques Lacan, *Lettre au Journal Le Monde*, 26 Janvier 1980. Dans cette lettre, Lacan annonce la dissolution de l'École Freudienne de Paris.
284 Paul Laurent Assoun, *Le regard et la voix*, Éditions Anthropos, 2002.
285 Pascal Quignard, *Rhétorique Spéculative*, ibid.
286 Jacques Cazotte, *Le diable amoureux*, Éditions Mille et une nuits, 2002.
287 Solal Rabinovitch, *Les Voix*, Éditions Érès, 1999.
288 Occlusive : consonne dont l'articulation comporte une occlusion buccale suivie d'une ouverture brusque : p ,t , k, b, d, g.
289 François Cheng, *Lacan et la pensée chinoise*, In *Lacan, l'écrit, l'image*, Éditions Flammarion, 2000.
290 Violaine Massenet, *Coudre et en découdre avec la langue*, in Revue Terre du CIEN n° 11, Juin 2003.
291 Edmond Jabès, *Ça suit son cours*, Éditions Fata Morgana, 1975.
292 Maud Mannoni, *Le Symptôme et le Savoir – Soutenance*, Éditions Seuil, 1983.
293 Comment nommer quelqu'un qui écrit, qui ne se considère pas écrivain et n'est pas reconnu comme tel ? « Écrivant » est le nom donné dans les ateliers d'écriture aux participants. De la même manière que Lacan proposait le terme « analysand » au gérondif (et non analysant) pour donner une dimension active que ne contient pas le participe « analysé », pourrait-on dire un « *écrivand* » pour toute personne qui est dans l'acte d'écrire en atelier ?
294 Psychose et création, *Le Séminaire*, Éditions Thétis, 2011. Il contient l'ensemble des textes produits par les membres de la FIAPMC depuis

sa création en 1989 et jusqu'en 2008. Le support théorique des ateliers de création y est énoncé par René Pandelon, référent et responsable du FIAPMC (Forum intersectoriel des Ateliers de Psychothérapie à Médiation Créatrice).

[295] Pascal Quignard, *Vie secrète*, Éditions Gallimard, 1997.

[296] c'est moi qui souligne

[297] C'est moi qui souligne

[298] Ibid.

[299] Voir : Sylvia Pereg, *De la réaction thérapeutique négative à la relation thérapeutique négative : une histoire d'emprise ?*, Revue Filigr@ne n°17, Printemps 2008. http://rsmq.cam.org/filigrane/archives/reacther.htm

[300] Ibid.

[301] Alain Didier-Weill, *Les trois temps de la Loi*, ibid.

[302] Marie-Noël Godet, *Des psychothérapeutes d'État à l'État thérapeute – Une intervention étatique invasive*, Éditions L'Harmattan, 2009.

Marie-Noël Godet, *De la réglementation du titre de psychothérapeute – La santé mentale, une affaire d'État*, Éditions l'Harmattan, 2011.

[303] François Tosquelles, *Le vécu de la fin du monde dans la folie*, Éditions de l'Arefppi, 1986.

[304] Ian Hacking, *Les fous voyageurs*, Éditions Les Empêcheurs de penser en rond, 2002.

[305] Antonietta et Gérard Haddad, *Freud en Italie*, Éditions Hachette, 1998.

[306] Voir : Philippe Pignarre, *Qu'est-ce que les psychotropes nous font ?*, In *Psychanalyse : vers une mise en ordre ?*, Sous la direction de Franck Chaumon, Éditions La Dispute, 2006.

[307] Philippe Pignarre, ibid.

[308] André Langaney, Jean Clotte, Dominique Simonnet, Jean Guilaine, *La plus belle histoire de l'Homme*, Éditions Seuil, 1998.

[309] Yves Clot, *Travail et pouvoir d'agir*, Éditions PUF, 2008.

[310] « Le kitsch, par essence, est la négation absolue de la merde ; au sens littéral comme au sens figuré : le kitsch exclut de son champ de vision tout ce que l'existence humaine a d'essentiellement inacceptable. »

Milan Kundera, *L'insoutenable légèreté de l'être*, Éditions Gallimard, 1989.

[311] Milan Kundera, *L'Art du Roman*, Éditions Gallimard, 1986.

[312] Voir : Sophie Aouillé, Pierre Bruno, Franck Chaumon, Guy Lérès, Michel Plon, Erik Porge, *Manifeste pour la psychanalyse,* Éditions La Fabrique, 2010.

[313] Olivier Grignon, *Actualités de la psychanalyse,* http://www.cerclefreudien.org

[314] Vincent Mazeran et Silvana Olindo-Weber, *Pour une théorie du Sujet-Limite – L'Originaire et le trauma,* Éditions L'Harmattan, 1994.
Vincent Mazeran et Silvana Olindo-Weber, *Les déclinaisons du corps – une théorie psychanalytique de la somatisation,* Éditions Journal des psychologues, 1989.

[315] Sous la direction de Patrick Chemla, *Aux limites du Sujet,* Éditions Érès, 2006.

[316] Voir : Philippe Borel, *Un monde sans fous ?,* Éditions Champ Social, 2010.

[317] Eliott Perlmann, *Ambiguités,* Éditions Robert Laffont, 2005.

[318] Albert Camus, *Le désert,* In *Noces,* Éditions Ellipses, 1998.

[319] Libération, Février 2003.
En introduisant un différentiel entre fiction et narration dans cet ouvrage, j'ai fait usage du mot fiction dans un sens légèrement différent de la façon dont l'emploie habituellement la littérature. Voir à ce sujet : Simone Molina, *Éthique de l'animateur d'atelier d'écriture et désir d'écrire,* In *Les pratiques d'écriture littéraire à l'Université,* Actes du colloque de Cergy (2010), à paraître.

[320] « Là où Ça était, Je doit advenir. » Formule où Es est le Sujet, et non le Moi qui, au contraire, s'efface pour permettre que surgisse la vérité du Sujet.

[321] Site Futura Science. http://www.futura-sciences.com/

[322] Jean-Paul Baquiast interroge Michel Cassé. Site philoscience. http://philoscience.over-blog.com/article-7175447.html

[323] Michel Cassé, *du Jour au lendemain,* Entretien radiophonique 25 décembre 2007, Éditions Jean Paul Bayol.

[324] Jacques Lacan, *Fonction et Champ de la parole et du langage,* in *Écrits,* ibid.

[325] Sigmund Freud, *Note sur le « Bloc-notes magique »,* In *Résultats, idées, problèmes – tome II,* Éditions PUF, 1985.

[326] *L'absence,* ibid

[327] *L'absence,* ibid.

[328] *Rhétorique spéculative,* ibid.

**Archives incandescentes**

---

[329] Julio Cortazar, *Continuité des Parcs*, In *Les armes secrètes*, Éditions Gallimard, 1959.

[330] *Le Séminaire*, ibid.

[331] Jacques Lacan, *L'agressivité en psychanalyse*, Revue Française de Psychanalyse, juillet-septembre 1948.

[332] Jacques Lacan, *Livre X – L'Angoisse*, Éditions Seuil, 2004.

[333] Albert Camus, *Discours de Suède*, Éditions Gallimard, 1958.

[334] Sigmund Freud, *Inhibition, Symptôme, Angoisse*, Éditions PUF, 2005.

[335] Jacques Lacan, *Écrits*, ibid.

[336] Jean Louis Giovannoni, *Ce lieu que les pierres regardent*, Éditions Lettres Vives, 2009.

[337] Edmond Jabès, *Le parcours*, Éditions Gallimard, 1985.

[338] Sigmund Freud, *La création littéraire et le rêve éveillé*, In *Essais de psychanalyse appliquée*, Éditions Gallimard, 1973.

[339] *Livre XI – Les quatre concepts fondamentaux de la psychanalyse*, ibid.

[340] Entretien de Pascal Quignard par Sylvain Bourmeau à l'occasion de la parution de son livre :
http://www.dailymotion.com/video/x9us6b_pascal-quignard-la-barque-silencieu_news (plus d'informations sur mediapart.fr)
*La barque silencieuse*, Éditions Seuil, 2009.

[341] *Livre XI*, ibid.

[342] Ibid.

[343] Cette belle expression est celle que Françoise Dolto utilisait pour définir auprès des enfants ce qui se jouait dans les rencontres psychanalytiques.

[344] Marie Depussé et Jean Oury, *À quelle heure passe le train… – Conversations sur la folie*, Éditions Calmann-Lévy, 2003.

[345] Washington Irving, *Contes de l'Alhambra*, Éditions Phébus, 2004.

[346] Washington Irving, *Astoria – Le roman vrai de la première conquête de l'Ouest 1810-1814*, Éditions Phébus, 1993.

[347] Jacques Lacan, *Du sujet enfin en question*, In *Les Écrits*, Éditions Seuil, 1966.

[348] Jacques Lacan, *Du sujet enfin en question*, ibid.

[349] Ken Kesey, *Vol au-dessus d'un nid de coucou*, Éditions Stock, 2002.

[350] Jean Louis Giovannoni, *Pas Japonais*, Éditions Unes, 1991.

[351] Simone Molina, *Voile blanche sur fond d'écran*, Recueil inédit.

# Collection *Che vuoi ?*
## *Psychanalyse et faits sociaux*
### Editions de L'Harmattan

## *Quand la psychanalyse oriente la psychiatrie*

A. Deniau, G. Dana, J.-D. Matet, P. Chemla, P. Bantman, J. Pernet, M. Sauvé, M. Rajnchapel-Granat, M. Bullot-Boisson, B. Chevillion, S. Colin, L. Buzit, Ch. Pourrier, B. Wallian, F. Grasser, F. Chaumon, K. Le Marois, D. Ramsbott, F. Grossmann, A. M. Vanhove, M. Nebout, S. Quéré, M. Boisliveau, A. Bouhlal, L. Rajbenbach, G. Lewkowicz, 2005.

## *Psychanalystes, gourous et chamans en Inde*

C. Clément, P. Bantman, D. Sabatier, J. Nimylowycz, S. Kakar, R. C. Jiloha, O. Douville, M.-H. Braudo, A. Vanier, G. Pommier, S. Hefez, F. Mélèse, J. Vigne, Y. Govindama, F. Pittolo, U. Barua, R. Airault, I. Kaganski, J.-F. Solal, C. Fouchard, D. Lippe, T. Van Eersel, T. Delcourt, J.-J. Moscovitz, P. Hassoun, A. Deniau, C. Condamin, 2007.

## *Jacques Hassoun, extraits d'une œuvre*

Ouvrage conçu et réalisé par Pascale Hassoun et Claude Spielmann, 2009.

### A paraître prochainement :

## *Vacillements de l'altérité, la psychose et la société*

Alain Deniau, 2011

## *L'écriture, colloque du Cercle Freudien (octobre 2010)*

Olivier Grignon, Claude Maillard, Geneviève Piot-Maillol, Pierre Boismenu, Isminie Mantopoulos, Claude Lecoq, Marc-Léopold Lévy, Annie Tardits, Jean-Jacques Blévis, Cécile de Ferrières-Casadamont, Okba Natahi, Daniel Weiss, Marcel Bénabou, Solal Rabinovich, Philippe Rappard, Jean-Pierre Lefèbvre, Jean-Yves Cerf, Serge Reznik, Alain Deniau.

**L'HARMATTAN ITALIE**
Via Degli Artisti 15; 10124 Torino

**L'HARMATTAN HONGRIE**
Könyvesbolt ; Kossuth L. u. 14-16
1053 Budapest

**L'HARMATTAN BURKINA FASO**
Rue 15.167 Route du Pô Patte d'oie
12 BP 226 Ouagadougou 12
(00226) 76 59 79 86

**ESPACE L'HARMATTAN KINSHASA**
Faculté des Sciences sociales,
politiques et administratives
Université de Kinshasa
BP243, KIN XI

**L'HARMATTAN CONGO**
67, av. E. P. Lumumba
Bât. – Congo Pharmacie (Bib. Nat.)
BP2874 Brazzaville
harmattan.congo@yahoo.fr

**L'HARMATTAN GUINÉE**
Almamya Rue KA 028, en face du restaurant Le Cèdre
OKB agency BP 3470 Conakry
(00224) 60 20 85 08
harmattanguinee@yahoo.fr

**L'HARMATTAN CÔTE D'IVOIRE**
M. Etien N'dah Ahmon
Résidence Karl / cité des arts
Abidjan-Cocody 03 BP 1588 Abidjan 03
(00225) 05 77 87 31

**L'HARMATTAN MAURITANIE**
Espace El Kettab du livre francophone
N° 472 avenue du Palais des Congrès
BP 316 Nouakchott
(00222) 63 25 980

**L'HARMATTAN CAMEROUN**
BP 11486
Face à la SNI, immeuble Don Bosco
Yaoundé
(00237) 99 76 61 66
harmattancam@yahoo.fr

**L'HARMATTAN SÉNÉGAL**
« Villa Rose », rue de Diourbel X G, Point E
BP 45034 Dakar FANN
(00221) 33 825 98 58 / 77 242 25 08
senharmattan@gmail.com

655957 - Mai 2016
Achevé d'imprimer par